汽车专业技能型教育"十三五"创新教材

汽车车身构造与修复图解教程
第 2 版

组　编　东莞市凌凯教学设备有限公司
主　编　谭本忠
参　编　胡　波　谭红平　谭秋平　张远军
　　　　张国林　李阳阳　李志杰　李　明
　　　　曾放生　宋祥贵　吴林勇　向建华

机械工业出版社

本书以图解的形式系统地介绍了汽车的车身构造和修复技术。内容包括车身结构和材料的基本知识，车身矫正与修复的常用工具、测量方法及基本工艺等；同时，对车身涂装的常用设备，涂料的选用和调色，底漆、中涂层和面漆的喷涂工艺进行了详细讲解。书中采用了大量的实物图和原理图，图文并茂，通俗易懂。

本书可作为中等职业院校和技工学校汽车修复、汽车钣金、汽车美容等相关专业的教材，也可供从事汽车修复行业的专业技术人员阅读参考。

为方便教学，本套教材专门配备了 PowerPoint（PPT）形式的配套教学课件，可供广大教师选用。在 http://www.cmpedu.com 网站上，注册后即可免费下载教材课件；或与机械工业出版社联系，编辑热线：010-88379771。

图书在版编目（CIP）数据

汽车车身构造与修复图解教程/谭本忠主编. —2 版. —北京：机械工业出版社，2018.1（2025.1 重印）

汽车专业技能型教育"十三五"创新教材

ISBN 978-7-111-58606-7

Ⅰ.①汽… Ⅱ.①谭… Ⅲ.①汽车-车体结构-教材 ②汽车-车体-车辆修理-教材 Ⅳ.①U463.82

中国版本图书馆 CIP 数据核字（2017）第 295443 号

机械工业出版社（北京市百万庄大街 22 号 邮政编码 100037）
策划编辑：杜凡如 孟 阳　责任编辑：杜凡如 孟 阳
责任校对：王明欣　　　　　封面设计：鞠 杨
责任印制：单爱军
北京虎彩文化传播有限公司印刷
2025 年 1 月第 2 版第 6 次印刷
184mm×260mm・11 印张・264 千字
标准书号：ISBN 978-7-111-58606-7
定价：35.00 元

电话服务	网络服务
客服电话：010-88361066	机 工 官 网：www.cmpbook.com
010-88379833	机 工 官 博：weibo.com/cmp1952
010-68326294	金 书 网：www.golden-book.com
封底无防伪标均为盗版	机工教育服务网：www.cmpedu.com

丛 书 序

当今正值国家大力推广职业教育之际，各地教育机构紧抓机遇，大胆革新，积极推行新的职业教育方法与思路。

本套创新教材根据职业需求和岗位要求而设置教学项目，同时将知识系统和技能系统化整为零，使学员能做到学一样精一样，同时在细化深入的前提下掌握解决问题的途径和思路。

本套教材强化职业实践的实用性教学，对理论教学的要求是将抽象深奥的知识简单化、形象化和感性化，使学员能够轻松掌握，并联系实际，融入实践，同时在实践教学中结合理论认识能将实践认知与经验总结为理论。这样，在学中做，在做中学，巩固知识，强化技能。

综合上述特点和要求，创新教材应该具有系统分块，知识点与技能点结合，理论描述简明，实践叙述符合职业规范，能直接感知并参照操作的特点。

很多汽车相关职业院校与职训中心在进行教学改革的同时也在进行教材更新，但大多数是在传统教学教材的基础上改编而来的，无法摆脱原有的形式和限制，编写出来的教材往往难以普及并发挥实效。

我们综合汽车运用与维修、汽车检测与维护技术等专业课程设置的要求，同时考虑到职业需求和岗位的设置，将本套创新教材分为汽车机修技术，汽车电子技术，汽车故障诊断技术，汽车车身修复技术，汽车美容与装饰技术，汽车保养与维护技术六大块，同时为保证专业课程有理论和技术基础，设置了汽车机械基础、汽车电学基础、汽车维修专业英语以及汽车文化四门基础课。各个专业分类下是核心与主干课程，如机修之下包括汽车发动机与汽车底盘，电子之下包括汽车电器、汽车空调、汽车发动机电控系统、汽车自动变速器、汽车安全舒适系统等。

这套教材作为学生课本，主要突出实图、原理、检测、维修与案例相结合。配套开发的还有教学课件，我们力图通过这种方式使此套创新教材成为一种立体化的、学员易学、教师易教、效果独到的专门化教材。

编　者

前　言

随着我国经济持续快速发展，社会对汽车的需求日益增加，汽车市场面临着新的挑战，这对汽车维修专业人员提出了更高的要求，也意味着我国职业教育的"职业性"需要紧跟发展的步伐。本书的编写就是以此为契合点，结合汽车维修人员职业要求，借鉴国内外先进的教学模式，以就业为导向，以能力培养为核心，将岗位知识和能力规范贯穿到课程教学中。

本教材以文字和图解的形式详细、系统阐述了现代汽车车身的构造及修复手段，通过实际案例的介绍有效地把知识转化为相应的工作技能。本教材的主要内容有车身结构和材料的基本知识，车身矫正与修复的常用工具、测量方法及基本工艺等，同时详细讲解了车身涂装的常用设备、涂料的选用以及底漆、中涂层和面漆的喷涂工艺等内容。

本教材可作为中等职业学校和技工学校汽车修复、汽车钣金、汽车美容、汽车喷漆等相关专业的教材，也可供从事汽车修复行业的专业技术人员阅读参考。建议教师教学时充分利用教材中的图解，结合配套的教学用PPT，采用先总体、后部件，先概览、后具体的方式授课。

本教材旨在向学生传授汽车结构和修复的基本知识，使学生熟练掌握车身修复的操作技能，并能在最短时间内掌握汽车钣金、汽车喷漆等各项操作及工序，为学生走向工作岗位打下良好的基础。

本教材由谭本忠任主编，参加编写的有胡波、谭红平、谭秋平、张远军、张国林、李阳阳、李志杰、李明、曾放生、宋祥贵、吴林勇和向建华。由于编者水平有限，书中难免存在不合理之处，恳请广大读者在使用本教材时批评指正，以便及时修正。

编　者

目 录

丛书序
前言
第一章　汽车车身的结构及特点 ………………………………………………………… 1
　第一节　汽车车身概述 …………………………………………………………………… 1
　第二节　轿车车身的结构 ………………………………………………………………… 3
　第三节　典型轿车车身结构特点 ………………………………………………………… 4

第二章　汽车车身常用材料 ……………………………………………………………… 10
　第一节　金属材料的主要性能 …………………………………………………………… 10
　第二节　常用金属材料种类 ……………………………………………………………… 12
　第三节　非金属材料种类 ………………………………………………………………… 18

第三章　汽车车身钣金基本工艺 ………………………………………………………… 24
　第一节　划线与配裁工艺 ………………………………………………………………… 24
　第二节　剪切工艺 ………………………………………………………………………… 28
　第三节　矫正工艺 ………………………………………………………………………… 31
　第四节　制作工艺 ………………………………………………………………………… 37
　第五节　焊接工艺 ………………………………………………………………………… 50

第四章　车身变形测量矫正与修复 ……………………………………………………… 63
　第一节　车身变形测量 …………………………………………………………………… 63
　第二节　车身损坏诊断 …………………………………………………………………… 70
　第三节　车身变形矫正 …………………………………………………………………… 75
　第四节　轿车车身修复 …………………………………………………………………… 84

第五章　汽车车身涂装常用设备 ………………………………………………………… 86
　第一节　压缩空气供应系统 ……………………………………………………………… 86
　第二节　喷枪与喷涂设备 ………………………………………………………………… 90
　第三节　喷漆房与烤漆房 ………………………………………………………………… 96
　第四节　其他设施与用品 ………………………………………………………………… 102

第六章　汽车涂料 ………………………………………………………………………… 104
　第一节　涂料的基础知识 ………………………………………………………………… 104

　　第二节　车身修补涂料 …………………………………………………………………… 109
　　第三节　汽车涂膜的检测 …………………………………………………………………… 114

第七章　汽车底漆的喷涂 ………………………………………………………………………… 119
　　第一节　底漆喷涂的基础知识 ……………………………………………………………… 119
　　第二节　喷涂前准备 ………………………………………………………………………… 122

第八章　中涂层的喷涂 …………………………………………………………………………… 132
　　第一节　中涂层的基础知识 ………………………………………………………………… 132
　　第二节　腻子与打磨 ………………………………………………………………………… 133
　　第三节　二道浆的喷涂与打磨 ……………………………………………………………… 138

第九章　面漆的喷涂 ……………………………………………………………………………… 145
　　第一节　面漆的基础知识 …………………………………………………………………… 145
　　第二节　面漆的配色 ………………………………………………………………………… 148
　　第三节　面漆修复选择 ……………………………………………………………………… 153
　　第四节　面漆的喷涂与打磨 ………………………………………………………………… 158
　　第五节　喷涂过程中的缺陷 ………………………………………………………………… 164

参考文献 …………………………………………………………………………………………… 168

第一章

汽车车身的结构及特点

第一节　汽车车身概述

一、汽车车身基本结构

1. 车身壳体

轿车、客车一般均为整体式车身壳体，货车、专用车一般由驾驶室（又有长头、短头、平头之分）和货厢两部分组成。汽车车身壳体按结构形式分为骨架式、半骨架式和无骨架式三个类型；车身壳体按受力形式分为非承载式、半承载式和承载式三种类型。

2. 车身钣金件

车身钣金件有散热器罩、发动机罩、翼子板、挡泥板、驾驶室踏板、承载式轿车保险杠等。

3. 车门、车窗总成

车门、车窗总成包括门泵、摇窗机构和车锁等。

4. 车身内外装饰件

车身内装饰件主要有仪表板、顶篷、侧壁和座椅的表面覆饰等；车身外装饰件则有装饰条、车轮罩和车辆标志（标识）等。

5. 车身附件

汽车的车身附件一般包括风窗刮水器、风窗洗涤器、遮阳板、后视镜、收音机、杆式天线、车门扶手、点烟器、烟灰盒和安全带等。

6. 座椅

汽车上的座椅由支架、靠背和坐垫组成。

7. 其他装置

汽车车身上除了上述的结构外，还有安放行李的内、外行李架，有的还设有取暖装置、通风装置和气囊装置等。

二、车身结构的分类

车身结构按照受力形式可分为非承载式、半承载式和承载式三种。

1. 非承载式车身

车身以弹性元件与车架相连，车身仅承受自重和货物及乘客的质量引起的载荷以及行驶时的空气阻力和惯性力，其他的载荷则由车架承受(图1-1)。因为车身与车架的连接件能吸收一部分由地面和发动机传来的振动和噪声，所以能改善乘坐舒适性。非承载式车身广泛用于客车及货车，有些高级轿车也采用这种形式的车身。

非承载式车身的优点：

◆ **减振性能好**：发动机和底盘各主要总成直接装配在车架上，可以较好地吸收来自各方面的冲击与振动。

◆ **工艺简单**：壳体与底架共同组成车身主体，它与底盘可以分开制造、装配，然后再组装到一起，总装工艺因此而简化。

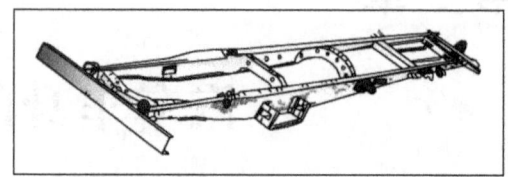

图1-1 非承载式车身的车架

◆ **易于改型**：由于以车架作为车身的基础，易于按使用要求对车身进行改装、改型和改造。

◆ **安全性好**：当汽车发生碰撞事故时，冲击能量的大部分由车架吸收，对车身主体能起一定的保护作用。

非承载式车身的缺点：

◆ **质量大**：由于车身壳体不参与承载或很少承载，要求车架应有足够的强度与刚度，从而导致整车质量增加。

◆ **承载面高**：由于车架介于车身主体与底盘之间，给降低整车高度带来一定困难。

◆ **投入多**：制造车架需要一定厚度的钢板，对冲压设备要求高而增加投资，焊接、检验及质量保证等作业也随之复杂化。

2. 半承载式车身

与非承载式车身一样，半承载式车身下面保留有车架，但车身与车架刚性连接成一体，车身壳体承受部分载荷。半承载式车身骨架(立柱)与车架纵梁两侧悬伸的横梁焊接在一起，所以不像非承载式车身可以与车架分开。

3. 承载式车身

承载式车身取消了车架，全部载荷由车身承受，底盘各部件直接与车身相连(图1-2)。这种形式的车身，根据承载部位的不同又分为底架承载式和整体承载式两种：前者底架部分强度较大，承受大部分载荷；而后者则是整个车身形成一个参与承载的整体。承载式车身的制造是将薄钢板压制成形状各异的钣金件，然后再点焊成一个整体。

承载式车身的优点：

◆ **质量小**：由于车身由薄钢板冲压成形的构件组焊而成，具有质量小、刚性好、抗变扭能力强等优点。

◆ **生产性好**：车身采用容易成形的薄钢板冲压，并且采用点焊和多工位自动焊接等现代化生产方式，使车身组焊后的整体变形小，且生产效率高、质量保障性好。

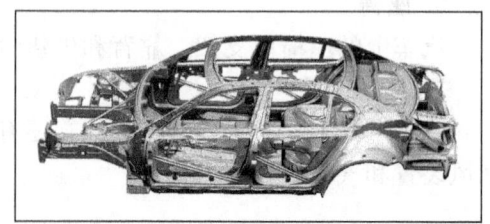

图1-2 承载式车身

◆ **结构紧凑**：由于没有独立的车架，使汽车整体高度、重心高度以及承载面高度都有所降低，可利用空间也有条件相应增大。

◆ **安全性好**：由薄板冲压成形后组焊而成的车身，具有均匀承受载荷并加以扩散的功能，对冲击能量的吸收性好，使汽车的安全保障性得到改善与提高。

承载式车身的缺点：

底盘部件与车身结合部在汽车运动载荷的冲击下，极易发生疲劳损伤；乘客室也更容易受到来自汽车底盘的振动与噪声的影响。为此，需要有针对性地采取一些减振、降噪等技术措施。另外，由事故所导致的整体变形较为复杂，并且会直接影响到汽车的行驶性能。**钣金维修作业中复原参数时，须使用专门设备和特定的检查与测量手段**。

第二节 轿车车身的结构

一、车身构造形式

1. 有车架车身形式

有车架车身形式，车架承受汽车运行所受到的载荷，轿车的壳体与车架是可分离的两个部分，车厢通过减振装置与车架相连接，基本上不承受载荷，如图1-3所示。

2. 无车架车身形式

图1-4所示为典型的无车架整体式车身结构形式。整体车身不再依靠车架承受载荷，而是将汽车的动力系统、行驶系统等主要部件直接安装在车身的指定位置上。这样做，可以大大减轻汽车车身质量，降低整车重心高度，是现代轿车设计的主导结构。但是，由于汽车行驶中的振动和噪声直接传给车身，影响汽车的舒适性，

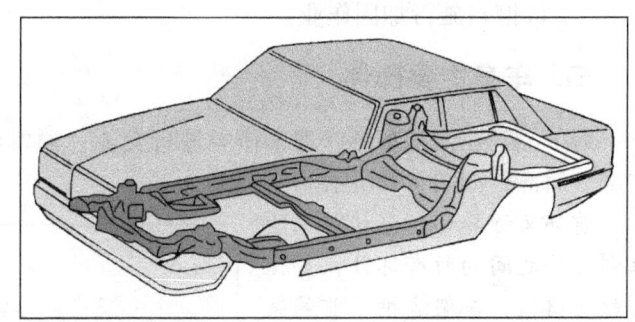

图1-3 有车架整体式车身结构

要求车身采取更为有效的防振、隔振措施，以充分发挥其优势。20世纪80年代以后，轿车基本上采用整体式车身结构，加之各种新技术的应用，使轿车整体性能达到了新的水平。

二、按车身壳体强度分类

通常整个车身壳体按强度等级分为三段，如图1-5所示，图中A、B、C分别代表车身前部、中部及后部。车身设计时，使中部乘客室尽可能具有最大的刚度，而相对于乘客室的前、后室则应具有较大的韧性。当汽车发生正面碰撞或追尾等事故时，所产生的冲击能量可以在A段或C段得以迅速吸收，前车身或后车身局部首先变形成A′或C′，以保证中部乘客室B段有足够的活动范围与安全空间。

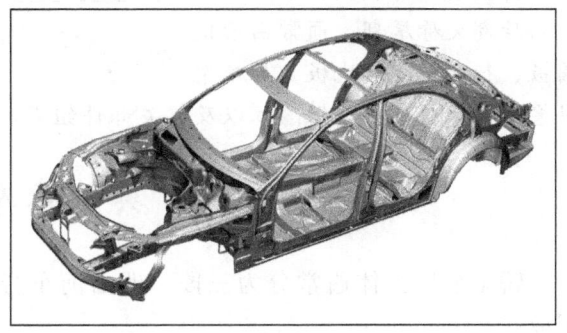

图1-4 无车架整体式车身结构

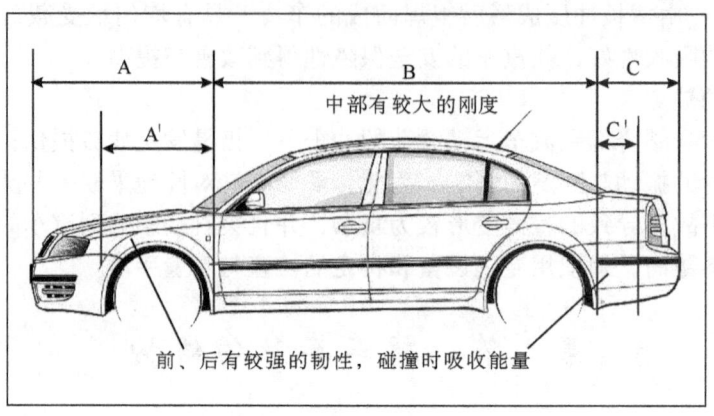

图 1-5　车身壳体刚度分级及受损变形情况

这种有意预留在车身前、后的"薄弱环节"起着良好吸收冲击能量的作用。而车身中部的乘客室及其周围，一般要比前、后车身坚固且有良好的整体性。这样，当冲撞事故发生时，预留的局部变形反倒能为乘员留有一定的生存空间。故维修作业时应当绝对避免对于类似 A、C 段擅自施行加固作业。

三、车身主要部件

为了便于在汽车车身修理工作中进行交流，通常将一个汽车车身分成三个部分：前部、中部、后部，如图 1-6 所示。

前部又称鼻部，包括前保险杠到火墙之间的所有部件，如保险杠、格栅、车架边框、前悬架部件，通常发动机也是汽车前部的一部分。

中部主要包括构成乘坐舱的车身部件。这部分包括车底板、车顶板、前窗板、车门、车门支柱、窗玻璃以及相关部分。

后部又称尾部，通常由后侧围板、行李舱或后地板、后车架纵梁、行李舱盖、后保险杠以及相关部件组成。

图 1-6　汽车的三个组成部分

第三节　典型轿车车身结构特点

轿车车身壳体通常分为三段，即由前车身、中间车身和后车身三大部分及相关构件组成。

1. 前车身

前车身主要由前翼子板、前段纵梁、前围板及发动机罩、前轮罩（又称翼子板内补、翼子板骨架、前悬架支撑板和大包等)、发动机安装支撑架(副车架、元宝梁)以及保险杠等构件组成。大多数轿车的前部装有前悬架及转向装置和发动机总成。

(1) 前保险杠　前保险杠位于车辆的最前端,是车身外部装饰体,主要部件一般由非金属面罩与金属加强肋相连而成,起到装饰、防护作用,应用于所有车辆车身。典型前保险杠结构如图 1-7 所示。

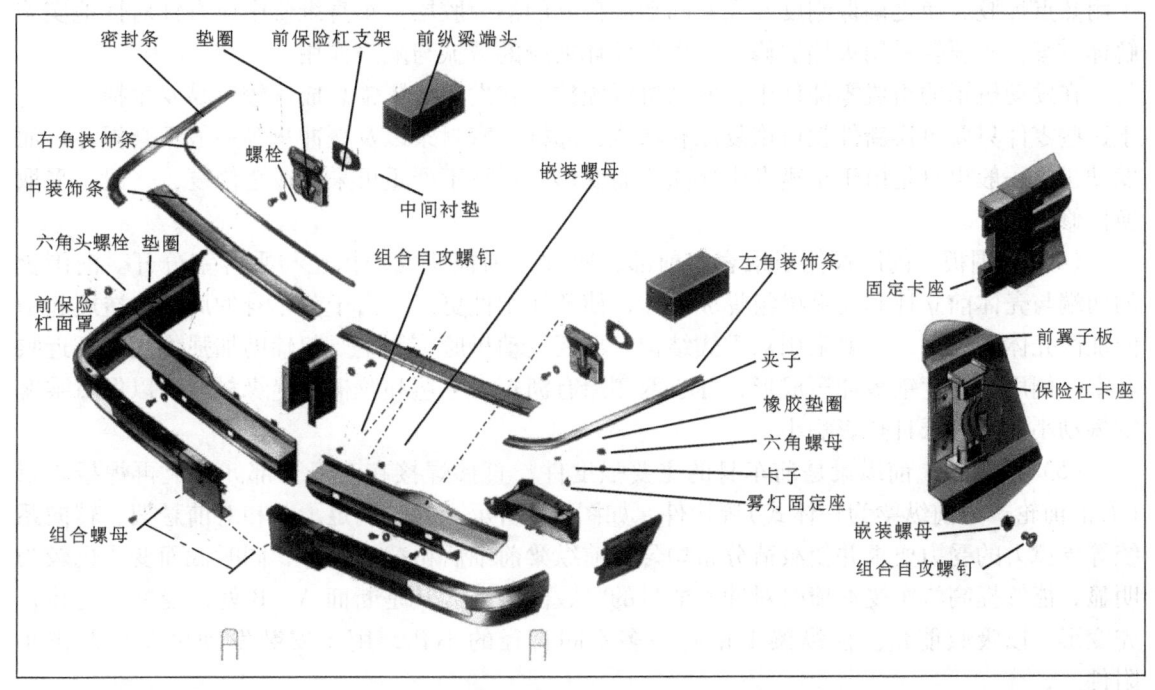

图 1-7　典型前保险杠结构

前保险杠在车辆行驶过程中经常发生刮蹭、碰撞等情况,前保险杠外皮、支架和装饰条等零件比较容易受到损坏,这些部件损坏后一般直接更换新件;前保险杠杠体一般优先考虑钣金修复,而不采取换件操作。前保险杠外皮如果与车身同色,在更换后还需要进行喷烤漆处理。

(2) 前翼子板　前翼子板位于汽车发动机罩侧下部、前轮上部,是重要的车身装饰件,主要部件一般采用薄钢板冲压制造,如图 1-8 所示。

普通轿车的前翼子板主要由前翼子板外板、前翼子板内板、翼子板衬板及翼子板防擦装饰条等组成,部分轿车还装有翼子板轮口装饰条。

在车辆碰撞事故中,翼子板外板、内板等钣金件经常因碰撞而发生变形,此时应视损坏程度采用钣金修复或更换

图 1-8　前翼子板与发动机罩

新件，固定卡子、固定卡扣和固定螺栓在更换翼子板时应一同更换。

（3）发动机罩　发动机罩位于车辆前上部，是发动机舱的维护盖板，如图1-8所示。

轿车的发动机罩主要由发动机罩板、发动机罩隔热垫、发动机罩铰链、发动机罩支撑杆、发动机罩锁、发动机罩锁开启拉索以及发动机罩密封条等零件所组成。

发动机罩多用高强度钢板冲压成网状骨架和蒙皮组焊而成，多数轿车还在夹层之间使用了耐热点焊胶，使之确保刚度并在其间形成良好的消声胶层。车身维修中应有针对性地实施解体方案，不要轻易用火焰法修理，以免破坏夹胶的减振与隔声作用。

在发动机罩的组成零部件中，发动机罩锁拉索和发动机罩锁总成比较容易发生损坏，对于这些零件只要更换新件就可恢复原有功能；撑杆、密封条以及缓冲垫等一般不会损坏，而发动机罩一般也只是由于车辆发生碰撞等而变形，损坏不严重可采取钣金修复，一般不采取换件修复。

（4）前围板　前围板位于乘客室前部，通过前围板使发动机舱与乘客室分开。前围板的两端与壳体前立柱和前纵梁组焊成一体，使整体刚性更好。由于前车身的后部构造还起横向加固壳体的作用，一般采用双重式结构。靠近发动机舱一侧主要起辅助加强作用，靠近乘客室一侧用高强度钢板冲压成形，并于两侧涂有沥青、毛毡和胶棉等绝缘材料，以保障乘客室振动小、噪声低且热影响小。

（5）前纵梁　前纵梁是前车身的主要强度件，直接焊接在车身下部。其上再焊接轮罩（有的前轮罩与前纵梁为一体式）等构件，如图1-9所示。为了满足承载和对前悬架、转向系统等支撑力的受力要求并使载荷分布均匀，前纵梁前细后粗截面不等，同时截面变化也较为明显，能够提高汽车受冲撞时对冲击能量的吸收能力，尤其是断面A、B处，受冲击时将首先变形，以吸收能量。前纵梁上钻有许多不同直径的小孔，用于安装发动机总成及汽车附件。

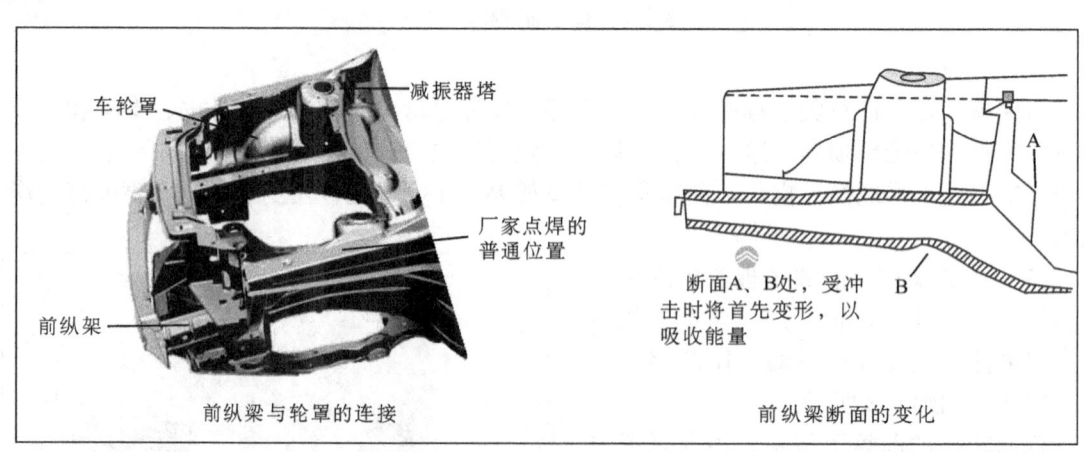

图1-9　前纵梁

2. 中间车身

中间车身设有车门、侧体门框、门槛及沿周采用高强度钢制成的抗弯曲能力较高的箱形断面，中间车身侧体框架的中柱、边框、车顶边梁和侧体下边梁等结构件也采用封闭型断面结构。车顶、车底和立柱等构件，均以焊接方式组合在一起。

第一章　汽车车身的结构及特点

中间车身的立柱起着支撑风窗和车顶的作用，一般下部制作得粗大，上部的截面尺寸需要考虑驾驶视野而缩小。立柱包括前柱（A柱）、中柱（B柱）与后柱（C柱）三种。

（1）立柱/门槛板/地板　立柱、门槛板是构成车身侧框架的钣金结构件，是车身非常重要的支撑件，如轿车、越野车等车型的侧框架一般由前、中、后门框及门槛、门楣等构成一个框架结构，用来固定车门、支撑顶篷、固附车身蒙皮等。图1-10所示为立柱/门槛板/地板位置及车身加强件示意图（见彩色插图）。

地板是车辆用来承载乘客、货物的基础件，是车身非常重要的钣金件。车辆上几乎所有的组件都直接或间接地安装在地板上，如乘员座椅直接安装在地板上，仪表板通过仪表板框架间接安装在地板上。车辆发生变形损坏时地板基本上是采用钣金修复。

（2）车顶　车顶是指车身车厢顶部的盖板，其上可能装备有天窗、换气窗或天线等，如图1-11所示。车顶主要由车顶板、车顶内衬、横梁（可能有前横梁、后横梁）和加强肋等组成，有的车型还备有车顶行李架。

在车顶的零件中，车顶内衬若损坏一般采取换件的方式，其他金属零件一般采取钣金修复，只有在损坏非常严重而无法钣金修复时才采取换件修复。

电动式天窗一般由天窗框架、天窗玻璃、天窗遮阳板、天窗导轨和驱动电动机等零件组成。天窗总成的零件一般不容易发生损坏，天窗玻璃、天窗导轨一般在车辆发生碰撞后才有可能发生损坏，驱动电动机、控制装置可能发生机械故障损坏，这些零件损坏时一般采取更换新件的方法即可恢复原有功能。

图1-11　车顶示意图

（3）车门　车门是乘员上下车的通道，其上还装有门锁、玻璃和玻璃升降器等附属设施。车门框架是车门的主要钢架，铰链、玻璃和把手等部件安装在门框架上。车门外板是车门框架上的外面板，它可以用钢、铝、纤维玻璃或塑料制成。车门玻璃沿车门框架上的玻璃导轨上、下移动，导轨是用低摩擦材料嵌入、粘接形成的V形槽。

车门及附件主要包括车门板（车门外板和车门内板）、车门内饰板、车门密封条、车门铰链（一般包括车门上铰链、下铰链）以及车门锁总成等零件，如图1-12所示。

车门总成的零件中，车门板（车门外板、车门内板）在损坏不严重的情况下一般采取钣金修复，其他零件（如门锁、拉手和玻璃升降器等）属于易损件，在损坏时只要更换新件即可。

3. 后车身

轿车后车身是用于放置物品的部分，可以说是中间车身侧体的延长部分。三厢式车的乘客室与行李舱是分开的，如图1-13a所示；而两厢车的行李舱则与乘客室合二为一，如图1-13b所示。

后车身的主要载荷来自于汽车后悬架，尤其是对于后轮驱动的车辆，驱动力通过车桥、悬架直接作用于后车身上。为确保后车身的强度，车身质量由中间车身径直向后延伸，到相当于后桥部位再形成拱形弯曲。这样既保证了后车身的刚度，又不至于使后桥与车身发生干

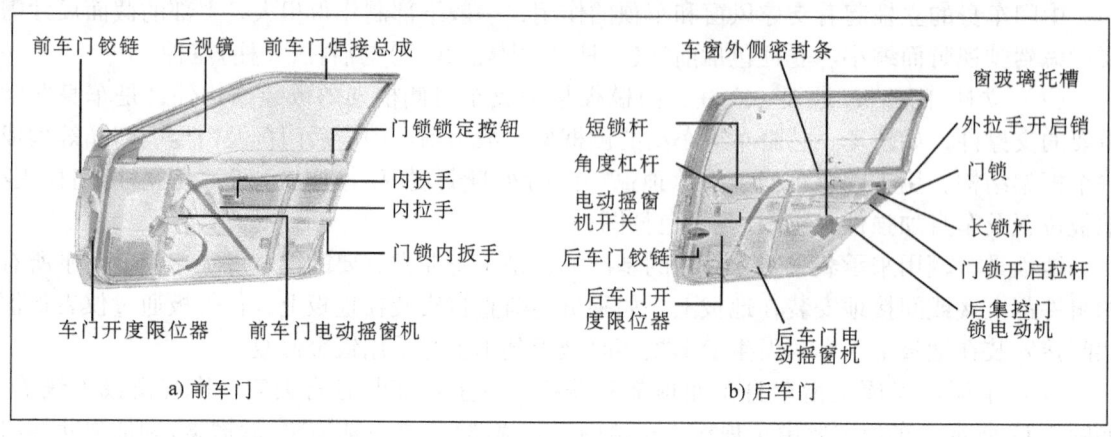

图 1-12 车门

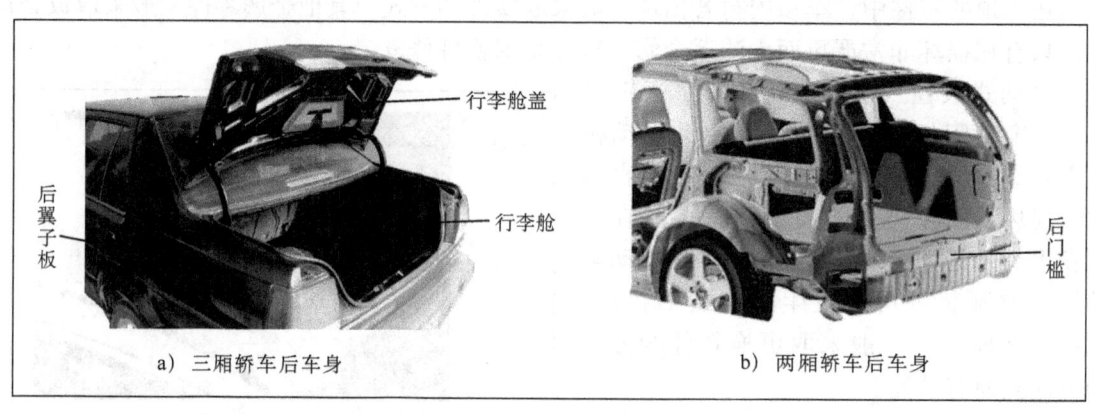

图 1-13 轿车后车身类型

涉。而且，当车身后部受到追尾碰撞时，还能瞬时吸收部分冲击能量，通过其变形来实现对乘客室的有效保护。

（1）行李舱和行李舱盖　行李舱是装载物品的空间，由行李舱组件与车身地板钣金件构成。行李舱基本位于轿车车身的后部，因此又俗称为后备箱。行李舱盖位置如图 1-13a 所示。

轿车的行李舱盖主要由行李舱盖板、行李舱盖衬板、行李舱铰链、行李舱支撑、行李舱密封条以及锁总成等零件组成，部分轿车的行李舱盖还带有扰流板、车型品牌标识等。

在行李舱盖的组成零件中，除了行李舱盖板损坏可以进行钣金修复外，其他零件损坏基本采取更换新件的方式。

（2）后侧板　后侧板是指后门框以后的遮盖后车轮及后侧车身的车身钣金件。后侧板主要包括后侧板外板、后侧板内板、后立柱、侧板内饰板及轮罩板等零件。

（3）后保险杠　后保险杠位于车身的尾部，起到装饰、防护车辆后部零件的作用，如图 1-14 所示。

后保险杠主要包括保险杠外皮、保险杠杠体、保险杠加强件、保险杠固定支架以及保险杠装饰条，典型后保险杠结构如图 1-15 所示。部分中高级轿车的后保险杠中还备有后保险

第一章 汽车车身的结构及特点

杠缓冲器，可以有效保护后部车身在中级以下碰撞时不发生变形。

在轿车后保险杠的组成零件中，除了保险杠外皮损坏时一般采取更换新件的方式外，其他钣金件都可先考虑钣金修复，损坏较为严重时才更换新件。

图 1-14　后保险杠和后侧板位置

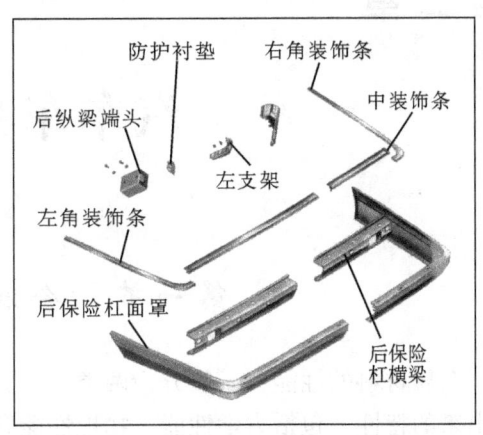

图 1-15　典型后保险杠结构

第二章

汽车车身常用材料

第一节　金属材料的主要性能

金属材料的性能，一般分为两类：一类是使用性能，它反映金属材料在使用过程中所表现出来的特性，包括力学性能、物理性能和化学性能，它决定了金属材料的应用范围、安全可靠性和使用寿命；另一类是工艺性能，它反映金属材料在加工制造过程中的各种特性，包括铸造性能、锻压性能、焊接性能和切削加工性能等，工艺性能决定了金属材料制造零件时的难易程度。

一、金属材料力学性能

1. 强度

强度是金属材料在外力作用下抵抗变形和破坏的能力，金属材料的强度越高，表示所能承受的外力越大。

根据载荷不同，强度可分为抗拉强度、抗压强度、抗剪强度、抗扭强度和抗弯强度五种。

例如：汽车吊车的钢丝绳要承受很大的拉力，如果选用的钢丝绳太细，就会被拉断。

2. 塑性

塑性是指金属在外力作用下产生永久变形而不破坏的能力。汽车许多零件在加工过程中要求材料有较好的塑性。衡量材料塑性好坏的指标是伸长率(δ)和断面收缩率(ψ)。塑性可以通过拉伸试验的方法测得。

伸长率和断面收缩率的数值越大，表示金属材料的塑性越好，可以进行冲压与大变形量的加工。

例如：汽车驾驶室的外壳和油箱等金属制品，都是用薄板经冷冲压成形的。在冷冲压时变形量很大，如果材料的塑性不好将会发生开裂。

3. 冲击韧度

金属材料抵抗冲击载荷的能力，称为冲击韧度。所谓冲击载荷就是快速作用于零件上的载荷。如汽车的悬架机构，在汽车起步、制动或改变速度时，钢板弹簧、钢板吊耳均要受到冲击，制动越急，起步越猛，冲击力越大。另外，还有一些机件，如发动机活塞、连杆和活塞销等，在发动机做功时，都要受到很大的冲击载荷。因此要求这些零件具有一定的耐冲击性能。

4. 硬度

硬度是指金属材料抵抗硬物压入其表面的能力，也可以说是材料抵抗局部变形的能力。硬度值是通过硬度试验机测定的。根据测定方法的不同，硬度可分为布氏硬度（HBW）、洛氏硬度（HR）、维氏硬度（HV）和里氏硬度（HL）等多种。汽车板料的硬度多用布氏硬度和洛氏硬度两种方法表示。

5. 疲劳强度

许多汽车零件是在重复或交变应力作用下工作的，如传动轴、连杆和弹簧等。所谓重复或交变应力是指应力的大小和方向随时间周期性变化。在重复或交变应力作用下，使金属材料在受力低于屈服强度时即发生断裂的现象，称为"疲劳"。

为了提高零件的疲劳强度，除在设计时应考虑结构形状，避免应力集中外，还可以通过提高零件的表面质量达到目的，如采取降低表面粗糙度值、表面喷丸、滚压、表面淬火及表面化学热处理等措施。

二、金属材料工艺性能

1. 冲压性能

金属在冷或热的状态时，在压力作用下，进行塑性变形的能力，称为冲压性能，即金属可进行热锻、冷冲压、冷镦、冷挤压等的能力。如汽车车身、搪瓷制品的胎料及许多日用品都是用冲压方法制成的。用于冲压的金属材料必须有良好的冲压性能或延展性能。

金属材料的冲压性能，常用金属的塑性和变形抗力来综合衡量，塑性越大则变形抗力越小，其压力加工性能越好。

2. 焊接性能

焊接性能是指金属材料对焊接加工的适应性。金属材料的焊接性能好，则说明该金属材料易于用一般焊接方法与工艺施焊，而且焊接时不易形成裂纹、气孔、夹渣等缺陷，其接头强度可与母材相近。焊接性能差的材料必须用特定的方法与工艺进行焊接。

金属焊接性能涉及的内容很广，包括焊接性、熔接合金成分的改变、吸气性及氧化性、内应力及冷热裂倾向、热影响区的组织改变及晶粒长大趋势等。对于不同材料、不同工作条件下的焊件，焊接性能的主要内容是不同的。

例如：普通合金结构钢，对于淬硬和冷裂纹是比较敏感的，焊接性能的主要内容是如何解决其淬硬和冷裂问题。

焊接奥氏体不锈钢时，晶间腐蚀和热裂纹是主要矛盾，因此，该问题成为焊接性能的主要内容。

3. 切削加工性能

切削加工性能是指金属材料被切削加工的难易程度。金属材料的切削加工性，不仅与材料本身的化学成分、内部组织有关，还与刀具的几何参数等因素有关。通常，可根据材料的硬度和韧性对材料的切削加工性进行大致的判断。工件硬度过高，刀具易磨损，切削加工困难；硬度过低，容易粘刀，且不易断屑，加工后表面粗糙。所以硬度过高或过低、韧性过大的材料，其切削性能较差。而切削加工性能好的材料，对刀具磨损小，切屑量大，切屑易于折断脱落，加工表面粗糙度和精度也高。

第二节 常用金属材料种类

一、钢铁材料

1. 钢

碳是决定钢性能最主要的元素，钢中的杂质对钢性能也有一定的影响。在碳的质量分数小于0.8%的碳钢中，随着碳的质量分数的增加，钢的强度、硬度不断提高，塑性、韧性不断降低。碳的质量分数大于0.8%的碳钢，随着含碳量的增加，钢的强度不再增加，但硬度还有提高，塑性、韧性继续降低。

为了改善钢的性能，在碳钢的基础上，有目的地加入某些合金元素而炼成的钢称为合金钢。碳钢或合金钢经热处理后，不仅可以显著提高其综合力学性能，还能满足某些特殊性能的要求，如可获得较高的硬度、淬透性、耐蚀性以及热硬性(高温下保持高硬度和高耐磨性)等。

（1）钢的分类　钢可按化学成分、质量和用途等来分类，见表2-1。

表2-1　钢的分类

分类方法	名 称		说 明
按化学成分分类	碳素钢	低碳钢(碳的质量分数低于0.25%)	碳素钢的成分中除铁外，还含有碳和一定数量的硅、锰、硫、磷等元素，碳素钢按其碳的质量分数多少可分为低、中、高碳钢三种
		中碳钢(碳的质量分数为0.25%~0.60%)	
		高碳钢(碳的质量分数高于0.60%)	
	合金钢	低合金钢(合金元素总质量分数低于5%)	在碳素钢中加入一定数量的合金元素称为合金钢。加入合金元素的目的在于改善钢的力学性能、工艺性能、物理性能和化学性能。加入的合金元素有铬(Cr)、镍(Ni)、硅(Si)、锰(Mn)、硼(B)、铌(Nb)等
		中合金钢(合金元素总质量分数为5%~10%)	
		高合金钢(合金元素总质量分数高于10%)	
按质量分类	普通钢：钢中硫的质量分数不超过0.050%，磷的质量分数不超过0.045%		这种分类法是根据钢中含硫、磷等有害杂质的多少而区分的
	优质钢：钢中硫的质量分数不超过0.035%，磷的质量分数不超过0.035%，铜的质量分数不超过0.030%		
	高级优质钢：钢中硫的质量分数不超过0.030%，磷的质量分数不超过0.035%，铜的质量分数不超过0.025%		
按用途分类	结构钢(碳的质量分数小于0.7%)	碳素结构钢	用于工程结构，制造机械零件
		合金结构钢	
		滚动轴承钢	
		弹簧钢	
	工具钢(碳的质量分数为0.7%~1.4%)	碳素工具钢	用于制造各种工具，又可细分为量具钢、刃具钢和模具钢等
		合金工具钢	
		高速工具钢	
	特殊用途钢	不锈耐酸钢	用于特殊用途，具有特殊的物理、化学性能
		耐热不起皮钢	
		磁性材料和电热合金	

第二章 汽车车身常用材料

(续)

分类方法	名称		说明
其他分类	按炼钢方法分	平炉钢	—
		转炉钢	
		电炉钢	
	按浇铸前脱氧程度分	镇静钢	
		沸腾钢	
		半镇静钢	
	按金相组织不同分	奥氏体钢	
		马氏体钢	
		铁素体钢	

(2) 钢的用途

① 碳素结构钢。碳素结构钢碳的质量分数一般小于0.7%,可分为普通碳素结构钢和优质碳素结构钢,它要求有较高的强度、塑性和韧性。常用于制造工程结构件(如建筑的屋架、桥梁和车辆等)以及机械零件(如螺钉、螺母、冲压零件、齿轮、轴和连杆等)。

在优质碳素结构钢中,45钢因其调质(淬火后高温回火)后有良好的综合力学性能(有较高强度,硬度、塑性、韧性均适中),在机械制造业中用量较大。

② 碳素工具钢。碳素工具钢碳的质量分数在0.7%~1.4%。由于含碳量高,硬度偏高,但热硬性差。主要用于制造各种手工工具,一般都需经热处理后才可使用。

③ 合金结构钢与合金工具钢。合金结构钢和合金工具钢的用途与碳素结构钢和碳素工具钢相仿,但其性能优于碳素钢。如40钢经调质其抗拉强度R_m<750MPa;而40Cr钢经调质其抗拉强度R_m>1000MPa。调质后,在硬度相同的情况下,40Cr钢的塑性和韧性均优于40钢。

2. 铸铁

铸铁是汽车制造及其他工业制造中广泛应用的一种材料。铸铁可以制造许多类型的汽车零件,如汽车上的气缸体、气缸套、活塞环、飞轮、带轮和后桥壳等。根据其含碳形式及石墨形状不同,主要分以下几类,见表2-2。

表2-2 铸铁的分类

分类方法	名称	说明
根据碳的形式不同	白口铸铁	碳主要以渗碳体形式存在,其断口呈银白色,性能既硬又脆,很难进行切削加工,所以很少直接用来制造机器零件
	灰铸铁	碳大部分或全部以石墨形式存在,其断口呈暗灰色,是目前工业生产中应用最广泛的一种铸铁
	麻口铸铁	碳大部分以渗碳体形式存在,少部分以石墨形式存在,断口呈现灰白色,具有较大的脆性

(续)

分类方法	名称		说 明
根据石墨形态不同	灰铸铁	铁素体灰铸铁	铸铁是在钢的基体上分布着一些片状石墨。由于石墨的强度和塑性几乎为零，石墨的存在就像在钢的基体上分布着许多细小的裂缝和空洞，破坏了金属基体的连续性，减小了有效承载面积，并且在石墨尖角处容易产生应力集中，所以灰铸铁的强度、塑性和韧性远不如钢。铸铁中的石墨数量越多、尺寸越大、分布越不均匀，对基体的割裂作用和应力集中现象就越严重，铸件的强度、塑性和韧性就越差。但石墨的存在对抗压强度和硬度的影响不大
		铁素体珠光体灰铸铁	
		珠光体灰铸铁	石墨虽然降低了铸铁的力学性能，但却使铸铁获得了许多钢所不及的优良性能，如良好的铸造性能和切削性能，较高的耐磨性、减振性及较低的缺口敏感性
	球墨铸铁		在浇注前向合格铁液中加入球化剂及孕育剂进行球化处理和孕育处理，使其石墨呈球状分布，这种铸铁称为球墨铸铁 ◆ 球墨铸铁的组织与性能：碳的质量分数为3.6%~3.9%，硅的质量分数为2.0%~3.2%，锰的质量分数为0.3%~0.8%，硫的质量分数小于0.04%，磷的质量分数小于0.1% 硫和磷易产生夹杂和降低球铁塑性，故应严格控制其含量 因为球状石墨对基体的割裂作用大大减轻，基体的塑性和韧性得以充分发挥，所以它的强度和塑性已超过灰铸铁和可锻铸铁，接近铸钢 ◆ 球墨铸铁的牌号与用途：球墨铸铁的牌号由"球铁"两字的汉语拼音的第一个字母"QT"及两组数字组成 两组数字分别代表其抗拉强度(MPa)和锻后伸长率(%) 如：QT400-18用在汽车轮毂、驱动桥壳体、离合器壳，QT900-2用在汽车锥齿轮、转向节、传动轴
	可锻铸铁		可锻铸铁是由白口铸铁经长时间石墨化退火，使渗碳体分解而获得团絮状石墨的铸铁 ◆ 可锻铸铁的组织与性能：可锻铸铁碳的质量分数为2.2%~2.8%，硅的质量分数为1.25%~2.0%，锰的质量分数为0.4%~1.2%，硫的质量分数小于0.2%，磷的质量分数小于0.1%。根据基体组织的不同，可锻铸铁分为铁素体基体的可锻铸铁和珠光体基体的可锻铸铁。铁素体可锻铸铁因其断口心部呈黑色，故又称黑心可锻铸铁，具有一定的强度和一定的塑性。珠光体可锻铸铁则具有较高的强度、硬度和耐磨性，塑性与韧性则较低 ◆ 可锻铸铁的牌号与用途：牌号由三个字母及两组数字组成。"KT"表示可锻铸铁。KTH和KTZ中"H"表示"黑心"，即铁素体可锻铸铁；"Z"表示珠光体基体。牌号后面的两组数字分别为抗拉强度和锻后伸长率，如KTH300-06、KTZ450-06。常用来制造汽车上的后桥壳、轮壳、转向机构壳体、曲轴和连杆等
	蠕墨铸铁		蠕墨铸铁的石墨形态介于片状和球状石墨之间，像蠕虫状分布 ◆ 蠕墨铸铁的组织与性能：蠕墨铸铁碳的质量分数为3.4%~3.6%，硅的质量分数为2.4%~3.0%，锰的质量分数为0.4%~0.6%，硫的质量分数小于或等于0.06%，磷的质量分数小于0.07%。蠕墨铸铁的力学性能介于灰铸铁和球墨铸铁之间，强度、韧性、高温强度和热疲劳性能优于灰铸铁，减振能力、铸造性能优于球墨铸铁，强度、韧性不如球墨铸铁 ◆ 蠕墨铸铁的牌号与用途：牌号用字母"RuT"及一组数字表示，数字表示抗拉强度，如RuT420、RuT380。常用于制造活塞环、制动器、气缸盖、排气管和汽车底盘零件

二、汽车常用金属材料

1. 薄钢板

薄钢板通常是指用冷轧或热轧方法生产的厚度在4mm以下的钢板。按国家标准规定供应的薄钢板,其厚度为0.2~4mm,宽度为600~2000mm,长度为1200~6000mm。薄钢板是汽车钣金构件的主要材料。

(1) 普通钢和优质钢薄钢板　这类板材是经冷轧或热轧获得的薄钢板,又称黑铁皮或黑铁板。冷轧钢板具有较好的塑性和韧性,适宜弯曲延伸制成凹凸形、曲面形和弧形等,不容易断裂。热轧钢板塑性和强度适中,延伸性能较冷轧钢板差,容易开裂。由于其价格便宜,适宜于制作一般的通用产品。

普通钢薄钢板:常用的有普通碳素钢薄钢板、低合金结构钢薄钢板和酸洗薄钢板等。

优质钢薄钢板:常用的有优质碳素钢薄钢板、合金结构钢薄钢板、不锈钢薄钢板、深冲压用冷轧薄钢板和搪瓷用热轧薄钢板等。

普通钢和优质钢薄钢板有中等的抗拉强度,塑性较高,硬度较低,焊接性好,因此最适合成形加工工艺。所以汽车上的驾驶室、燃油箱和车厢等都选择这两种材料制作。同时,薄钢板也适合于手工操作制作各种钣金零件。酸洗薄钢板常用于冲制器皿、铁箱柜等,这种薄钢板的缺点是容易生锈。

薄钢板的尺寸规格可参考GB/T 708—2006《冷轧钢板和钢带的尺寸、外形、重量及允许偏差》和GB/T 709—2006《热轧钢板和钢带的尺寸、外形、重量及允许偏差》。

(2) 镀层薄钢板　镀层(镀膜)薄钢板俗称白铁皮,是在冷轧或热轧薄钢板上镀一层有色金属(锌、锡、铅)膜而成。按镀层不同分为镀锌、镀锡和镀铅薄钢板三种。

镀锌薄钢板也称白锌板,它具有抗腐蚀性好及表面美观的特征,其表面发白,分平光和花纹两种。镀锌薄钢板分为冷轧连续热镀锌薄钢板和单张热镀锌薄钢板两种,其规格可参考GB 2518—2008《连续热镀锌钢板和钢带》。

镀锡薄钢板也称马口铁,它为热轧软碳薄钢板。其表面用电镀法镀有一层锡,呈银白色,表面光亮又美观,耐蚀性较好。镀锡薄钢板的规格可参考GB/T 2520—2008《冷轧电镀锡钢板及钢带》。

镀铅薄钢板也称白铅板,它具有抗腐蚀性能强的特点,最适合做耐酸容器。因铅有毒,所以镀铅薄钢板不能制作食品容器和罐头盒,通常用它制作燃油箱、储油容器及其他防腐蚀性零件。镀铅薄钢板又称热镀铅合金冷轧碳素薄钢板,其规格可参考GB/T 5065—2004《热镀铅锡合金碳素钢冷轧薄钢板及钢带》。

2. 特殊钢板

常用的特殊钢板有特殊金属复合钢板和花纹钢板等。

特殊金属复合钢板又称双金属板,它是以一种金属材料为基体,再复合上另一种金属材料,以达到降低成本或用作特殊需要的目的。不锈钢复合钢板可以部分代替不锈钢用于制造耐腐蚀、防锈的容器、管道和防护罩等。铜-钢双金属复合钢用于制造电工、高压热交换器等。这种类型的钢板汽车钣金构件中应用较少。

花纹钢板表面有高低不平的菱形或扁豆形花纹,如图2-1所示。花纹钢板具有防滑作用,用于制造扶梯、汽车踏板等。钣金用花纹钢板厚度一般在2.5~4.0mm,宽度为600~1800mm,按50mm进级,长度为600~1200mm,按100mm进级。

3. 厚钢板

通常把厚度在4mm以上的钢板称为厚钢板,并把4.5~25mm厚的钢板称为中板;25~60mm厚的钢板称为厚板;超过60mm的钢板称为特厚板。

4. 钢管

钢管分无缝钢管和有缝钢管两大类。

（1）无缝钢管　无缝钢管由整块金属轧制而成，断面上无接缝。根据生产方法，无缝钢管又分为热轧管、冷轧管和挤压管；按断面形状分圆形和异形两种，其中异形钢管有方形、椭圆形、三角形、星形和带翅管等各种复杂形状；根据壁厚不同分厚壁管和薄壁管等。无缝钢管主要用于高精度构件，材料有普通碳素结构钢、优质碳素结构钢和合金结构钢等多种。

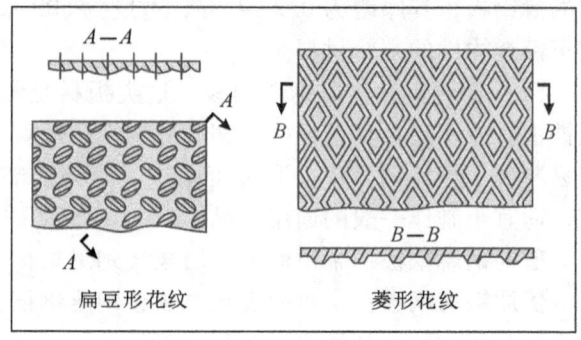

图 2-1　花纹钢板

（2）有缝钢管　有缝钢管又称焊接钢管，用钢带成形后焊接而成，有镀锌和不镀锌两种。镀锌管又称白铁管，不镀锌管称为黑铁管。镀锌的有缝钢管因其外表镀有锌，可以防止生锈，常用作水管。不镀锌的有缝钢管用于普通低压或无压力的管道系统。

5. 铜板类

常用钣金薄铜板分冷轧纯铜板和冷轧铜合金板两种。

（1）纯铜薄板　纯铜薄板呈紫红色，故又称紫铜板，熔点为1083℃，密度为8.9g/cm³，具有良好的导电性、导热性和耐蚀性，还有良好的塑性和延展性，但抗拉强度较低，适于压力加工。纯铜价格较贵，在汽车上主要用于气缸垫、进（排）气管垫片、轴承垫片和散热器管、制动管等。

（2）铜合金薄板　铜合金薄板主要指黄铜薄板。黄铜塑性好，比纯铜强度高，价格便宜。这种薄板适合各种成形加工和手工制作各种钣金零件，如汽车散热器、暖风散热管等。纯铜和黄铜都可以进行焊接，常用气焊和钎焊。

6. 铝板类

常用钣金铝材有纯铝板和铝合金板两种。

（1）纯铝薄板　纯铝薄板是银白色的轻金属，熔点为660℃，密度为2.7g/cm³，并具有良好的塑性、延展性、导电性、导热性和耐蚀性。一般用于制作耐腐蚀容器、油桶和各种形状的拉伸件和压弯件。由于铝板的抗拉强度较低，不宜制作承受大载荷的构件。

（2）铝合金薄板　铝合金薄板是在纯铝中加入镁、锰、硅、铜等合金元素轧制而成的，其强度和耐蚀性比纯铝显著提高，并保持了高塑性等一系列原有的良好性能。适合制作较重要的拉伸件和各种钣金件，如客车外表覆盖件、装饰件、铆钉及其他零件。

铝合金板有防锈铝合金板、硬铝合金板、一般铝合金板等几种。

铝材类还有专门轧制的铝型材。铝型材形状各异，可根据需要压延拉制而成。一般用于仪器、仪表的外壳和客车嵌条及装饰件。铝型材经过喷砂、氧化等处理后，更为美观。

铝及铝合金的焊接性较差，要按照特定的焊接工艺操作才能获得较好的焊接效果，可用气焊和接触焊，氩弧焊效果更好。

三、金属的热处理

金属热处理是工件制造过程中的一道重要工序。其目的就是利用加热再冷却的方法使金

属内部的组织发生改变,从而获得所需的力学性能,如提高材料强度、硬度、塑性和韧性等。热处理工艺一般包括加热、保温、冷却三个过程,有时只有加热和冷却两个过程,这些过程互相衔接,不可间断。

加热是热处理的重要工序之一。金属热处理的加热方法很多,最早是采用木炭和煤作为热源,进而应用液体和气体燃料。电的应用使加热易于控制,且无环境污染。利用这些热源可以直接加热,也可以通过熔融的盐或金属,对浮动粒子进行间接加热。

金属加热时,工件暴露在空气中,常常发生氧化、脱碳(即钢铁零件表面碳含量降低),这对于热处理后零件的表面性能有很不利的影响。因而金属通常应在可控气氛或保护气氛中、熔融盐或真空中加热,也可用涂料或包装方法进行保护加热。

冷却也是热处理工艺过程中不可缺少的步骤,冷却方法因工艺不同而不同,其中最主要的是冷却速度的控制。一般退火的冷却速度最慢,正火的冷却速度较快,淬火的冷却速度更快。

金属热处理工艺大体可分为整体热处理、表面热处理和化学热处理三大类。根据加热介质、加热温度和冷却方法的不同,每一大类又可分为若干不同的热处理工艺。同一种金属采用不同的热处理工艺,可获得不同的组织,从而具有不同的性能。钢铁是工业上应用最广的金属,而且钢铁显微组织也最为复杂,因此钢铁热处理工艺种类繁多。

1. 整体热处理

整体热处理是对工件整体加热,然后以适当的速度冷却,以改变其整体力学性能的金属热处理工艺。钢铁整体热处理大致有退火、正火、淬火和回火四种基本工艺。

(1) 退火和正火 退火和正火可作为一些普通铸件、焊接件及某些不重要的热加工工件的最终热处理工序,也可作为某些零件的预先热处理工序,其主要目的有如下几点。

- ◆ 软化零件,便于切削加工。
- ◆ 消除残余应力,以防零件变形、开裂。
- ◆ 细化晶粒,改善组织,以提高零件的力学性能。
- ◆ 为最终热处理(淬火或回火)做好组织上的准备。

退火和正火的操作方法是将材料加热到某一温度范围,保温一段时间,然后冷却至室温。不同点是正火冷却速度稍快,正火后的组织比退火细,硬度和强度稍有提高。

(2) 淬火 将金属加热到一定温度,保温一段时间,然后在水或油中急速冷却的过程称为淬火。其目的是提高工件的硬度和耐磨性。一般淬火操作的难度较大,这是因为急速冷却总是不可避免地产生相当大的内应力,可能引起零件的变形和开裂,故淬火后通常应进行回火处理。

(3) 回火 将淬火后的零件加热到一定温度后保温,然后在空气中或油中冷却,这种热处理方法称为回火。其目的是消除零件因淬火而产生的内应力和脆性,改善零件的力学性能。

淬火以后进行高温回火称为调质。其目的是获得较高的强度、硬度,特别是较好的冲击韧度。

2. 表面热处理

表面热处理是只加热工件表层,以改变其表层力学性能的金属热处理工艺。为了只加热工件表层而不使过多的热量传入工件内部,使用的热源必须具有高的能量密度,即在单位面积的工件上给予较大的热能,使工件表层或局部能短时或瞬时达到高温。表面热处理的主要方法有火焰淬火和感应加热热处理，常用的热源有氧乙炔或氧丙烷等火焰、感应电流、激光和电子束等。

3. 化学热处理

化学热处理是通过改变工件表层化学成分、组织和性能的金属热处理工艺。化学热处理与表面热处理不同之处是前者改变了工件表层的化学成分。化学热处理是将工件放在含碳、氮或其他合金元素的介质（气体、液体、固体）中加热，保温较长时间，从而使工件表层渗入碳、氮、硼和铬等元素。渗入元素后，有时还要进行其他热处理工艺，如淬火及回火。化学热处理的主要方法有渗碳、渗氮和渗金属。

热处理是机械零件和工模具制造过程中的重要工序之一。大体来说，它可以保证和提高工件的各种性能，如耐磨、耐腐蚀等。还可以改善毛坯的组织和应力状态，以利于进行各种冷、热加工。

例如：白口铸铁经过长时间退火处理可以获得可锻铸铁，提高塑性；齿轮采用正确的热处理工艺，使用寿命可以比不经热处理的齿轮成倍或几十倍地提高；另外，价廉的碳钢通过渗入某些合金元素就具有某些价昂的合金钢性能，可以代替某些耐热钢、不锈钢；加工模具则几乎全部需要经过热处理方可使用。

第三节　非金属材料种类

一、塑料

1. 塑料分类和特性

（1）塑料的分类　塑料的种类很多，按其热性能不同，可分为热固性塑料和热塑性塑料两大类。

热固性塑料是指经一次固化后，不再受热软化，只能塑制一次的塑料。这类塑料耐热性能好，受压不易变形，但力学性能较差。常用的有环氧塑料、酚醛塑料、氨基塑料和有机硅塑料等。

热塑性塑料是指受热时软化，冷却后变硬，再加热又软化，冷却又变硬，可反复多次加热塑制的塑料。这类塑料加工成型方便、力学性能较好，但耐热性相对较差、容易变形。热塑性塑料数量很大，约占全部塑料的80%，常用的有聚乙烯、聚氯乙烯、聚四氟乙烯、聚苯乙烯、聚丙烯、聚甲醛、聚苯醚和聚酰胺等。

（2）塑料的主要特性　塑料具有许多优良的物理性能、化学性能和力学性能，主要有：

① 质量轻。一般塑料的密度为 $0.83 \sim 2.2 g/cm^3$，仅是钢铁的 $1/8 \sim 1/4$。而泡沫塑料则更轻，密度为 $0.02 \sim 0.2 g/cm^3$。因此，用塑料制备汽车零部件，可大幅度减轻汽车的质量，降低油耗。

② 化学稳定性好。一般的塑料对酸、碱、盐和有机溶剂都有良好的耐蚀性。特别是聚四氟乙烯，除了能与熔融的碱金属作用外，其他化学药品包括"王水"也难以将其腐蚀。因此，在腐蚀介质中工作的零件可采用塑料制作，或采用在表面喷塑的方法提高其耐蚀能力。

③ 比强度高。所谓比强度，是指单位质量的强度。尽管塑料的强度要比金属低些，但由于塑料密度小、质量轻，因此以等质量相比，其比强度要高。如用碳素纤维强化的塑料，

它的比强度要比钢材高两倍左右。

④ 良好的电绝缘性能。塑料几乎都有良好的电绝缘性,它可与陶瓷、橡胶和其他绝缘材料相媲美。因此,汽车电器零件广泛采用塑料来作为绝缘体。

⑤ 优良的耐磨、减摩性。大多数塑料的摩擦系数较小,耐磨性好,能在半干摩擦甚至完全无润滑条件下良好地工作。所以作为耐磨材料,可制造齿轮、密封圈、轴承和衬套等。

⑥ 良好的吸振性和消声性。采用塑料轴承和塑料齿轮的机械,在高速运转时,可平稳无声地转动,大大减少噪声,降低振动。

◆ 缺点

与钢相比其力学性能较低;耐热性较差,一般只能在100℃以下长期工作;导热性差,其导热系数只有钢的1/200~1/600;容易吸水,塑料吸水后,会引起使用性能恶化。

此外,塑料还有易老化、易燃烧、温度变化时尺寸稳定性差等缺点。

2. 塑料在汽车中的应用

由于塑料具有诸多金属和其他材料所不具备的优良性能,它在汽车上的应用很广,常用于制作各种结构零件、耐磨减摩零件、隔热防振零件等。汽车常用塑料的种类、特性及应用见表2-3。

表2-3 汽车常用塑料的种类、特性及应用

名 称		主 要 特 性	应 用 举 例
一般结构零件	酚醛塑料	有优良的耐热、耐磨、电绝缘、化学稳定性、尺寸稳定性和抗蠕变性,但较脆,抗冲击能力差	分电器盖、分火头、水泵密封垫片、制动摩擦片和离合器摩擦片等
	聚苯乙烯	有优良的耐蚀、电绝缘、着色及成型性,透光度较好,但耐热、抗冲击能力差	各种仪表外壳、汽车灯罩和电器零件等
	低压聚乙烯	强度较高,耐高温、耐磨、耐蚀及电绝缘性好	燃油箱、挡泥板、手柄、风窗嵌条、内锁按钮和轿车保险杠等
	ABS	有较高的抗冲击性能,良好的强度、耐热性、化学稳定性和耐寒性,吸水性小	转向盘、仪表板总成、挡泥板、行李舱和轿车车身等
	有机玻璃	具有高透明度、耐蚀、电绝缘性能好,有一定的力学强度,但耐磨性差	油标尺、油杯、遮阳板和后灯罩等
耐磨减摩零件	聚酰胺(尼龙)	有韧性好、耐磨、耐疲劳、耐水等综合性能,但吸水性大,尺寸稳定性差	车窗摇手、风扇叶片、里程表齿轮、输油管、球头碗和衬套等
	聚甲醛	有优良的综合力学性能,尺寸稳定性好,耐油、耐磨、电绝缘性好,吸水性小	万向节轴承、半轴和行星轮垫片、燃油泵壳、转向节衬套等
	聚四氟乙烯	有极强的耐蚀性,良好的化学稳定性、耐低温性、电绝缘性,摩擦系数小	汽车各种密封圈、垫片等
耐高温零件	聚苯醚	具有很宽的使用温度范围(-127~121℃),良好的耐磨、抗冲击及电绝缘性能,有良好的力学性能,耐磨、耐高温、耐蚀	小型齿轮、轴承和水泵零件等
	聚酰亚胺	耐磨性能好,化学性能稳定	密封圈,冷却系统密封垫等
隔热减振零件	聚氨酯泡沫塑料	相对密度小、质轻、强度高、导热系数小、耐油、耐寒、减振和隔声效果好	汽车内饰材料、坐垫、仪表板、扶手和头枕等
	聚氯乙烯泡沫塑料	相对密度小、导热系数小、隔热减振效果好等	各种内装饰覆盖件、密封条、垫条和驾驶室地毯等

二、橡胶

1. 橡胶的基本性能

（1）极高的弹性　这是橡胶独特的性能，橡胶的伸长率可达100%~1000%。橡胶在起初受负荷时变形量很大，但随外力的增加，橡胶又具有很强的抵抗变形的能力。因此，橡胶可作为减振材料，用于制造各种减轻冲击和吸收振动的零件。

（2）良好的热可塑性　橡胶在一定温度下失去弹性而具有可塑性，称为热可塑性。橡胶处于热可塑性状态时，容易加工成各种形状和尺寸的制品，而且当加工外力去除后，仍能保持该变形下的形状和尺寸。根据这一特性，可把橡胶加工成不同形状的制品。

（3）具有良好的粘着性　粘着性是指橡胶与其他材料粘结成整体而不分离的能力。橡胶有很强的吸附能力，能与其他材料粘结成整体，如汽车轮胎就是利用橡胶与棉、毛、尼龙等，牢固地粘结在一起而制成的。

（4）良好的绝缘性　橡胶大多数是绝缘体，是制造电线、电缆等导体的绝缘材料。此外，橡胶还具有良好的耐寒、耐蚀和不渗漏水、气等性能。

（5）橡胶的缺点　导热性差，硬度和抗拉强度不高，尤其是容易老化等。

2. 橡胶在汽车中的应用

汽车上用量最大的橡胶制品是轮胎，目前全世界生产的橡胶约有80%为制造轮胎所用。此外，橡胶还广泛用于各种胶带、胶管、减振配件以及耐油配件等。

汽车常用橡胶的种类、特性及应用见表2-4。

表2-4　汽车常用橡胶的种类、特性及应用

名　称	主　要　特　性	应　用　举　例
天然橡胶	有良好的耐磨性、抗撕裂性、加工性能好，但耐高温、耐油、耐臭氧较差，易老化	轮胎、胶带、胶管及通用橡胶制品等
丁苯橡胶	有优良的耐磨性、耐老化性，力学性能与天然橡胶相近，但加工性能，特别是粘着性较天然橡胶差	轮胎、制动摩擦片、离合器摩擦片、胶带、胶管及通用橡胶制品等
丁基橡胶	有良好的耐热性、耐臭氧、耐酸碱及无机溶剂性能，气密性好，吸振能力强	轮胎内胎、电线、电缆、胶管及减振配件等
氯丁橡胶	有良好的物理、力学性能、耐臭氧、耐腐蚀、耐油、粘着性好，但密度大、电绝缘性差，加工时易粘辊、脱模	胶带、胶管、橡胶粘结剂、模压制品及汽车门窗嵌条等
丁腈橡胶	有优良的耐油、耐老化、耐磨性能、耐热性、气密性好，但耐寒性、加工性较差	油封、皮碗、O形密封圈及油管等耐油配件

三、粘结剂

粘结剂一般又称粘结密封剂，粘结密封是车身修理中一种不可缺少的工艺，用来组装连接、填隙密封，还可以代替铆焊以减轻汽车的质量、降低消耗，提高汽车和车身的耐用性和可靠性。

用于车身的粘结剂有合成橡胶型、合成树脂型和混合型等，现已有定型的汽车用粘结剂产品。**用于车身的粘结剂有以下几种。**

第二章 汽车车身常用材料

1. 点焊密封胶

冲压钣金件点焊前涂敷在接缝处的一种密封剂。点焊后和油漆一起烘干，形成密封层，防止水分和灰尘的侵入。它多为聚氯乙烯合成橡胶（如丁苯橡胶）类。

2. 焊缝胶

焊缝胶是点焊后对焊缝进行密封时用的。它主要有聚氯乙烯型塑料溶胶，还有双组分聚硫橡胶型（如 JLC-6 密封胶）、沥青型、改性环氧型和聚氨酯型胶等。

3. 折边粘结剂

用于轿车车门、发动机罩和行李舱盖折边的粘结密封，能起防水、防锈的作用。这种粘结剂可分为单组分环氧型和聚氯乙烯塑料溶胶型，它们均随油漆烘干而固化。

4. 风窗玻璃粘结剂

将风窗玻璃直接粘结在窗框上。常用的有聚硫橡胶型粘结剂、丁基胶带和聚氨酯密封胶三类。

5. 密封条粘结剂

用于汽车车门、发动机罩和行李舱盖的涂漆钢板上粘结各种橡胶密封条，以防止雨水、尘土的侵入。

6. 内饰件粘结剂

用于汽车内饰件，如顶篷衬里、仪表板、车门护板、侧护板、遮阳板、坐垫、靠背和地毯等的粘结，以达到安全、舒适的目的。常用的有氯丁-酚醛胶和丁腈橡胶、聚异丁烯橡胶为主体材料的各种胶型以及水基型顶篷粘结剂等。

四、纸板制品

纸板制品在汽车上主要用于制作各种衬垫，常用的有以下几种。

1. 钢纸板

钢纸板分软钢纸板和硬钢纸板两类。

软钢纸板是由纸类经甘油、蓖麻油及氧化锌处理而成的软性纤维纸板。它强度高、韧性好，且具有耐油、耐水和耐热及对金属无腐蚀作用等特点，主要用于制作汽车发动机和总成密封连接处的垫片，如机油泵盖衬垫等。

硬钢纸板是由纸类经氧化锌处理而成的硬性纤维纸板。它具有抗张力强、绝缘性好等特点。可制作发电机、调节器等部件上的绝缘衬垫。

2. 滤芯纸板

滤芯纸板是具有过滤性能的纸板，它有较强的抗张力能力。滤芯纸板分薄滤芯纸板和厚滤芯纸板两种。薄滤芯纸板适用于制作滤清器的内滤片，厚滤芯纸板则常用作内滤片的垫架。

3. 防水纸板

防水纸板分为沥青防水纸板和普通防水纸板两类。防水纸板具有伸缩率小、吸水率低和韧性较好等特点。常用于车身包皮或与水接触部件的衬垫。

4. 浸渍衬垫纸板

浸渍衬垫纸板是在纸浆中加入胶料，制成成品后再经甘油水溶液浸渍而成的纸板。浸渍衬垫纸板具有弹性好、吸水和吸油性小等特点。一般用于制作汽车发动机、变速器与汽油、

润滑油或水接触的衬垫。

5. 软木纸板

软木纸板是由颗粒状软木和骨胶、干酪素等物质粘结后压制而成的。软木纸板质轻、柔软,有弹性和一定的韧性,主要用于制作各种密封衬垫,如气门室盖衬垫、水套孔盖板衬垫、水泵衬垫、油底壳衬垫等。

五、石棉制品

石棉具有良好的柔软性,本身不会燃烧,而且有较好的防腐性和吸附能力,但导热、导电性差。石棉在汽车上主要用于密封、隔热、保温、绝缘和制动等。

1. 石棉板

石棉板是用石棉、填料和粘结材料制成的。它分耐油橡胶石棉板、衬垫石棉板、高压橡胶石棉板三种。石棉板通常用于制作有高温要求的密封衬垫及垫片内衬物,如气缸垫、排气管接口垫圈内衬等。

2. 石棉摩擦片

石棉摩擦片由石棉、辅助材料和粘结剂经混合加热后压制而成。它具有硬度高、摩擦系数大、耐高温、耐冲压和耐磨耗等特点,主要用于汽车的动力传递和制动,如制作离合器和制动器的摩擦片等。由于石棉是致癌物质,作为制动材料将趋于淘汰。

六、汽车玻璃

汽车玻璃是构成汽车外形的重要材料之一,它具有透明、隔声和保温的特点。汽车专用玻璃根据用途和加工工艺,主要分为以下几种类型。

1. 钢化玻璃

通过淬火(钢化处理)可以使普通硅酸盐玻璃变得质地非常坚固。这种钢化玻璃是通过加热使之达到软化程度(一般为600℃左右),然后向玻璃两面急速吹送冷风,通过急冷进行所谓"风淬"处理而得到的。玻璃表面冷硬后形成的压应力,是使强度得到提高的机理。钢化玻璃的强度和耐冲击能力要比普通玻璃高3~5倍。一旦受到碰撞损伤,就会瞬时变成带钝边的小碎块,不会给人员造成更大伤害。

然而,这个特点也有不好的一面,即一旦重度撞击使玻璃微粒的平衡破坏,全钢化玻璃就立即成为碎末状态(图2-2a)。所以,这种全钢化玻璃不适合镶装在前风窗上。

将玻璃部分淬火形成的半(局部)钢化玻璃,是在驾驶员的主视线范围内不做淬火处理,其余部分则与全钢化玻璃相同,钢化与非钢化部分有逐渐的过渡(图2-2b)。

2. 夹层玻璃

夹层玻璃是针对淬火玻璃存在的不完善之处改进而产生的,它是迄今为止最适合用作前风窗的安全玻璃。用两块或三块薄玻璃板,中间夹入聚丙烯酸甲脂或聚乙酸脂透明薄膜,使两层或三层玻璃粘结成为一体,形成夹层式安全玻璃。由于夹层玻璃中间的透明胶层能与玻璃取得一样的曲率,透明度并不受夹胶层的影响。

夹层玻璃的抗弯强度虽不及钢化玻璃那样高,但作为安全玻璃的重要评价指标之一,其弹性比钢化玻璃优越得多。而且还具备了钢化玻璃所没有的其他特性,即:当汽车发生冲撞时,抗冲击能力和抵抗变形能力较强;当玻璃受到重创破损时,粘结起来的玻璃也不会像钢

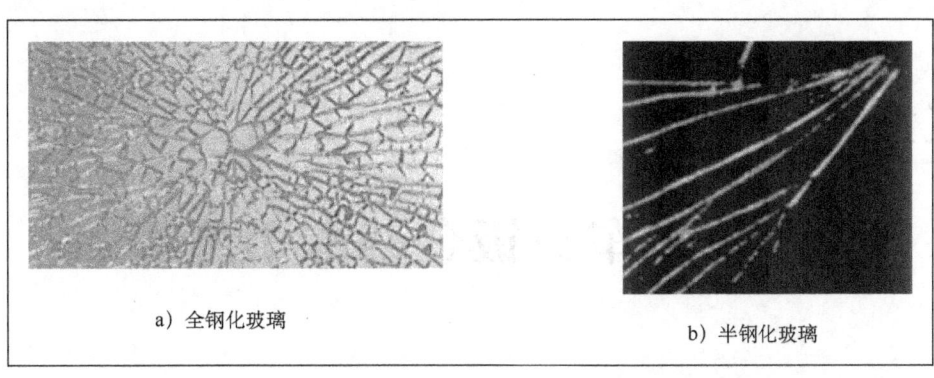

图 2-2 钢化玻璃

化玻璃那样顷刻变成碎片。许多试验和实践都证明，夹层玻璃可以有效减轻撞击事故发生时玻璃碎片对人员的伤害。

3. 特种用途玻璃

特种用途窗玻璃一般是在钢化玻璃基础上，通过专门的工艺加工出来的具有特殊功能的汽车玻璃。

为了使车窗玻璃具有遮挡阳光照射的功能，在硅酸盐玻璃中加入微量的 Co(钴—蓝色)、Fe(铁—红褐色)或其他金属元素，便成了能够抵抗紫外线照射的着色玻璃。有些着色玻璃还能随阳光的强弱自动变化色度，以减少乘客眼睛的疲劳程度，增加了乘坐的舒适性。

前风窗的上部也适于着色，以遮挡阳光对驾驶员的照射。但这种着色玻璃的颜色是逐渐过渡的，在驾驶员正常视野范围内仍为无色透明的。

此外，将能够接收无线电信号的天线夹在玻璃内或印制于玻璃表面，就使风窗玻璃有了接收无线电信号的功能；将电热金属粉按一定的宽度与间隔，在生产过程中与玻璃烧结在一起，通电后就有了除霜功效等。这些都是近年来汽车玻璃中涌现的有特殊功能的新产品。

第三章

汽车车身钣金基本工艺

第一节 划线与配裁工艺

一、划线与配裁设备

1. 划针

划针是用来在板料上划线的基本工具,一般由中碳钢或高碳钢制成,如图3-1所示,弯头划针用于直头划针划不到的地方。划针长度约为120mm,直径为4~6mm。为了能使其在板料上划出清晰的标记线,划针尖端非常锐利,尖端角度一般为15°~20°,且具有耐磨性。

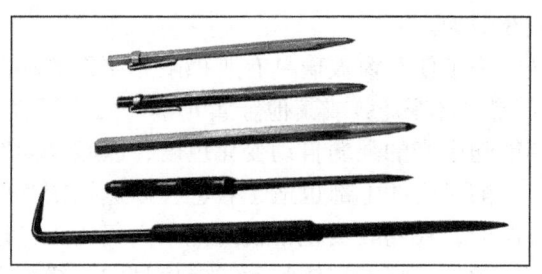

图3-1 划针

◆ 划线的基本方法和要求:

划线时,划针的尖端必须紧靠钢直尺或样板,划针应朝向划线方向倾斜50°~70°,同时向外倾斜10°~20°,划线宽度不得超过0.5mm,如图3-2所示。

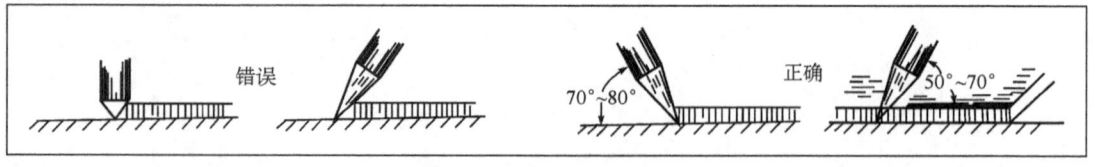

图3-2 划针的正确划线方法

2. 划规

划规用于划折边线,它可沿板料边缘划等距离划线,如图3-3所示。

3. 样冲

样冲又称心冲,由高碳钢制成,长度为90~150mm,尖端磨成30°~40°或60°角两种,并经淬火处理。样冲主要用来冲圆心或钻孔时冲中心孔,如图3-4

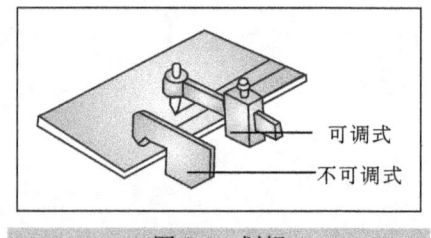

图3-3 划规

所示。用样冲打中心孔时，先把样冲斜着放上去，样冲尖端对准中心点，但在锤打时要把样冲放正，用手握牢样冲，用锤轻轻敲击。

4. 划线盘

划线盘的结构如图 3-5 所示，主要用于平台上划线或矫正工件。它由底座、立柱、夹紧螺母和划针组成。

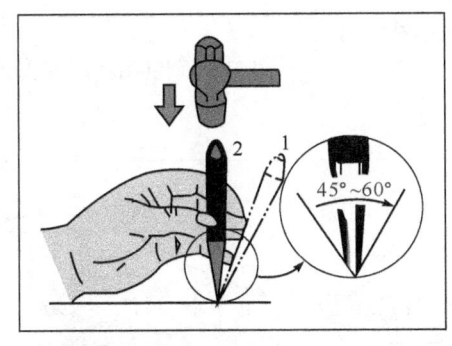

图 3-4　样冲

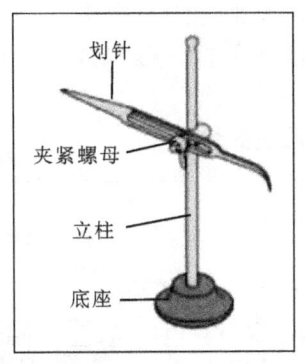

图 3-5　划线盘

5. 圆规

圆规用来在金属板上划圆或圆弧，并可测量两点间的距离，或直接将钢直尺上的尺寸引到金属板上。圆规尖脚上焊有硬质合金，并经淬火处理。常用圆规如图 3-6 所示，图 3-6a、图 3-6b 所示两种刚性较好，目前应用较多；图 3-6c 所示为弹簧圆规，调节尺寸较为方便，但刚性较差。当划直径在 350mm 以上较大的圆或圆弧时，需用图 3-6d 所示的特种圆规（通常称为地规），它由一根圆管和装有划针的两个套管组成。套管可在圆管上移动，以调节圆半径的大小，其中一个套管还可以微量调节。

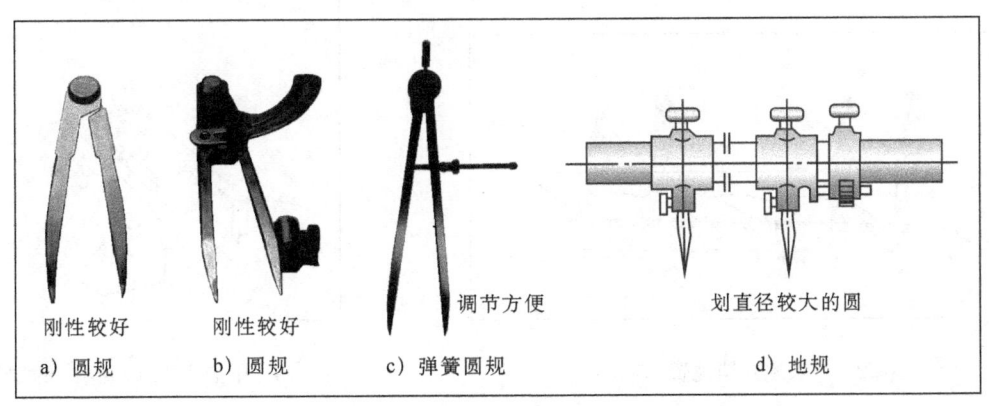

图 3-6　圆规

二、划线

1. 划线的基本方法与要求

划线时，应首先确定基准面及基准线，其余的尺寸都要从基准线开始。

划线时，划针的尖端必须紧靠钢直尺或样板。针尖与直尺的底边接触时，应向外倾斜10°~20°，划线宽度不得超过0.5mm，如图3-7所示。

2. 打中心孔

剪切下料前，对钻孔标记线应用样冲打上中心孔。打样冲孔时，要把冲尖对准中心点上，斜着放上去，在锤打时，要把样冲竖直，握牢样冲，用锤轻轻敲击，如图3-8所示。

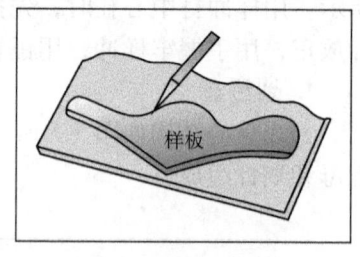

图3-7 划针的使用方法

3. 圆弧线的划法

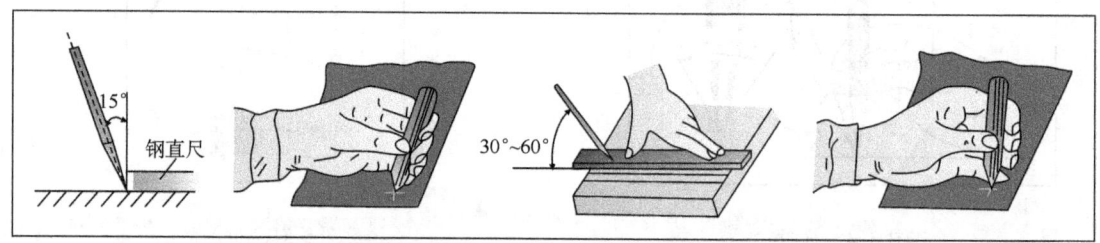

图3-8 打中心孔

（1）划规开档位置的调整　为了使划规尖脚移取的尺寸准确，应在钢直尺上重复移取几次，这样可以看出误差的大小。如量10mm，一次差0.1mm，往往不容易看出来，若量5次后共差0.5mm就能明显地看出来了，如图3-9所示。

（2）中心点在工件边缘的划法　如图3-10所示，如果圆弧的中心点在工件的边缘上，可借助于辅助支座进行。

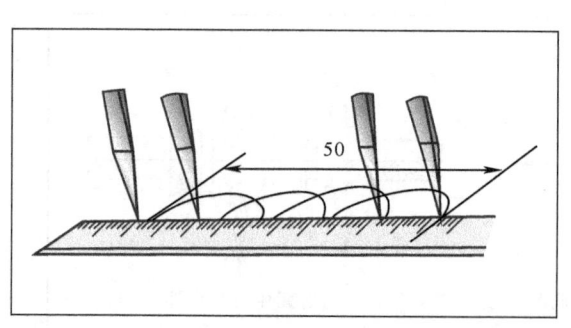

图3-9 划规开档位置的调整

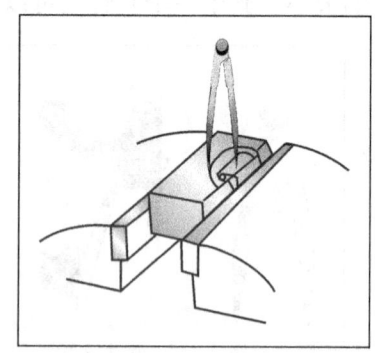

图3-10 中心点在工件边缘的划法

（3）中心点在工件之外的划法　如图3-11所示，如果圆弧中心点在工件之外，可将一块打样冲孔的延长板夹在工件上。如果中心点圆弧线不在同一个平面上，可先将可调尖脚划规两个尖脚调至一样长且平行的状态，量取尺寸，然后把一只尖脚伸长（或缩短）来抵消高度差，再去划弧线。否则，划出的弧必过大。

4. 使用圆规划圆的方法

如图3-12所示，用圆规划圆时，掌心压住圆规顶端，使规尖扎入金属表面或样冲孔中。

第三章 汽车车身钣金基本工艺

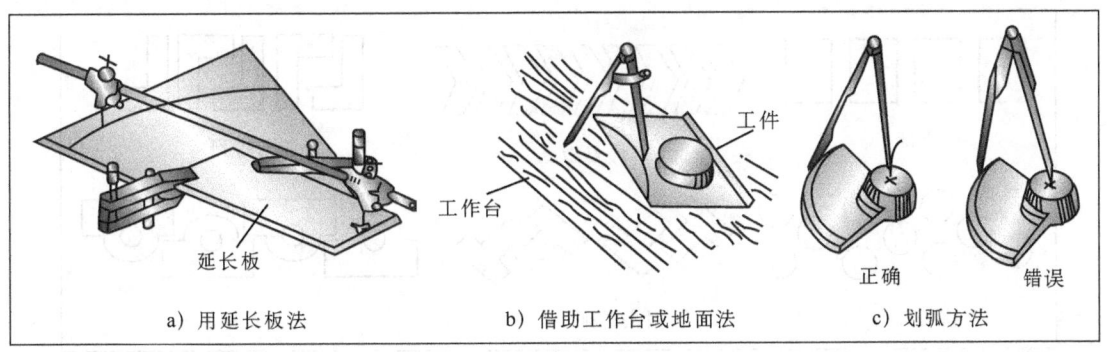

图 3-11 中心点在工件之外的划法

划圆周线时，常常正反各划半个圆周线而成一个整圆。

三、配裁

1. 集中下料法

如图 3-13 所示，由于工件的形状大小不一，为了合理使用材料，将使用同样牌号、同样厚度的工件集中一次划线下料。这样可以统筹安排，大小搭配。

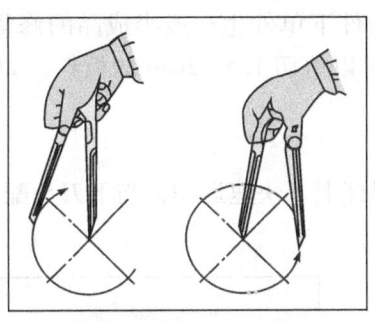

图 3-12 圆规划圆的方法

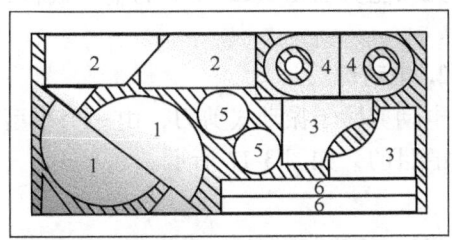

图 3-13 集中下料法

2. 长短搭配法

长短搭配法适用于条形板料的下料。下料时先将较长的料排出来，然后根据长度再排短料，这样长短搭配，使余料最小。

3. 零料拼整法

如图 3-14 所示，在钣金作业中，有时按整个工件划料，则挖去的材料较多，浪费较大，常常有意将该工件裁成几部分，然后再接起来使用，可以节省用料。

4. 排板套裁法

如图 3-15 所示，当工件下料的数量较多时，为使板料得到充分利用，必须对同一形状的工件或各种不同形状的工件进行排样套裁。排样的方式通常有直排、斜排、单行排列、多行排列、对头直排和对头斜排等。

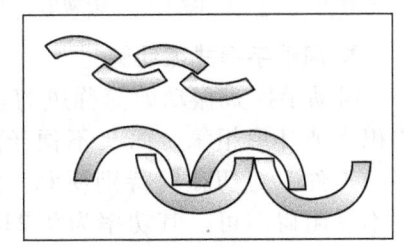

图 3-14 零料拼整法

27

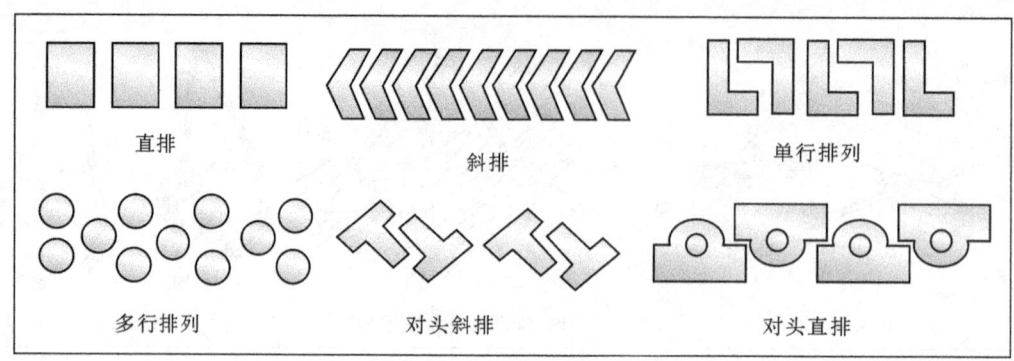

图 3-15 排板套裁法

第二节 剪切工艺

一、剪切工具

1. 手动剪刀

手动剪刀分为手剪刀和台式剪刀，一般用于某种条件下单件生产或半成品的修整工作。手剪刀只能剪切 0.8mm 以下的金属板料，而台式剪刀可以剪切 1.5～2mm 的板料，如图 3-16 所示。

2. 电动剪

电动剪属于振动式剪刀，由一个小型电动机带动刀杆上下快速运动，与下刀头配合达到剪切的目的，如图 3-17 所示。

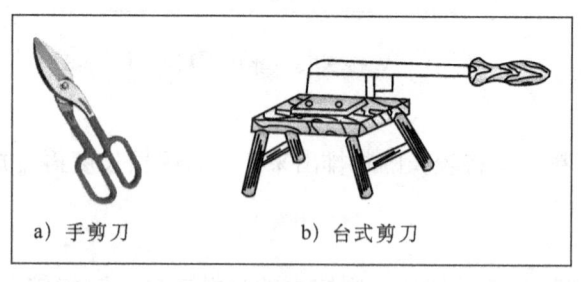

图 3-16 手动剪刀

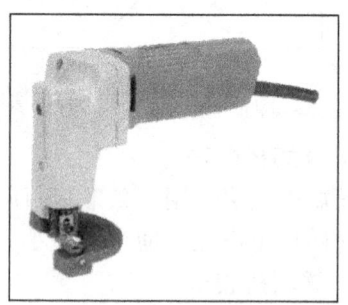

图 3-17 电动剪

3. 风动手提式振动剪

风动手提式振动剪简称风剪。其特点是体积小，质量轻，操作灵活轻便。主要用于体积大或外形粗笨，而又不便于使用固定剪切设备的金属钣金构件，尤其对于预先成形的工件，剪切孔洞特别便利。剪板时，将铁板略微垫起，使风动手提式振动剪前进时不受阻碍即可。其功率为 0.21kW，使用气压为 490kPa。最大剪切厚度为：普通热轧钢板可达 2mm，铝板可达 2.5mm；最小剪切曲率半径为 50mm。风动手提式振动剪如图 3-18 所示。

4. 可调式锯弓

目前钣金件修理中多使用可调式锯弓,如图 3-19 所示。锯弓可分为两段,前段可在后段中伸出或缩入,可安装不同长度的锯条,通常为 200mm、250mm 和 300mm 三种规格的锯条。

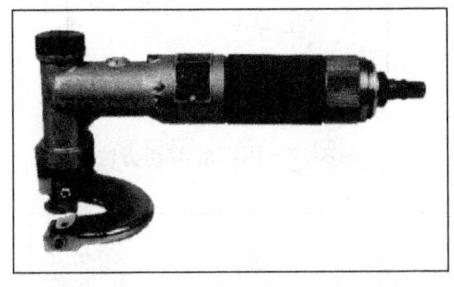

图 3-18　风动手提式振动剪

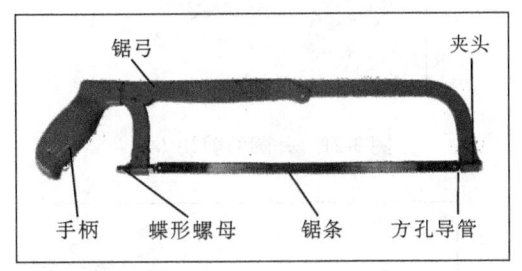

图 3-19　可调式锯弓

二、剪切方法

1. 直线的剪切方法

如图 3-20 所示,剪切短料直线时,被剪去的那部分,一般都放在剪刀的右面。

左手拿板料,右手握住剪刀柄的末端。剪切时,剪刀要张开大约 2/3 刀刃长。上下两刀片间不能有空隙,否则剪下的材料边上会有毛刺。剪切长或宽板材料的长直线时,必须将被剪去的部分放在左面,这样使被剪去的部分容易向上弯曲。

图 3-20　直线的剪切方法

2. 外圆的剪切方法

如图 3-21 所示,剪切外圆应从左边下剪,按顺时针方向剪切,边料会随着剪刀的移动而向上卷起。若边料较宽时,可采取剪直线的方法。

3. 内圆的剪切方法

如图 3-22 所示,剪切内圆时,应从右边下剪,按逆时针方向剪切,边料会随着剪刀的移动而向上卷起。

4. 厚料的剪切方法

如图 3-23 所示,剪切较厚板料时,可将剪刀夹在台虎钳上,在上柄套上一根管子,右手握住管子,左手拿住板料进行剪切。也可由两人操作,一人敲,一人持剪刀和板料,这样也可剪切较厚板料。

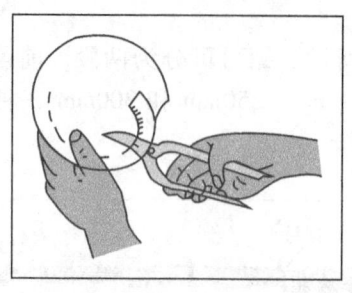

图 3-21　外圆的剪切方法

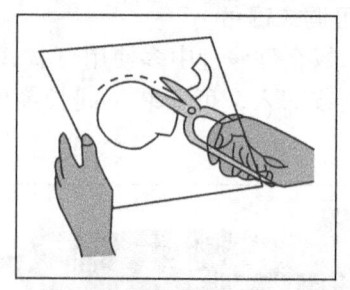

图 3-22　内圆的剪切方法

在台虎钳上用剪刀剪切厚料　　　　　用敲击法剪切厚料

图 3-23　厚料的剪切方法

5. 可调式钢锯使用

步骤1：选择锯条。

选择方法：目前常用锯条长度为 300mm（锯条两端小圆孔中心距）、宽 10mm、厚 0.6mm。按齿距大小可分为粗、中、细三种规格。锯割硬度不高的金属时，如软钢、铝、纯铜和塑料等软质材料，应选用粗齿锯条，锯割时锯齿容易切入，且锯屑较多，需要有较大的容屑空间容纳锯屑；细齿锯条可用来锯割一些硬金属和板材，如型钢、薄壁管、角钢等，锯割时硬金属不易被锯齿切入，锯屑量少而碎，锯齿不易堵塞，同时在锯割时至少要有三个齿在锯割面上工作，保证锯割顺利进行。

步骤2：安装锯条。

安装方法：安装锯条时，锯齿向前，使手锯在向前推进时才起切割作用。锯条安装的松紧度应适中，保证锯条既有弹性又不至于扭曲。安装锯条时，先使锯条两端圆孔靠在销钉根部，再拧动蝶形螺母，使锯条自动靠正。

步骤3：将工件夹持在台虎钳上，锯缝应靠近钳口处，以免切割时工件颤动。

步骤4：右手紧握锯柄，左手挟持前端弓架，手锯握持方式如图3-24所示。

步骤5：起锯时，锯齿与工件表面约呈15°，且锯齿面应保持在3个齿以上，如图3-25所示。

步骤6：锯割时，右手推动手锯，左手向下略施压力，并扶正锯弓做往复运动；后拉时，左手使锯

图 3-24　手锯握持方式

的前端微向上提，使锯条和工件倾斜成一定的角度，以减少锯齿的磨损。

步骤 7： 锯割速度一般以每分钟往复 30 次左右为宜，但还应考虑工件的材料。对于较软金属宜稍快，而硬金属宜慢些。锯条在运行过程中应充分发挥其全长的作用，以提高锯割效率和锯条的使用寿命，一般推拉标准约为锯条全长的 3/4。

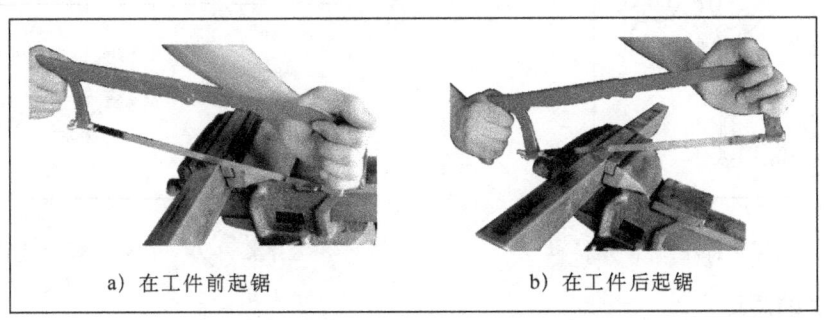

图 3-25　起锯的方法

第三节　矫正工艺

一、手工矫正工艺

手工矫正是在平板、钻砧或台虎钳上用锤子等工具，使不合乎形状要求的钣金件达到技术要求所规定的几何形状。常用的手工矫正方法有延展法、扭转法、弯形法和伸张法。

1. 手工矫正的方法

（1）延展法　延展法主要用于金属薄板中部凹凸而边缘呈波浪形以及翘曲等变形的矫正，如图 3-26 所示。

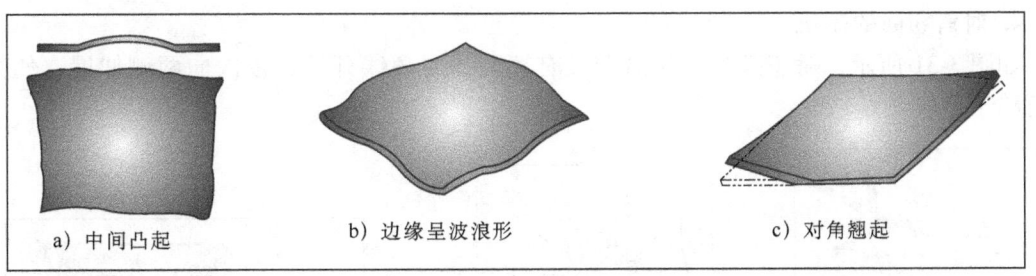

图 3-26　延展法矫正金属薄板

（2）扭转法　扭转法是用来矫正条料扭曲变形的，如扁钢或角钢扭曲变形。操作时将条料夹持在台虎钳上，用扳手把条料扭转到原来形状，如图 3-27 所示。

（3）弯形法　弯形法是用来矫正各种弯曲的棒料和在宽度方向上弯曲的条料。直径较小的棒料和薄条料，可夹持在台虎钳上用扳手矫正；直径大的棒料和较厚的条料，则用压力机械矫正。

（4）伸张法　伸张法是用来矫正各种细长线材的。其方法比较简单，只要将线材一头固定，然后从固定处开始，将弯曲线材绕圆木一周，紧捏圆木向后拉，使线材在拉力作用下绕过圆木得到矫直，如图 3-28 所示。

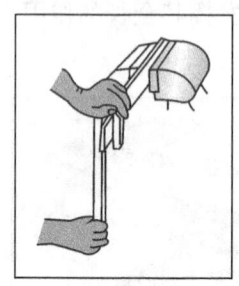

图 3-27　扭转法矫正条料

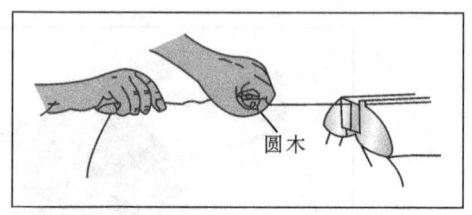

图 3-28　伸张法矫直线材

2. 凸鼓面的矫正

如图 3-29 所示，凸鼓面的矫正要点如下。

1）将板料凸面向上放在平台上，一手按住板料，一手持锤子敲击。

2）敲击应由板料四周边缘开始，逐渐向凸鼓面中心靠拢。

3）敲击时，边缘处锤击力要重，击点密度要大；向凸鼓面中心移动时，敲击力逐渐减小，击点密度逐渐变稀。

4）板料基本矫正后，再用木锤子进行一次调整性敲击，以使整个组织舒展均匀。

3. 边缘翘曲的矫正

如图 3-30 所示，边缘翘曲的矫正要点如下。

1）将板料置于平台上，一手按住板料，一手持锤子敲击。

2）敲击时应由板料中间开始，击点逐渐向四周边缘扩散，由密变疏。

3）敲击时，中间锤击力要重，逐渐向四周变轻。

4）板料基本矫正后，再用木锤子进行一次调整性敲击，以使整个组织舒展均匀。

4. 对角翘曲的矫正

如图 3-31 所示，矫正敲击应先沿着没有翘曲的对角线开始，依次向两侧伸展，使其延伸而趋于平整。

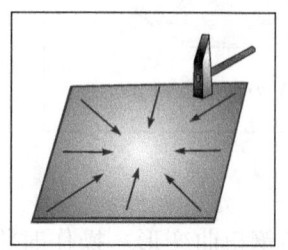

图 3-29　凸鼓面的矫正

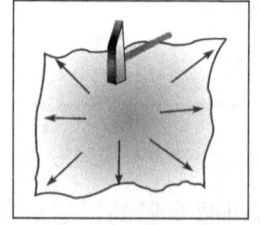

图 3-30　边缘翘曲的矫正

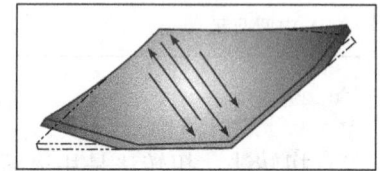

图 3-31　对角翘曲的矫正

5. 曲面凸鼓变形的矫正

如图 3-32 所示，首先使锤子与顶铁中心对正，然后进行敲击修整。握锤的手不宜过紧，以手腕的力量敲击。敲击的速度以（80~100）次/min 为宜。

6. 曲面凹陷变形的矫正

第三章 汽车车身钣金基本工艺

如图 3-33 所示,顶铁应放在稍偏于锤击之处,锤击点为凹凸不平表面的较高部位,顶铁于较低部位。锤子的敲击逐渐将凸起部分的端部向下压,顶铁的压力使凹陷部分趋于平整。

7. 薄板料的拍打矫正

如图 3-34 所示,若薄板料有微小扭曲时,可采用拍板拍打矫正。取一长度不小于 400mm,宽度不小于 40mm,厚度为 3~5mm 的拍板,在板料上拍打,使板料凸起部分受压缩,张紧部分受拉伸长,从而达到矫正的目的。

薄板的矫正难度较大。矫正前,要分析并判明薄板的纤维伸长或缩短部位。矫正中,要随时观察板料的形状变化,有针对性地改变锤击点和力度。当板料基本敲平后,再用木锤子做一次调整性敲击,使整个板面纤维舒展均匀。矫正后,用手按压板料各处,若不发生弹动,说明板料已与平台贴紧、矫平。

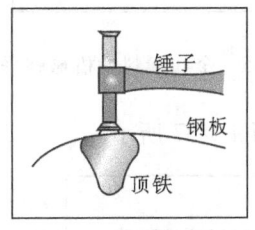
图 3-32 曲面凸鼓变形的矫正

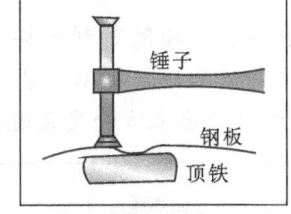
图 3-33 曲面凹陷变形的矫正

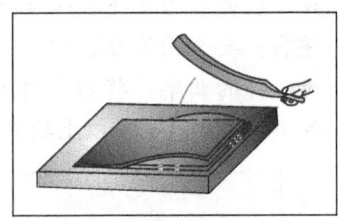
图 3-34 薄板料的拍打矫正

二、机械矫正工艺

手工矫正效率低,劳动强度大,仅适用于对小件的矫正。对于尺寸较大的工件,则采用专用机械进行矫正。

汽车钣金材料的机械矫正是通过矫正机对钢板进行多次反复弯曲,使钢板长短不等的纤维趋向相等,从而达到矫正的目的。

1. 机械矫正设备

矫正机由一系列轴辊组成,弯曲的钢板通过这些轴辊滚压而得以矫正。常用的矫正机分为上下辊平行矫正机、上列辊倾斜式矫正机和成对导向辊矫正机等。

其矫正方法如下:

1) 在上列辊倾斜的矫正机上进行矫正时,先确定上辊的压下量,再调整上辊的倾斜度,使出口端上、下辊的距离正好是板料的厚度。然后开动矫正机,钢板通过矫正辊后就能得到平整的板料。若仍有不平,可适当调整压下量,再次矫正,直至板料平整为止。

2) 在上、下辊平行的矫正机上进行矫正时,先调节上辊的压下量和导向辊的位置,使板料通过轴辊时发生反复弯曲而得以矫正。压下量应由小逐渐增大。板料在多次矫正下可获得较高的矫平质量。

汽车钣金板料变形的矫正一般都是在上下辊平行的矫正机上进行的。

矫正薄板时,可将数块薄板叠在一起,或垫加一块厚板一起进行矫正。

2. 汽车钣金件的机械整平

(1) 操作要求

◆ 正确使用辊子式整平机。

◆ 按照要求将变形钣金件整平。
◆ 操作时，不得将手放在辊子周边。

（2）操作步骤

步骤1：金属板料的机械整平。

整平方法：如图3-35所示，轴辊的间隙根据板厚进行调节。矫正的质量取决于辊子的精度。

步骤2：滚压已预先成形的工件。

滚压方法：如图3-36所示，首先将工件下面的辊子换成较工件之上的辊子曲率略小的辊子，然后利用急松装置将底辊升起，同时将工件置于辊子之间，调整底轮的压力，使工件能在适度的压力之下在辊子间滑动。

注意：要全面滚压，以免局部延展伸长。要随时利用样板核对工件的曲率。将钣金件在一个方向依次滚压完后，再将工件调转90°，重复以上操作，滚压线路与原来方向交叉进行，如图3-37所示。

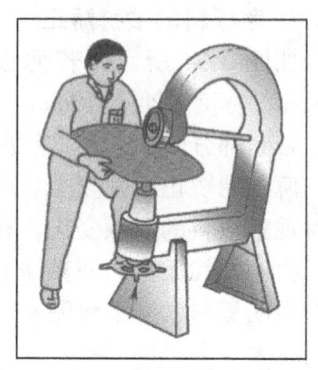

图3-35 金属板料的机械整平

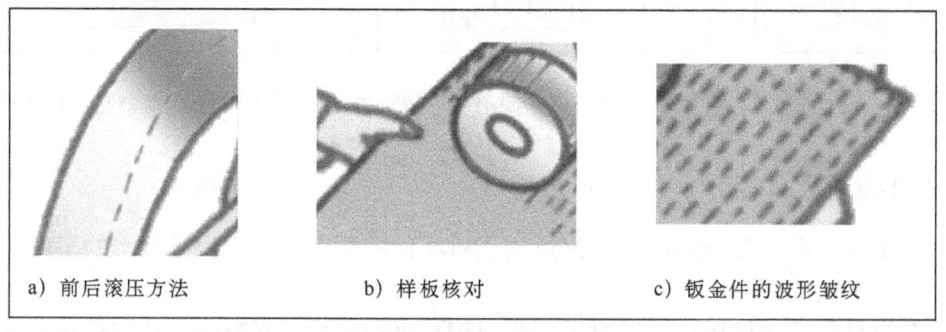

a）前后滚压方法　　b）样板核对　　c）钣金件的波形皱纹

图3-36 滚压已预先成形的工件

步骤3：滚压平钣金件的波形皱纹。

滚压方法：如图3-38所示，滚压时金属板移动的方向与原来移动的方向成对角线，压力保持均匀，并平稳地移动，以免再度造成波纹。

图3-37 将钣金件调转90°后滚压

图3-38 滚压平钣金件的波形皱纹

步骤4：大型钣金件的成形方法。

成形方法：如图3-39所示，根据工件的要求，在滚压大型钣金件时需要两个人把持工件，在滚压机上按步骤2所述方法依次前后移动。按一个方向滚压完毕后，需将钣金件调转90°，再依次滚压，同时要适时地利用样板进行检查，直至合格为止。

三、火焰矫正工艺

1. 火焰矫正原理

火焰矫正就是对变形的钢板采用火焰局部加热的方法进行矫正。

金属材料具有热胀冷缩的特性。当局部加热时，被加热的材料受热而膨胀，而周围未加热部分的材料温度低，使膨胀受到阻碍。停止加热后，金属冷却收缩，使加热处金属纤维比原先的短。火焰矫正正是利用这种新的变形去矫正原来的变形。

图 3-39　大型钣金件的成形方法

火焰矫正的加热源广泛采用温度高、加热速度快且简单方便的氧乙炔焰。

2. 火焰矫正的加热位置与方式

（1）加热位置、火焰温度与矫正的关系　火焰矫正的效果主要取决于加热的位置和火焰的温度。

不同的加热位置可以矫正不同方向的变形。若位置选择错误，不但起不到矫正的作用，反而会使变形更加复杂、严重。加热位置通常选择在材料变形量大、纤维拉伸最长的部分，即材料弯曲部分的外侧。

用不同的火焰温度加热，可获得不同的矫正能力。火焰温度越高，加热速度越快，热量越集中，矫正能力越强，矫正变形越大；反之，火焰温度较低，加热缓慢，使受热范围扩大，矫正效果差。

火焰加热的温度由工作的材料和结构决定。对低碳钢和普通低合金钢，通常加热到 600~800℃，不能超过 850℃，以免金属过热。但也不能过低，过低时矫正效率不高。实践中可通过观察钢材颜色变化来判断加热的温度。加热中钢材表面的颜色及对应的温度见表3-1。

表 3-1　钢材表面的颜色及对应的温度　　　　　　　　　　　　（单位：℃）

颜　色	温　度	颜　色	温　度	颜　色	温　度	颜　色	温　度
深褐红色	550~580	暗樱红色	650~730	樱红色	770~800	亮樱红色	830~900
褐红色	580~650	深樱红色	730~770	淡樱红色	800~830	橘黄色	900~1050

（2）加热方式

1）**点状加热**。加热的区域为一定直径范围的圆圈状点，故称点状加热。矫正时可根据工件的变形情况，加热一点或多点，多点加热常采用梅花式。加热点直径一般不小于15mm。当变形量大时，加热点间距要小，一般为50~100mm，如图3-40a所示。

2）**线状加热**。加热时火焰沿直线方向移动，也可同时做适当的横向摆动，称为线状加热。加热线的横向收缩一般大于纵向收缩，收缩量随加热线宽度的增加而增加。加热线的宽度一般为钢材厚度的0.5~2倍。线状加热一般用于变形较大的工件，它有直线加热、链状加热和锯齿形加热三种形式，如图3-40b所示。

3) **三角形加热**。加热区域呈三角形的加热方法称为三角形加热，如图3-40c所示。因其加热面积较大，收缩量也较大，并且由于沿三角形高度方向的加热宽度不等，收缩量也不等，常用于刚度较大的工件矫正。

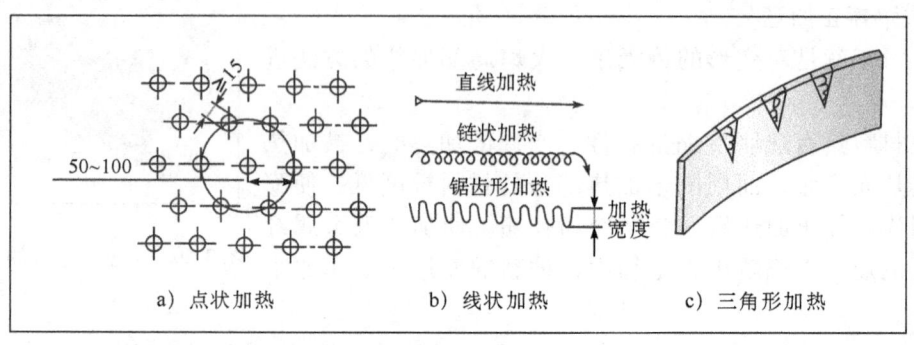

图3-40　加热方式

3. 火焰矫正的操作

（1）中部凸鼓工件的火焰矫正

步骤1：将板料置于平台上，用卡子将板料四周压紧。

步骤2：用点状加热方式加热凸鼓处周围，如图3-41a所示。

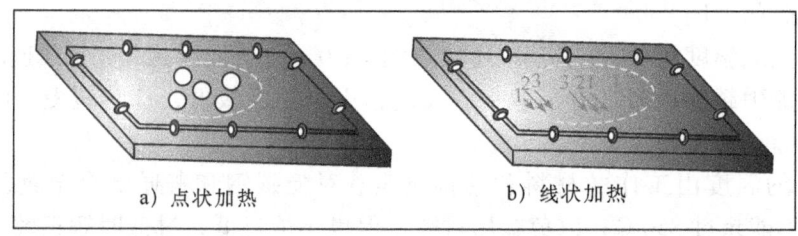

图3-41　中部凸鼓工件的火焰矫正

说明：也可采用线状加热方式，即从中间凸鼓部分的两侧开始加热，然后逐步向凸鼓处围拢的方式进行矫平，如图3-41b所示。

步骤3：矫平后再用锤子沿水平方向轻击卡子，便能松开卡子取出板料。

（2）边缘波浪形工件的火焰矫正

步骤1：用卡子将板料三面压紧在平台上，波浪形变形集中的一边不要卡紧，如图3-42所示。

步骤2：用线状加热方式先从凸起两侧平的地方开始加热，再向凸起处围拢，加热次序如图3-42中的箭头所示。

说明：加热线长度一般为板宽的1/3~1/2，加热线距离视凸起的高度而定，凸起越高，距离应越近，一般取20~50mm。若经过第一次加热后还有不平，可重复进行第二次加热矫正，但加热线位置应与第一次错开。

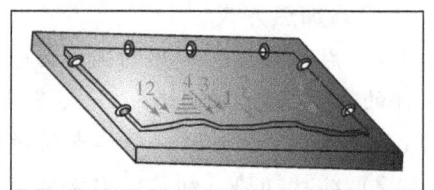

图3-42　边缘波浪形工件的火焰矫正

第四节 制作工艺

一、弯曲

手工弯曲是借助于工具夹和垫块,通过手工操作弯曲板料,使其弯曲成形。

板料弯曲是钣金成形的基本操作工艺,弯曲形式一般有两种,即角形弯折和弧形弯曲。

1. 操作要点

板料角形弯折后出现平直的棱角。弯折前,板料根据零件形状划线下料,并在弯折处划出折弯线,一般折弯线划在折角内侧。

如果零件尺寸不大,折弯作业可在台虎钳上进行。将板料夹持在台虎钳上,使折弯线恰好与钳口衬铁对齐,夹持力度合适。当弯折工件在钳口以上较长或板料较薄时,应用左手压住工件上部,用木锤子在靠近弯曲部位轻轻敲打,如图3-43所示,如果敲打板料上方,易使板料翘曲变形。

若板料在钳口以上部分较短,可用硬木垫在弯角处,再用力敲打硬木,如图3-44所示。

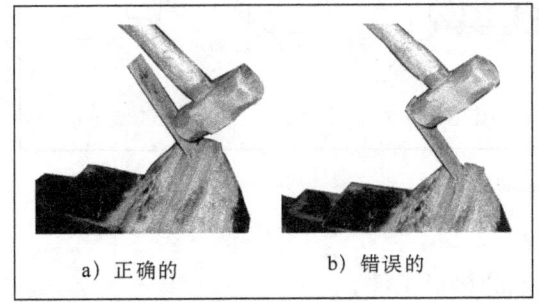

图3-43 弯钳口上段较长的工件

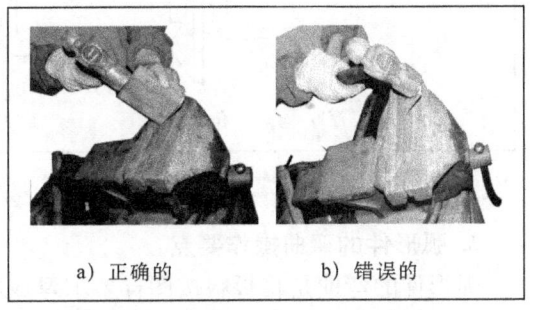

图3-44 弯钳口上段较短的工件

如果钳口宽度较零件宽度小,可借助夹持工具完成,如图3-45所示。

弯成各种形状工件时,可借助木垫或金属垫等作为辅助工具。

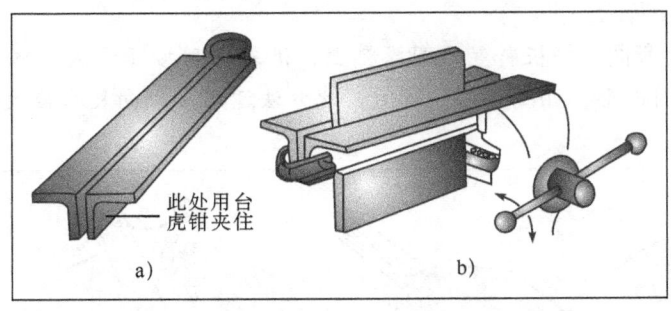

图3-45 用角铁夹持弯直角

(1)弯S形件 其操作顺序如图3-46所示。依划线夹持板料,弯成α角,然后将方衬垫垫入α角,再弯折β角。

(2)弯⊓形件 如图3-47所示,先弯成α角,再用衬垫弯成β角,最后弯成θ角。

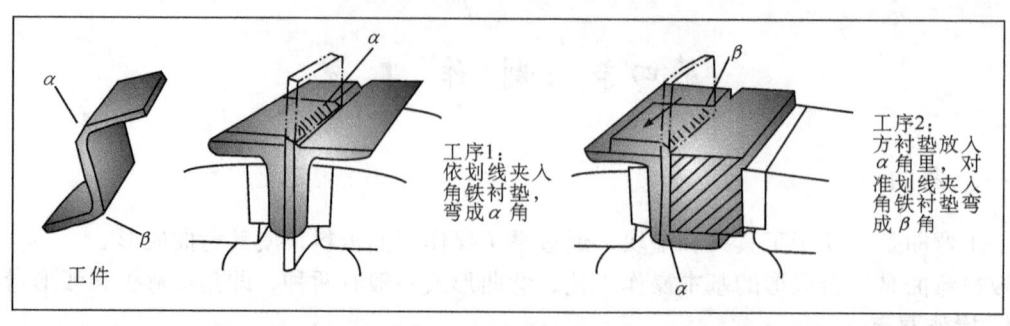

图 3-46 弯 S 形件的工序

弯曲封闭的盒子时,其方法步骤与弯形件大致相同,最后夹在台虎钳上,使缺口朝上,再向内弯折成形。

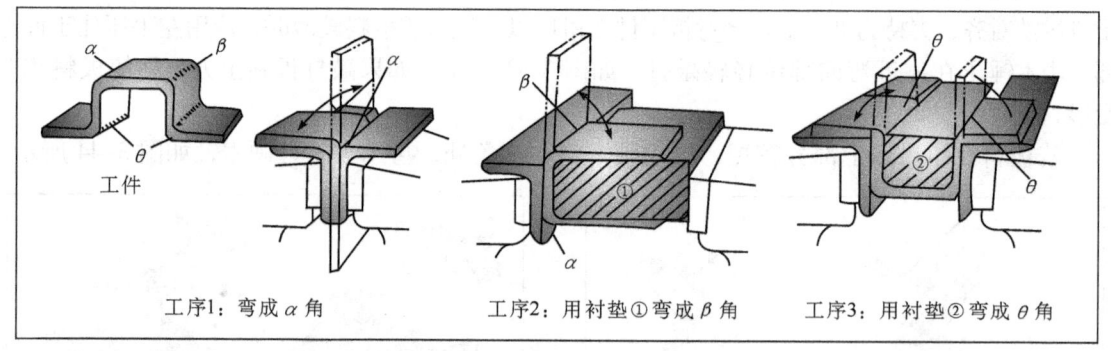

图 3-47 弯⊓形件的工序

2. 弧形件的弯曲操作要点

弧形件的弯曲是将板料按图样要求弯成圆弧或圆筒形工件。

（1）圆弧的弯曲方法 首先,根据图样画出圆弧件展开图并下料,视使用的器具不同,有两种不同的操作方法。

1）**在台虎钳上弯曲**。视具体情况,将钳口张开到适当位置,将板料置于钳口上,沿着钳口方向用锤子适度敲击。每敲完一行,移动一下板料进行下一行敲击,依次使板料逐渐成为弧形,如图 3-48a 所示。

2）**在圆棒料上弯曲**。将板料置于圆棒料上,沿轴向用按压法或用木锤子敲击法使板料一行一行依次弯成圆弧形,如图 3-48b 所示。此方法适用于轴向尺寸较大的圆弧件弯曲。

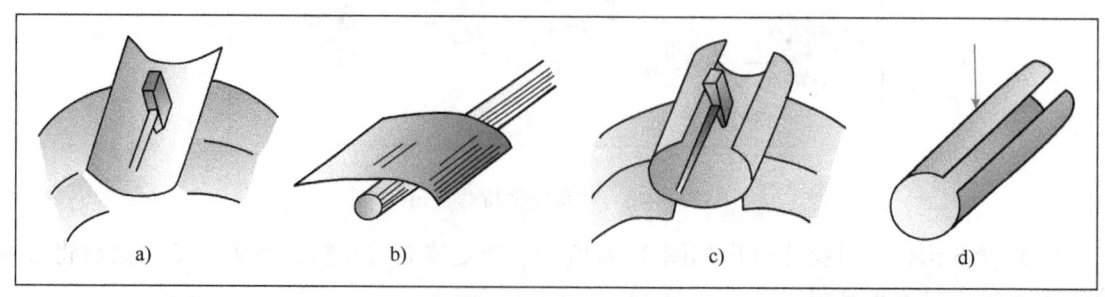

图 3-48 弧形弯曲

（2）圆筒弯曲方法

1）按圆筒展开图下料，依照前面介绍的方法，先将板料两端各敲成1/4圆（此时，板料中部仍为平面）。然后再将工件置于台虎钳钳口上，沿着钳口方向依次敲击中部圆筒便逐渐成形，如图3-48c所示。当锤子无法在内部继续敲击时，可放在平台上，按图3-48d所示用木锤子由外面敲击或用手按压，直至接口完全对接合拢为止。此方法要求技工的技术水平较高，且对较厚的板料难以成形。

2）在圆棒料上弯制圆筒，应先打直头，如图3-49a所示。打直头时应使板边与圆棒料平行放置（板边平行轴线）再锤打。对于薄板可用木锤子或木块逐步向内敲击，当接口重合时，即施以点固焊，焊后再修圆，如图3-49b所示。对于厚板，可用弧锤和大锤在两根圆棒料间从两端头向内锤打，基本成形后焊接、修圆，如图3-49c所示。

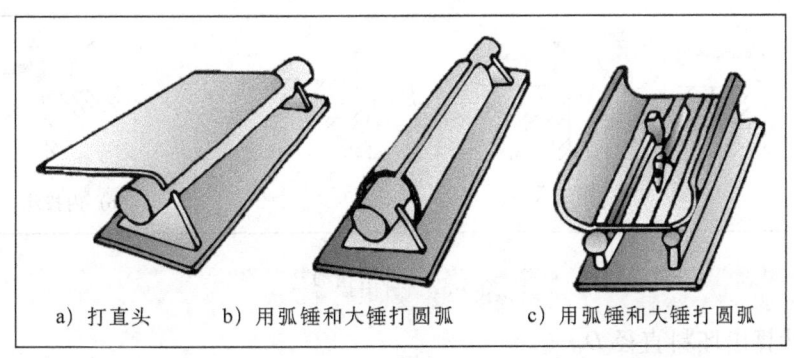

a）打直头　　b）用弧锤和大锤打圆弧　　c）用弧锤和大锤打圆弧

图3-49　弯制圆筒

3. 复杂形状工件的弯曲

如图3-50所示，用垫铁和锤子配合进行弯曲，一手持垫铁在工件背面垫托，垫铁的边缘要对准弯折线，另一手持锤子从正面弯折线处敲击，边敲击边移动垫铁，循序渐进，使工件边缘逐渐形成弯曲。

二、拔缘

在板料边缘，利用手工锤击弯曲成弯边的方法称为拔缘。拔缘主要针对环形板料边缘的弯曲，分为外拔缘和内拔缘两种形式。

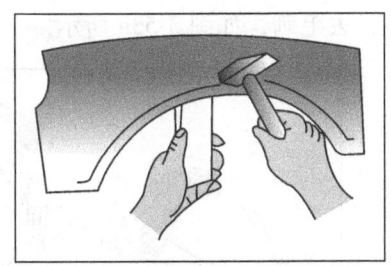

图3-50　复杂形状工件的弯曲

外拔缘：把圆筒形制件的边缘向外延展折弯，其目的是增加刚性。外拔缘应采取收边方法，使外拔缘弯边变厚，顺利进行外拔缘。一般在无配合要求的情况下多采用外拔缘。

内拔缘：又称孔拔缘，即将制件上孔洞的边缘延展弯折，其目的是增加刚性，减轻质量，美观光滑。内拔缘应对内环部分材料采用放边法，使内拔缘圆角弯边顶点处放松变薄，才能顺利进行内拔缘。如大客车框板、肋骨等板件上常有拔缘孔。图3-51所示为部分板料构件的拔缘情况。

金属板件拔缘时，部分材料被拉长形成凸缘，因此，应根据材料厚度和其延展性能确定拔缘角度和宽度。拔缘的方法可分为自由拔缘和型胎拔缘两种。

1. 自由拔缘

自由拔缘是利用一般的拔缘工具进行的手工拔缘，如图 3-52 所示。

其方法如下：

先划出拔缘标记线，将板件靠在砧座边缘，标记线与砧座边缘靠齐，板料锤击部位与座平面形成30°左右的夹角；锤击伸出部分，使之拉伸并向外弯曲，敲击时用力适当，敲击均匀，并随时转动构件。若凸缘要求边宽或角度大时，可适当增加敲击次数。

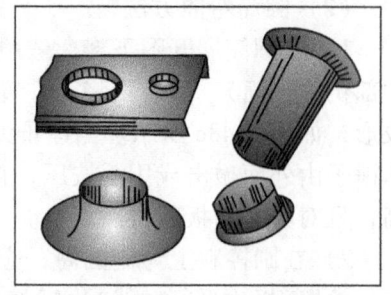

图 3-51 部分拔缘加工件图例

（1）薄板拔缘

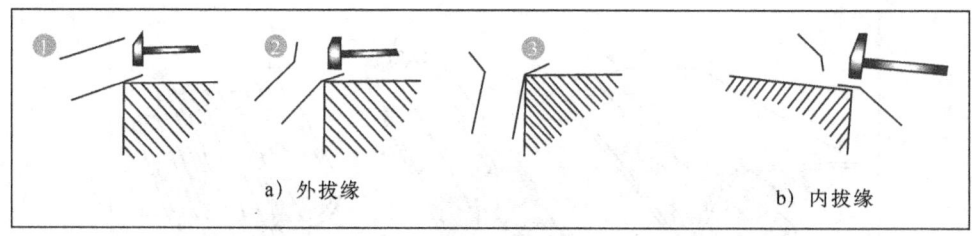

图 3-52 自由拔缘

步骤 1：计算出坯料直径 D。

计算方法：坯料计算直径 D 等于零件内腔直径加上两倍拔缘宽度。实际下料直径可略小于计算直径。

步骤 2：在坯料上划出内圆与外环的分界线（即外缘宽度线），然后按毛坯直径剪切圆坯料，去毛刺，如图 3-53a 所示。

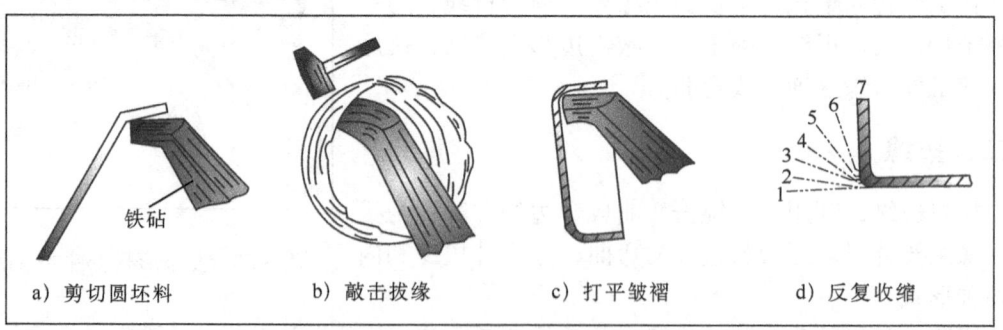

图 3-53 薄板外拔缘操作过程

步骤 3：在铁砧上，按照零件外缘宽度线，用木锤子敲击进行拔缘，如图 3-53b 所示。

步骤 4：首先将坯料周边弯曲，在弯边上制出皱褶，再打平皱褶，使弯边收缩成凸边，如图 3-53c 所示。

步骤 5：再次起皱褶、打平，使弯边再次收缩。如此反复多次，即可获得所需外拔缘件，如图 3-53d 所示。

要求：拔缘时，锤击点的分布和锤击力的大小要稠密、均匀，不能操之过急。锤击力不均匀,可能使弯边形成细纹皱褶或发生裂纹。

注意：内拔缘的操作方法与外拔缘相似。

(2) 圆筒形零件拔缘(图 3-54)

步骤 1：用钢锉锉光板料边缘毛刺。

步骤 2：划出拔缘的标记线。

步骤 3：将工件靠在平台或砧座的边棱上,标记线和边棱对齐,使伸出部分与砧座的平面保持 30°左右的夹角,如图 3-55a 所示。

步骤 4：在铁砧上用锤子将标注线处敲打成圆角。敲击用力要适当,击点要均匀,以免产生裂纹。敲击一周后,将工件压低一些,使已形成的凸缘和铁砧仍保持一定角度,然后进行第二次敲击。敲击一周后,再压低工件,进行第三次敲击。一般情况下,经过三次敲击,拔缘便可完成,如图 3-55b 所示。

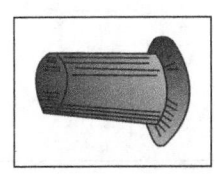

图 3-54 圆筒拔缘

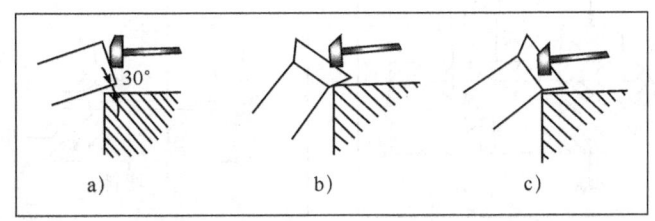

图 3-55 圆筒形零件拔缘过程

步骤 5：最后再打平波纹,使弯边收缩,如图 3-55c 所示。

注意：内拔缘的方法与外拔缘基本相似。但在拔缘过程中,因为材料受拉减薄,容易产生裂纹,所以拔缘前锉去毛刺很重要。

2. 型胎拔缘

板料在型胎上定位,按型胎拔缘孔进行拔缘,适合制作口径较小的零件拔缘,可一次成形,如图 3-56 所示。

(1) 型胎外拔缘

步骤 1：将拔缘零件固定在胎具上。

固定方法：在坯料的中心焊装一个钢套,以便在型胎上固定坯料拔缘的位置,然后用压板压住零件。

步骤 2：用氧乙炔焰对拔缘零件边缘加热。

要求：坯料加热温度在 750~780℃。每次加热不宜过度,加热面略大于坯料边缘的宽度。

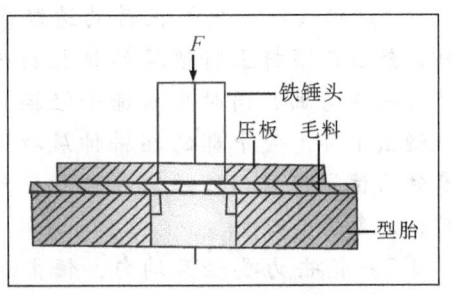

图 3-56 型胎拔缘

步骤 3：进行拔缘。

说明：依次锤击被加热部分,分段完成拔缘过程,一次即可弯边成功,如图 3-57 所示。

(2) 型胎内拔缘

步骤 1：下料,并去毛刺。

步骤 2：将零件放在型胎上,用压板压住。

步骤 3：内孔直径不超过 80mm 的薄板内拔缘，可采用一个圆形木锤子一次冲出弯边，如图 3-58 所示。对于较大的圆孔和椭圆孔的厚板内拔缘，可制作相应的钢凸模一次冲出弯边。

三、拱曲的操作方法

拱曲是将板料用手工锤击成凹凸曲面形状的钣金工艺，拱曲时板料周边材料起皱向里收，中间材料被打薄向外拉。这样反复进行使板料逐渐变形成所需的形状。拱曲件一般底部变薄，如图 3-59 所示。拱曲分为冷拱曲和热拱曲两种。

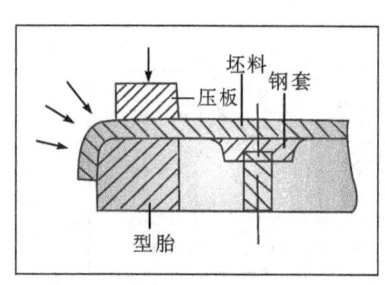

图 3-57 型胎外拔缘

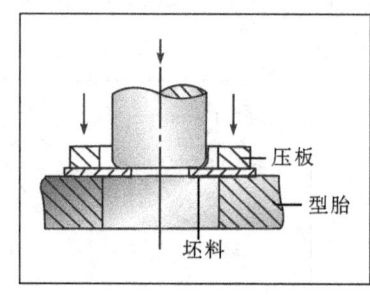

图 3-58 型胎内拔缘

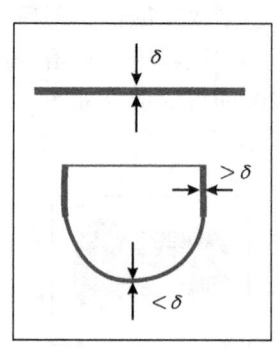

图 3-59 拱曲件厚度变化

1. 用顶杆手工拱曲

这种方法适用于拱曲深度较大的零件，利用顶杆和手工锤击制成圆弧形零件（图 3-60）。

其操作要点如下：

1）拱曲时，先在板料的边缘制作皱褶，然后在顶杆上将边缘的皱褶打平，使边缘向内弯曲，同时用木锤子轻轻且均匀地锤击中部，使中部的坯料伸展拱曲。注意锤击位置应稍超过承点且敲打位置要准确，以免打出凹痕。

2）锤击力要轻且均匀，锤击点要稠密，边锤边旋转坯料。根据目测随时调整锤击部位，使表面光滑、均匀。凸出的部位不能再锤击，否则会愈打愈凸。

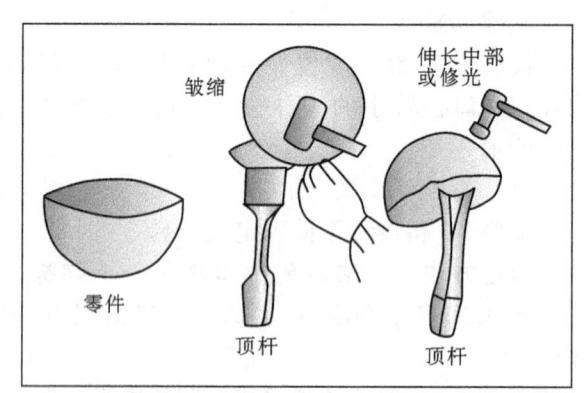

图 3-60 半球形零件的拱曲

3）锤击到坯料中心时要不断转动工件，不能集中在一处锤击，以免坯料中心伸展过多而凸起。依次收边锤击中部，并配合中间检查，使其达到要求为止。考虑到修光时会产生弹性回弹，一般拱曲度要稍大一些。

4）用平头锤在圆杆顶上把拱曲成形的零件修光，然后按要求划线、切割、锉光边缘。在加工过程中，如发现坯料由于冷作而硬化，应及时退火处理，防止产生裂纹。

第三章 汽车车身钣金基本工艺

2. 在胎模上手工拱曲法

尺寸较大、拱曲深度较浅的零件可直接在胎模上拱曲,如图 3-61 所示。

其操作要点如下:

1) 将坯料压紧在胎模上,用锤子从边缘开始逐渐向中心部分锤击,如图 3-61a 所示。在橡胶板上伸展坯料,如图 3-61b 所示。

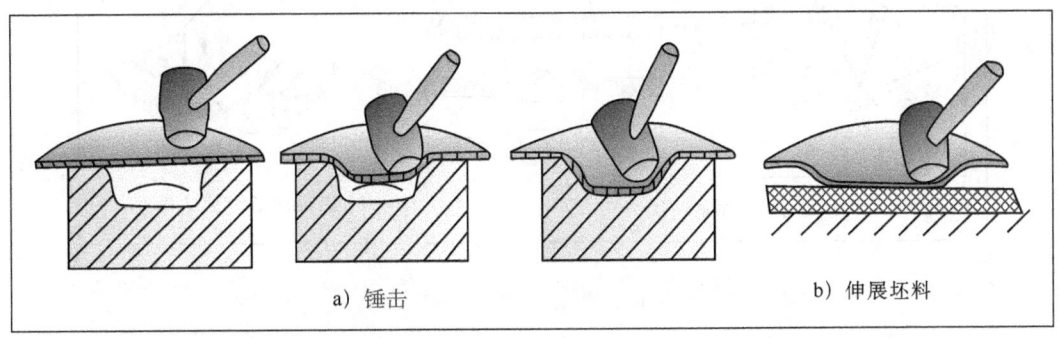

图 3-61 在胎模上拱曲

2) 拱曲时,锤击应轻且均匀,保持整个加工表面均匀伸展,形成凸起形状,并可防止被拉裂。为使坯料伸展得快,在拱曲过程中可垫橡胶板、软木、砂袋进行坯料伸展,使表面质量好。

3) 在拱曲过程中,不能操之过急,应分几次使坯料逐渐下凹,直到坯料全部贴合上胎模为止,最后用平头锤在顶杆上打光局部凸痕。

4) 在胎模上进行较深的拱曲时,随着锤击进行,制件的周边将出现皱褶。此时应停止锤击中部,将制件皱缩的边缘贴紧砧座,敲平皱褶。皱褶敲平之后,再继续对中部锤击拱曲。图 3-62 所示为锤拱成形过程。

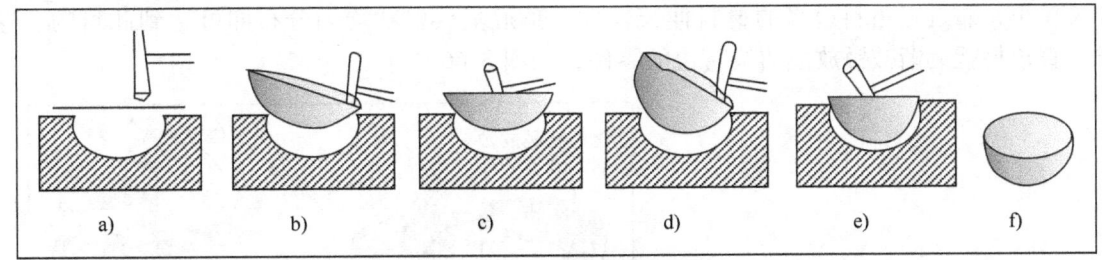

图 3-62 锤拱成形过程

精度要求不高、拱曲度不大的制件,也可以在木墩上挖坑代替铁砧座(图 3-63)或在潮湿的土地上锤拱成形。较小的钣金件也可以利用废轴承圈作为砧座,用小锤子进行锤拱。通过加热使板料拱曲称为热拱曲。热拱曲适用于板料较厚、形状比较复杂、尺寸较大的拱曲件。冷拱曲是通过坯料的边缘、伸展坯料的中部得到拱曲件的;热拱曲是通过坯料的局部加热后冷却缩变而得到拱曲件的。

如图 3-64a 所示,对坯料三角形 ABC 处局部加热。BC 之间的材料受热后要向周围膨胀,但受到 BC 之外未被加热

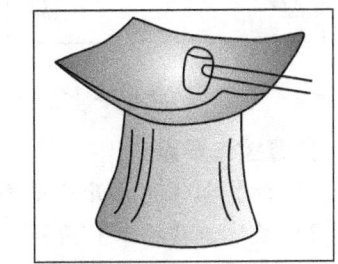

图 3-63 在木墩上进行钣金锤拱

43

的材料的阻碍，膨胀只能沿板厚度方向进行，冷却下来时，BC 之间的长度减少了，成为 $B'C'$。这样，一热一冷，加热区被压缩变厚，如图 3-64a 所示。如果沿坯料边缘四周对称且均匀进行加热，便可以收缩成图 3-64b 所示的拱曲面。拱曲的程度与加热点多少和加热范围有关。加热点越多越密，拱曲程度越大。

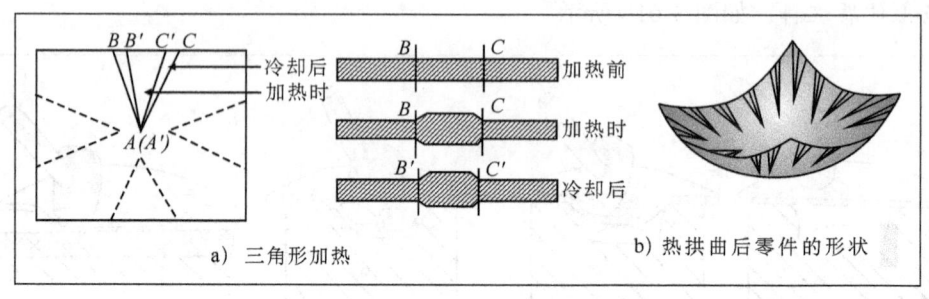

图 3-64　热拱曲原理

四、放边与收边

1. 放边

通过板料变薄而导致角形零件弯曲成形的方法称为放边，如图 3-65 所示。常见的放边方法有两种：一种是把角形板料一边打薄，称为打薄放边，此法效果显著，但表面有锤打痕迹，板料厚薄不均；另一种是将角形板料一边拉薄，称为拉薄放边，加工时表面光滑，厚度均匀，但易拉裂，操作比较困难。

（1）打薄放边　制造凹曲线弯边的零件，可用直角形材料在铁砧或平台上锤放直角料边缘，使边缘材料变薄、面积增大、弯边伸长。锤击时，注意捶击力度，使靠近内缘的材料伸长较小，靠近直角料边缘的材料伸长较大，锤痕呈放射状均匀分布即可达到此目的。这样，直角料就逐渐被锤放成曲线弯边的零件，如图 3-66 所示。

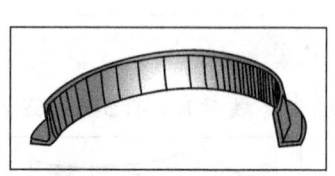

图 3-65　放边零件

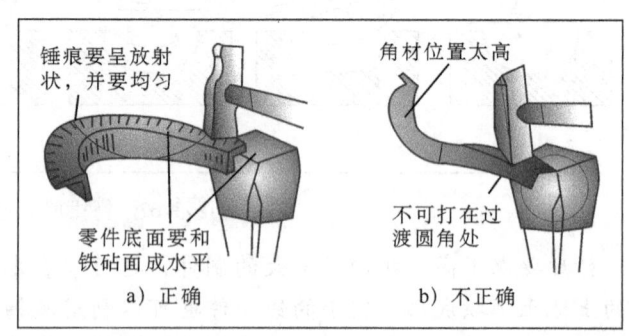

图 3-66　打薄放边

打薄操作要点：

1) 计算零件的展开尺寸并下料。
2) 放边前要校正直角料，使之平直。
3) 放边时，直角料底面必须与铁砧表面保持水平，不能太高或太低。否则，放边时材料会产生翘曲。

第三章 汽车车身钣金基本工艺

4)锤痕要均匀并呈放射状分布,锤击的面积占边宽的3/4,绝对不能锤击直角料的过渡圆角处。遇有直角形件的直线部分时,不能锤击,应跳过这部分在弯曲部分锤击。

5)在放边过程中,材料会产生冷作硬化。发现材料变硬后,要退火处理。否则,继续锤击会被打裂。

6)操作过程中,随时用样板检查外形,防止材料弯曲过大,达到要求后进行修整、校正和精加工。

(2)拉薄放边 拉薄放边是用木锤子或铁锤子将板料一边在木墩上锤放,利用木墩的弹性,使材料伸展拉长。这种方法一般在制作凹曲线弯边零件时采用。为防止裂纹,可事先用此法放展毛料,后弯制弯边,这样交替进行,完成制作。

2. 收边

收边是利用角形材料某一边的收缩,长度减小、厚度增大来制造凸曲线弯边零件的方法。收边的常用方法有用折皱钳起皱和搂弯收边这两种方法。

(1)用折皱钳起皱 用折皱钳将角形板料一边边缘起皱收缩,因而迫使另一边弯曲成形。板料在弯曲过程中,起皱一边应随时用木锤子锤击皱纹,使材料皱褶消失,厚度增大。在敲平过程中,如发现加工硬化现象,应及时退火处理。

◆ 操作步骤:

步骤1:将零件折弯,如图3-67a所示。

步骤2:校直直角料,使之平直。

步骤3:用折皱钳使收缩边起皱褶,如图3-67b所示。

步骤4:收缩边边缘长度减小,使角料呈圆弧形,如图3-67c所示。

步骤5:放在铁砧上用铁锤敲平,如图3-67d所示。

步骤6:锉削毛边。

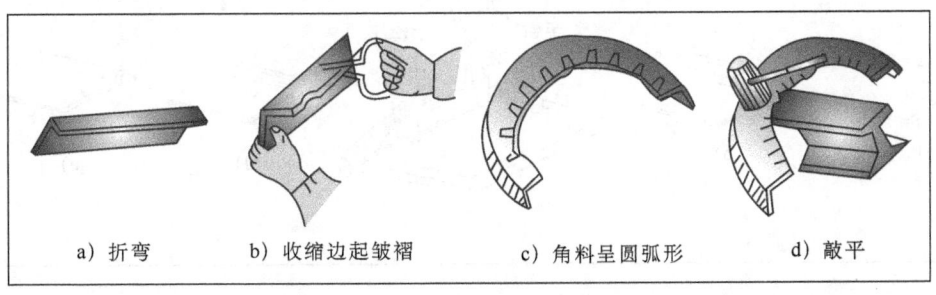

a)折弯　　b)收缩边起皱褶　　c)角料呈圆弧形　　d)敲平

图3-67　收边操作过程

(2)搂弯收边 如图3-68所示,将坯料夹在型胎上,用铝棒顶住毛坯,用木锤子敲打顶住部分,使板料弯曲逐渐被收缩聚拢。

制作凸线弯边的零件,如其强度要求不高,可根据要求的弯度在应该收缩的一面用剪刀剪出若干豁口,然后弯曲板料,再将剪口焊接。

五、卷边

卷边是将板件的边缘卷起来,其目的是增强边缘的刚度和强度。卷边分为夹丝卷边和空心卷边两种,如图3-69所示。夹丝卷边是在卷边内嵌入一根铁丝,以加强边缘的刚度,铁丝直径为板料厚度的4~7倍,包卷铁丝的边缘应不大于铁丝直径的2.5倍。

图3-68 搂边

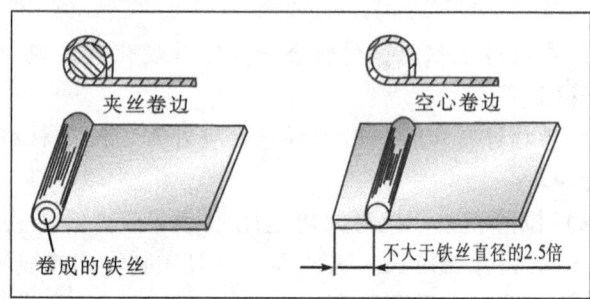

图3-69 卷边

1. 卷边的操作过程

卷边的操作过程以图3-70所示为例说明如下:

1) 将板料剪切成所需尺寸。
2) 沿边量出2.5倍铁丝直径距离并划线。
3) 将板料按划线弯折成直角(图3-70a)。
4) 用钢丝钳剪一段适当长度的铁丝,用木锤子在光滑平板上打直铁丝。
5) 将铁丝放入已折妥的直角边内(图3-70b),并用手钳固定铁丝位置(图3-70c)。
6) 用木锤或铆钉锤锤打板缘包住铁丝(图3-70d)。
7) 用铆钉锤逐段扣紧成形(图3-70e)。

如将铁丝抽出来,就成为空心卷边。

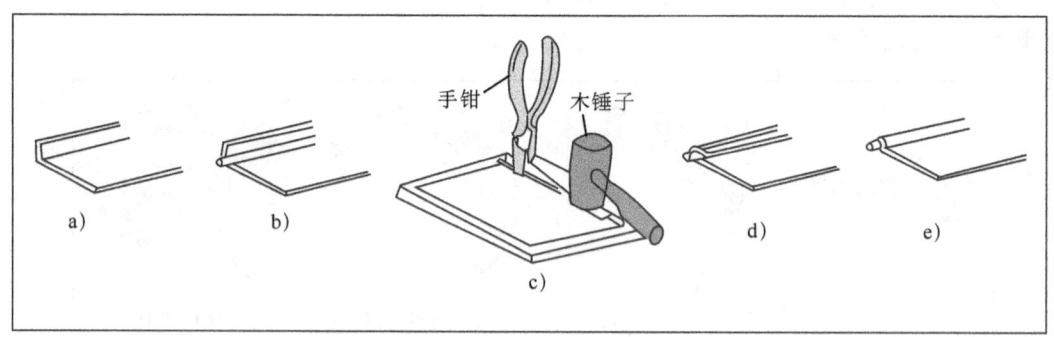

图3-70 卷边的操作过程

2. 手工卷边

步骤1:根据计算出的加工余量,在板料上划出两条卷边线,如图3-71a所示。

步骤2:将板料放在平台(或方铁、轨道等)上,使其L_2尺寸长度的1/3露出平台,左手压住板料,右手用木锤子或方木敲击露出平台部分的边缘,使其向下弯曲成85°~90°,如图3-71b所示。

步骤3:再将板料向平台外伸弯曲,直至平台边缘对准第二次卷边线为止,即使露出平台部分等于L_1,并使第一次敲打的边缘靠上平台,如图3-71c、d所示。

第三章 汽车车身钣金基本工艺

步骤4：将板料翻转，使卷边朝上，轻而均匀地敲打卷边向里扣，使卷曲部分逐渐成圆弧形，如图3-71e所示。

步骤5：将铁丝放入卷边内，放时先从一端开始，以防铁丝弹出，先将一端扣好，然后放一段扣一段，全部扣完后，轻轻敲打，使卷边紧靠铁丝，如图3-71f所示。

步骤6：翻转板料，将接口靠住平台的边角，使接口咬紧，如图3-71g所示。

步骤7：手工空心卷边的操作过程与夹丝的一样，只是使卷边与铁丝不要靠得太紧，以便最后把铁丝抽拉出来。抽拉时，只要把铁丝的一端夹住，将工件一边转，一边向外拉即可。

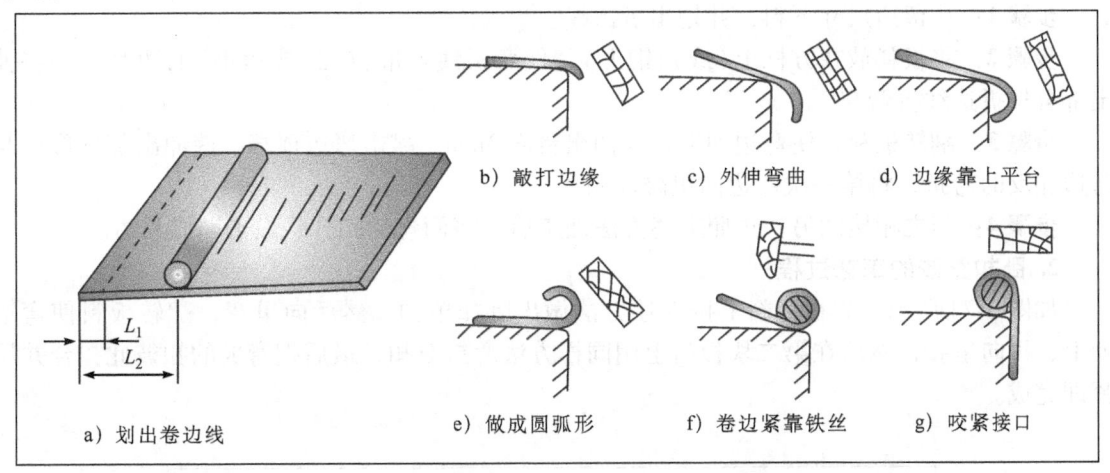

图3-71 手工卷边操作过程

六、咬缝

将薄板的边缘相互折转扣合压紧的连接方式称为咬缝。咬缝可将板料连接牢固，可代替焊接、铆接等工艺方法。

常见咬缝的种类，就结构不同可分为挂扣、单扣和双扣；以形式不同分为站扣和卧扣，如图3-72所示。

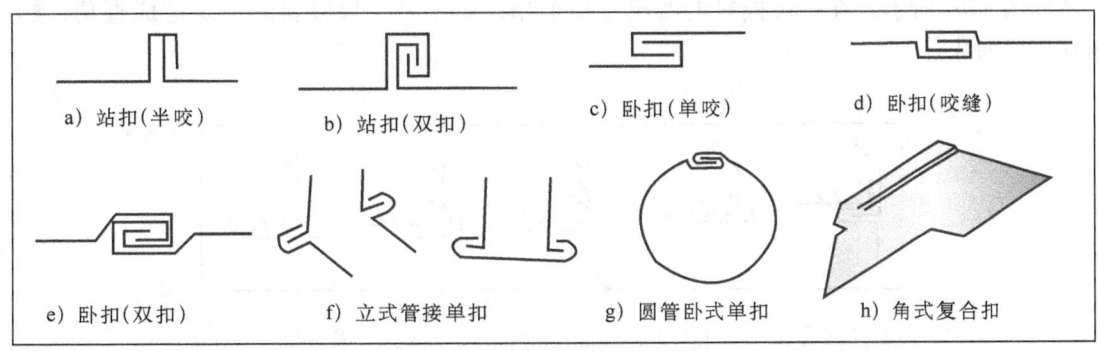

图3-72 咬缝的种类

1. 卧扣单咬的工艺过程

如图3-73所示，卧扣单咬的工艺过程分如下几步。

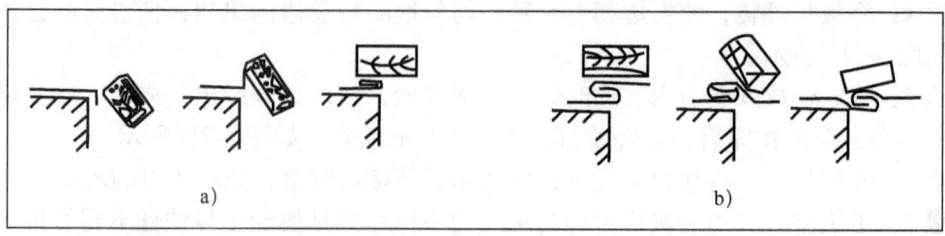

图 3-73　卧扣单咬的工艺过程

步骤 1：按留边尺寸下料，并划出折边线。

步骤 2：将板料放在方杠上（或角钢上），使弯折线对准方杠（或角钢）的边缘，并将伸出部分按折边线折弯 90°。

步骤 3：翻转板料，使弯边朝上，并伸出台面 3mm，敲击弯边顶端，使伸出部分形成与弯边相反的弯折，将第一次弯边向里敲成钩形。

步骤 4：与之相接的另一边照上述方法加工后，将两弯钩扣合、敲击即成卷边。

2. 卧扣整咬的工艺过程

如图 3-74 所示，先在板料上按上述方法做出卧扣单扣，然后向里弯，翻转板料使弯边朝上，再向里扣，然后在第二块板料上用同样方法弯折双扣，最后把弯成的扣彼此扣合并压紧即完成。

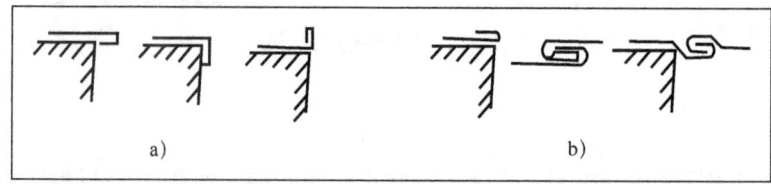

图 3-74　卧扣整咬的工艺过程

3. 站扣半咬的工艺过程

如图 3-75 所示，在一块板料上做成站扣单扣，而把另一块板料的边缘弯成直角，然后相互压紧即成。

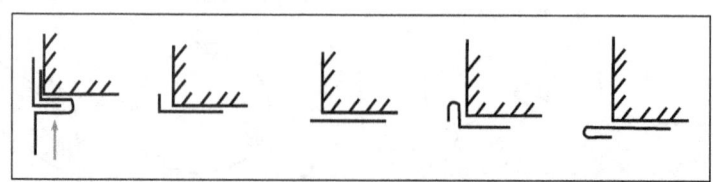

图 3-75　站扣半咬的工艺过程

4. 站扣整咬的工艺过程

如图 3-76 所示，在一块板料上做双扣，在另一块板料上做单扣，然后互相扣合压紧即可。

第三章 汽车车身钣金基本工艺

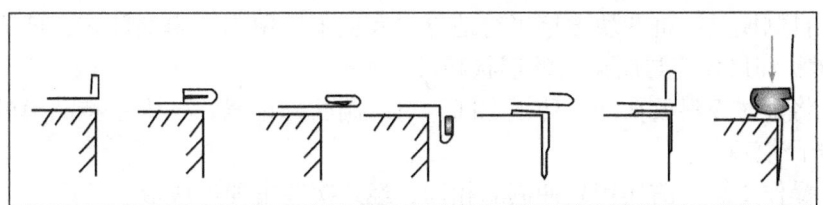

图 3-76 站扣整咬的工艺过程

七、制肋

金属薄板由于其厚度较小，若仅以其平面形式作为钣金件使用，刚度太低，极易产生凹陷变形，影响整体的美观和承载能力。在钣金件表面上制出各种凸肋，可以提高其刚度和使用性能，增加美感。肋的横截面一般为圆弧形和角形，如图 3-77 所示。

大量生产时，制肋工艺一般由相应的机器完成。手工制肋适用于单件生产和修配，简易的手工制肋方法有两种，如图 3-78 所示。

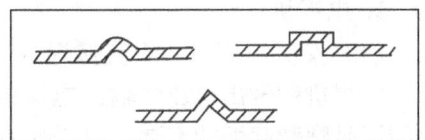

图 3-77 肋的横截面形状

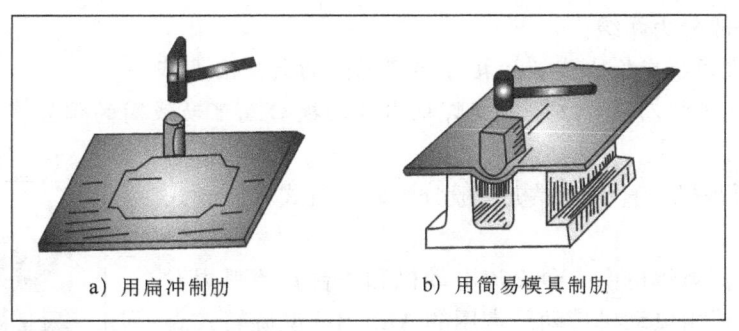

a）用扁冲制肋　　b）用简易模具制肋

图 3-78 手工钣金制肋方法

1. 扁冲制肋（图 3-78a）

步骤 1：在坯料上划出制肋棱线的标记线。

步骤 2：在平台上铺一块较厚的橡胶垫（5~10mm），将制件放在橡胶垫上。

步骤 3：操作者手持扁冲对准标记线，锤击扁冲。

步骤 4：每冲击一次，要沿标记线移动一次扁冲，移动距离不可超过扁冲的宽度，以便冲痕前后相衔接。

步骤 5：沿整个标记线冲击一次后，再重复冲击若干次，直至达到所需的肋的深度为止。

步骤 6：去掉橡胶垫，直接在平台上轻轻冲击一次，使肋棱形成整齐的线条，用木锤子将非制肋部分的表面整平即可。

2. 模具制肋（图 3-78b）

步骤 1：自制模具。将两块方钢平行地焊在底板上，留出一定的间隙，即成凹模。凹模成形部分的形状和尺寸应与肋截面的形状和尺寸相符。

步骤 2：将金属板料放在凹、凸模之间，对准制肋标记线，一人手持凸模的手柄，另一人用大锤击压凸模顶部。

步骤 3：操作要点与前述用扁冲制肋相同，经几次冲击即可成形。

第五节 焊 接 工 艺

一、普通电弧焊工艺

1. 电焊机

（1）交流弧焊机　交流弧焊机是一种电弧焊专用的降压变压器，又称弧焊变压器。

弧焊机的输出电压随输出电流的变化而变化。空载时，弧焊机的输出电压为 60~80V，既能满足顺利起弧的需要，对操作者也较安全。起弧时，焊条与焊件接触形成瞬时短路，弧焊机的输出电压会自动降低至趋近于零，使短路电流不至过大而烧毁电路或焊机。起弧后，弧焊机的输出电压会自动维持在电弧正常燃烧所需的范围内（20~30V）。弧焊机能供给焊接时所需的电流，一般为几十至几百安，并可根据焊件的厚度和焊条直径的大小调节所需电流值。

电流调节一般分为两级：

◆ 粗调：常用改变输出线头的接法实现电流的大范围调节。

◆ 细调：通过摇动调节手柄改变焊机内可动铁心或可动线圈的位置实现焊接电流的小范围调节。

（2）直流弧焊机　直流弧焊机一般分为发电机式和整流式两类。

发电机式直流弧焊机由一台交流电动机和一台直流弧焊发电机组成，发电机由电动机带动。常用的 AX5-500 型旋转式直流弧焊机的外形如图 3-79 所示。焊接电流的粗调是用改变发电机电刷的位置实现的，细调则是通过旋转调节手柄改变变阻器的电阻实现的。

图 3-79　旋转式直流弧焊机

整流式直流弧焊机的结构相当于在交流弧焊机上加上整流器，从而将交流电变为直流电，故又称弧焊整流器。常用的 ZXG-300 型整流弧焊机的外形如图 3-80 所示。

直流弧焊机的输出端有正、负极之分，焊接时电弧两端的极性不变。因此，直流弧焊机的输出端有两种不同的接线方法：正接，即焊件接弧焊机的正极，焊条接其负极；反接，即焊件接弧焊机的负极，焊条接其正极，如图 3-81 所示。正接用于较厚或高熔点金属的焊接，反接用于较薄或低熔点金属的焊接。当采用碱性焊条焊接时，应采用直流反接，以保证电弧稳定燃烧；采用酸性焊条焊接时，一般采用交流弧焊机。

第三章 汽车车身钣金基本工艺

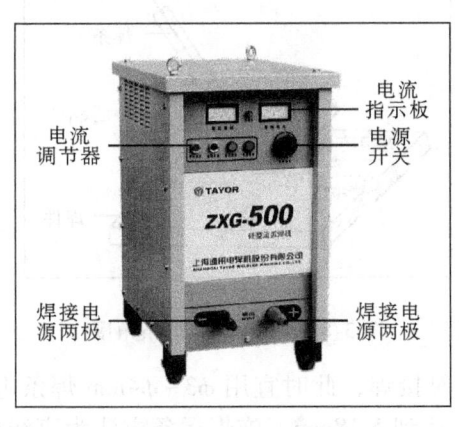

图 3-80 整流弧焊机

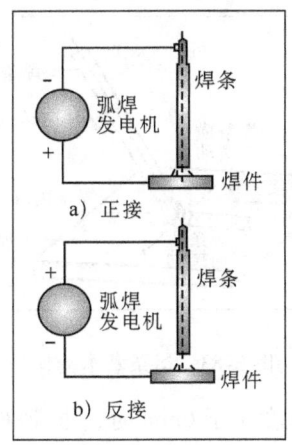

图 3-81 直流弧焊机的不同接线法

2. 焊条电弧工艺要点

（1）引弧 引弧就是使焊条与焊件间引燃并保持稳定的电弧。

引弧方法有两种，即敲击法和摩擦法，如图 3-82 所示。这两种方法都是使焊条末端与工件表面接触形成短路，然后迅速将焊条向上提起一段距离（2~4mm），即可引燃并保持稳定的电弧。

注意：焊条不能提得太高，否则电弧易熄灭。焊条末端与工件接触时间不能太长，以免焊条粘连在焊件上。当发生粘连时，应迅速左右摆动焊条，以使焊条脱离工件。

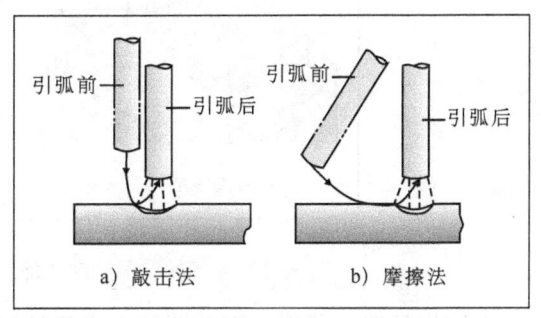

图 3-82 引弧方法

（2）运条 焊条电弧焊时，焊条除了沿其轴向向熔池送进和沿焊缝方向前移外，为了获得一定宽度的焊缝，焊条还应沿垂直于焊缝的方向横向摆动，如图 3-83 所示。焊条沿其轴向均匀向下送进时，其速度应与焊条的熔化速度相同，否则会引起电弧长度发生变化。电弧长度过大，会导致电弧飘浮不定，熔渣飞溅；电弧长度过小，则容易发生粘连。运条时还应注意控制焊条与焊件间的角度，平焊时焊条的基本角度如图 3-84 所示。

（3）熄弧 熄弧是指焊缝结束，或一根焊条用完准备连接后一根焊条时的收尾动作。焊缝结束时的熄弧，应在熄弧前让焊条在熔池处做短暂停顿或做几次环形运条，使熔池填满，然后将焊条逐渐向焊缝前方斜拉，同时抬高焊条，使电弧自动熄灭；连续熄弧，应在熄弧前减小焊条与焊件间的夹角，将熔池中的金属和上面的熔渣向后赶，形成弧坑后再熄弧。连接时的引弧应在弧坑前面，然后拉回弧坑，再进行正常焊接。

熄弧和连接操作正确，可避免裂纹、气孔、夹渣等缺陷，使焊缝连接平滑美观，从而保证焊缝质量。

3. 各种位置焊接

（1）平焊 平焊可分为平对接焊和平角接焊。

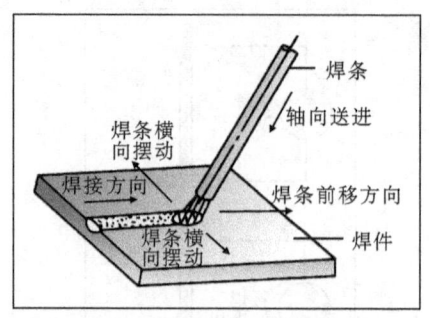
图 3-83 运条基本动作

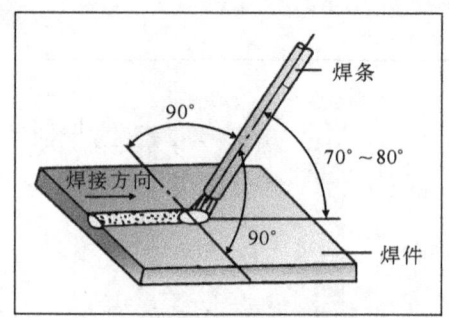
图 3-84 平焊时的焊条角度

焊件厚度小于 6mm 时,通常采用不开坡口的平对接焊,此时宜用 $\phi3 \sim \phi4$mm 焊条进行短弧焊接,并使熔池深度达到板厚的 2/3,焊缝宽度达到 5~8mm,施焊运条方法为直线形;当焊件厚度大于 6mm 时,则应采用开坡口的平对接焊,分为多层焊或多层多道焊,如图 3-85 所示。

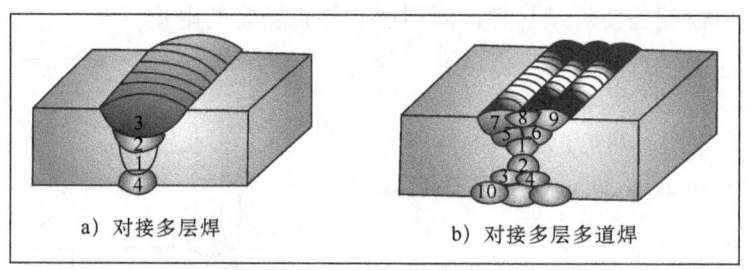

a) 对接多层焊　　b) 对接多层多道焊

图 3-85 平对接焊

多层焊的第一层焊道宜选用较小直径的焊条。当缝隙小时可用直线形运条法,缝隙大时宜用直线往复形运条法,以免烧穿。焊第二层时,先将第一层焊渣清除干净,选用较大直径的焊条和较大的焊接电流,用直线形、月牙形或锯齿形运条法进行短弧施焊。以后各层均采用月牙形或锯齿形运条,摆幅随焊缝加宽而逐渐加大。多层多道焊的施焊方法基本上与多层焊相同,其不同点在于每层焊缝均由两道或两道以上焊缝拼成。

平角接焊主要是指 T 形接头和搭接接头的焊接,这两种焊接方法相似。平角接焊通常用 $\phi3 \sim \phi5$mm 的焊条,焊条角度如图 3-86 所示。

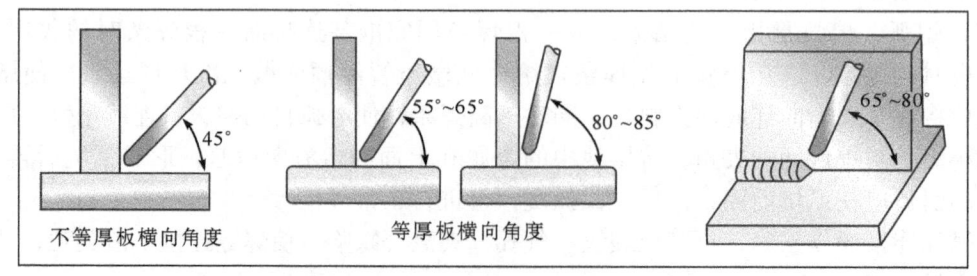

图 3-86 平角接焊的焊条角度

第三章 汽车车身钣金基本工艺

(2) 立焊 立焊的熔池处于垂直面上，施焊方法有两种：一种由下而上施焊；另一种则由上而下施焊。一般采用前者。立焊时，焊条的角度如图3-87所示，同时宜选用较小直径和较大电流短弧焊接，多采用直线往复形运条法和三角形运条法，并一个台阶一个台阶地往上堆积。

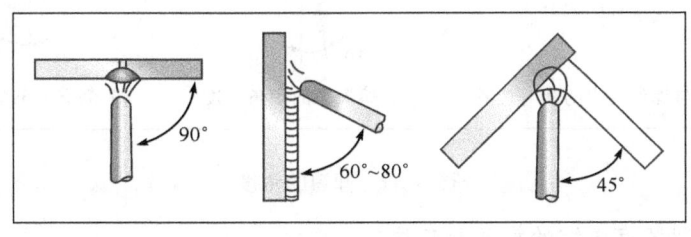

图3-87 立焊

当焊接薄板时，经常采用跳弧法和灭弧法。跳弧法是指焊条熔滴过渡到熔池后，立即将电弧移向焊接方向，使熔化金属有迅速冷却凝固的机会，随后又将电弧移回熔池，如此往复的运条方法。灭弧法是指焊条熔滴过渡到熔池后，立即灭弧，使熔化金属有迅速冷却凝固的机会，随后又重新引弧，如此交错施焊的方法。

(3) 横焊 横焊时，应选用较小直径的焊条和较小的焊接电流，并采用短弧法及适当的运条法。当焊件厚度小于5mm时，可以不开坡口，宜选用 $\phi 3.2mm$ 或 $\phi 4mm$ 的焊条，如图3-88a所示。焊条运动方向采用直线形运条法，薄板件可采用直线往复形运条法。

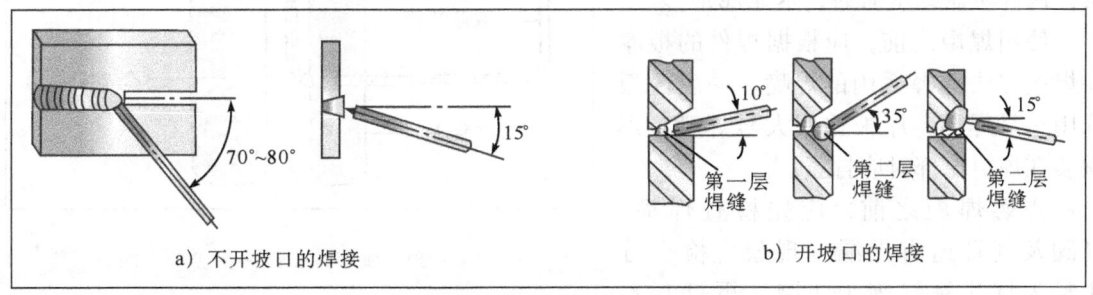

a) 不开坡口的焊接   b) 开坡口的焊接

图3-88 横焊

当焊件较厚时，应该开坡口，这时应采用多层焊或多道焊的方法，如图3-88b所示。第一层焊缝采用直线形运条法，第二层焊缝宜用斜环形或斜锯齿形运条法。焊接时应保持较短的电弧和均匀的焊速。

(4) 仰焊 仰焊时，应采用尽可能短的电弧，以使熔渣在很短的时间立即过渡到熔池中，很快与熔池中的熔化金属融合，促使焊缝快速凝固。应选用较小直径的焊条，一般为 $\phi 3 \sim \phi 4mm$，焊条角度如图3-89所示。焊接电流要比立焊时还要大些，可以增加电弧的吹力，有利于熔滴过渡并获得较厚的熔深。

二、气焊工艺

1. 气焊设备

图3-90为典型的气焊设备组成示意图，通常包括以下几个部分：

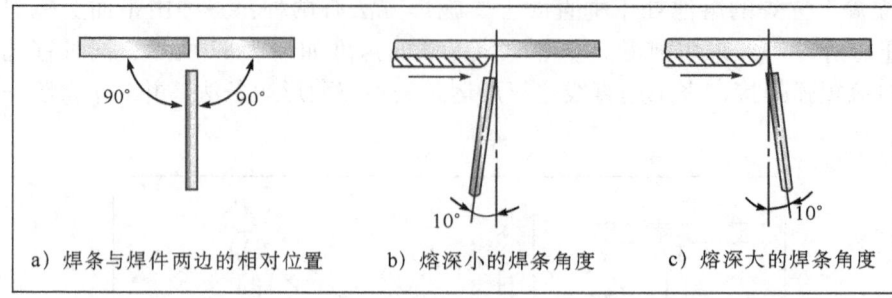

图 3-89 仰焊的角度

1)气瓶,分别装有压缩的氧气和乙炔气。

2)各种调节减压装置,将氧气瓶和乙炔气瓶出口压力调至规定数值,供焊接用。

3)各种软管用于连通气瓶和焊炬。

4)焊炬。将氧气和乙炔气体输入到焊炬内以适当的比例混合,从喷嘴出口燃烧,产生加热火焰,使被焊接钢材熔化。焊炬的类型有两种,即焊炬和割炬,两种功能是不同的,不能混用。

使用焊炬之前,应根据焊件的板厚和焊接方法选择适用的焊嘴。一般薄板选用小号焊嘴,厚板选用大号焊嘴。焊嘴装在焊炬端部时应拧紧。

点燃焊炬之前,应先检查焊嘴、气阀及其管道有无漏气现象。检查方法是先打开氧气阀 1/4 圈,再打开乙炔阀门 1 圈,检查有无堵塞和漏气,确认其可靠之后再点燃火焰,点火后,焊嘴应朝下方,并远离可燃物。此时,缓慢开启氧气阀,火焰将由黄色的乙炔焰变成蓝色的火焰,称为碳化焰,如图 3-91a 所示。碳化焰焰芯是蓝白色的,外围包着一层蓝色火焰,轮廓不十分清楚,外焰呈橘红色。慢慢关闭乙炔阀门直到焊嘴处呈现一个清晰的内焰芯,这时称为中性焰,如图 3-91b 所示。中性焰的焰芯也是蓝白色的,轮廓清晰,外焰呈淡橘红色。继续关闭乙炔阀门或打开氧气阀门,焊嘴处将出现一个更小的淡蓝色焰芯,此时称为氧化焰,如图 3-91c 所示。氧化焰内芯看不清楚,焊接时会发出急剧的"嗖嗖"声。

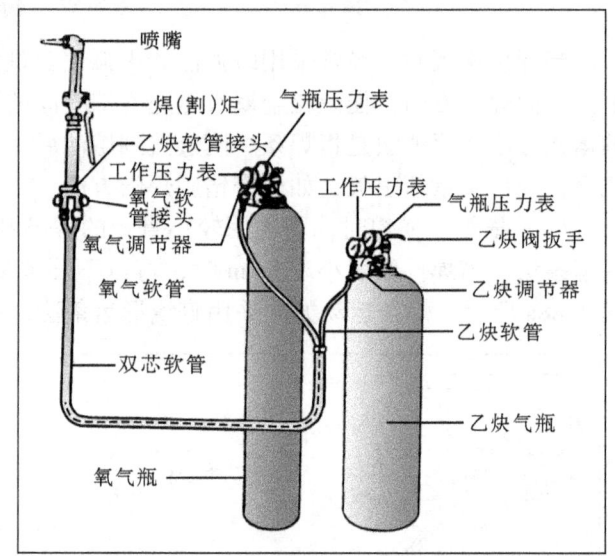

图 3-90 典型气焊设备组成示意图

2. 焊接方向及位置

(1)焊接方向

1)**右向焊法**。右向焊时,焊炬指向已完成的焊缝。焊接过程自左向右,焊炬在焊丝前面移动,如图 3-92 所示。

第三章 汽车车身钣金基本工艺

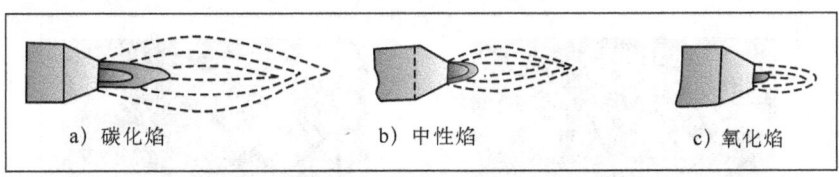

图 3-91 各种氧炔火焰示意图

其特点如下：

◆ 火焰指向焊缝，能很好地保护金属，防止它受到周围空气的影响，使焊缝缓慢地冷却。

◆ 由于热量集中，焊接时钢板坡口的角度可以开得小一些，以便节省金属。

◆ 由于坡口开得小，焊件收缩量小，可以减少变形。

◆ 因为火焰对着焊缝，起焊后回火的作用，使其冷却迟缓，所以焊缝组织细密，质量优良。

◆ 由于利用热量高，可以节省乙炔、氧气的消耗量，提高焊接速度。

◆ 右向焊法的缺点是技术较难掌握，难度较大。

2) **左向焊法**。左向焊时，焊炬指向待焊部位，焊接过程自右向左，焊炬在焊丝后面移动，如图 3-93 所示。

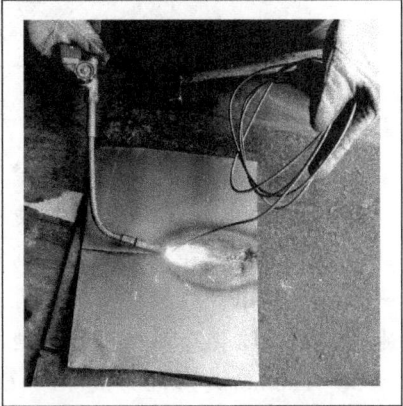

图 3-92 右向焊法

其特点如下：

◆ 火焰指向未焊金属，有预热作用。

◆ 其他优缺点恰好和右焊法相反。一般人员都习惯用左焊法，因为左焊法的技术比较容易掌握。

(2) 焊接位置

1) **平焊**。如图 3-94 所示，焊接开始时，焊炬与焊件的角度可大些，随着焊接过程的进行，则焊炬与焊件的角度可减小些。焊丝与焊炬的夹角应保持在 90°左右。焊丝要始终浸在熔池内，并上、下运动与焊件同时熔化，使两者在液态下能均匀地混合形成焊缝。焊接结束

图 3-93 左向焊法

时，焊炬要缓慢提起，使焊缝结尾部分的熔池逐渐缩小。为了防止在收尾时产生气泡和未填满现象，必要时还可添加焊丝，将气泡重新熔化，直至收尾处填满，火焰才能离开。

2) **立焊**。如图 3-95 所示，火焰能量较平焊小些。严格控制熔池温度，焊炬向上倾斜与焊件构成 60°角，以借助火焰气流的吹力托住熔池，使熔化金属不下流。一般情况下，焊炬不做横向摆动，仅做上下移动，使熔池有冷却的时机，便于控制熔池温度。焊丝则在火焰气流范围内做环形运动，将熔化金属均匀地一层层堆敷起来。若由于操作不当，造成熔池金属

55

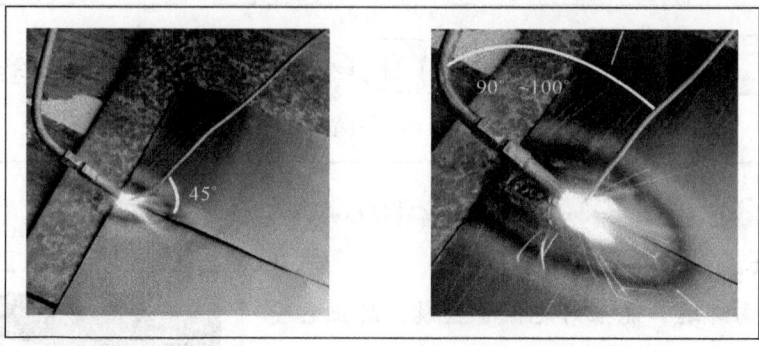

图 3-94 平焊

下流，应立即将火焰向上提起，待熔池温度降低后，再继续进行焊接。

3）**横焊**。如图 3-96 所示，使用较小的火焰能量控制熔池的温度。焊炬应向上倾斜，与焊件间的夹角保持在 65°~75°。利用火焰吹力托住熔化金属而不使其下流。焊接薄板时，焊炬一般不做摆动，焊丝要始终浸在熔池中；焊接较厚板时，焊炬可做小环形运动。焊丝浸在熔池中，以免熔化金属堆积在熔池下而形成咬边和焊瘤等缺陷。为防止火焰烧手，可将焊丝前端 50~100mm 处加热弯成 45°~60° 角，手持的一端宜垂直向下。

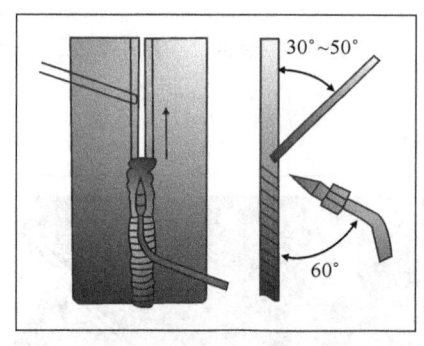

图 3-95 立焊

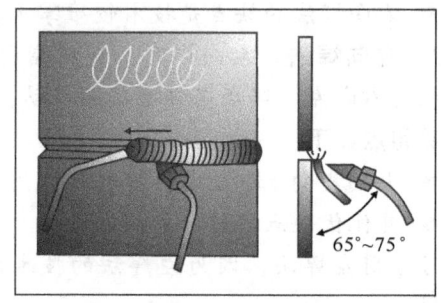

图 3-96 横焊

4）**仰焊**。如图 3-97 所示，使用较小的火焰能量，严格控制熔池温度和面积，利于熔化金属快速凝固。选择较细的焊丝，利于薄层堆敷。当焊接开坡口及加厚的焊件时，宜采用多层焊。第一层目的在于焊透，第二层主要在于使焊缝两侧熔合良好，形成均匀美观的焊纹。同时，多层焊是仰焊中防止熔化金属下流的有效手段。焊炬可做不间断的扁圆形斜环左右摆动，焊丝则应做月牙形运动，并将其始终浸在熔池内。仰焊时要特别注意操作姿势，防止飞溅金属微粒和熔渣烫伤面部和身体。

三、CO_2 气体保护焊工艺

1. CO_2 气体保护焊基本原理

图 3-98 所示为 CO_2 气体保护焊原理图，现以此说明惰性气体保护焊的基本原理。惰性气体保护焊使用一根

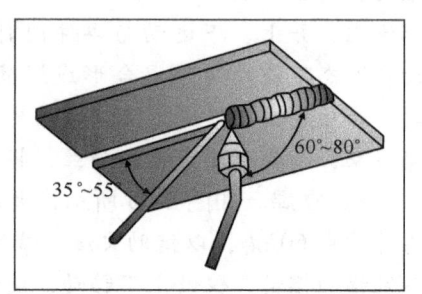

图 3-97 仰焊

焊丝，焊丝以一定的速度自动进给，在母材和焊丝之间出现短弧，短弧产生的热量使焊丝熔化，将母材焊接起来，实现半自动电弧焊接。在焊接过程中，惰性气体对焊位实施保护，以免母材被空气氧化。所使用惰性气体的种类由需要焊接的母材而定：大多数钢材都用二氧化碳（CO_2）进行气体保护焊；对于铝材则采用氩气或氩、氮混合气进行气体保护焊。

气体保护焊熔滴的过渡形式有两种：短路过渡和细颗粒过渡。

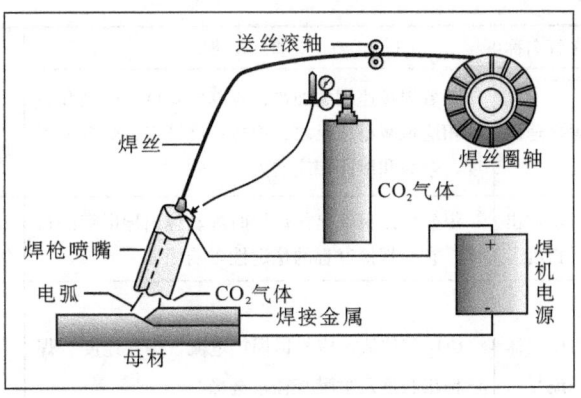

图3-98　CO_2气体保护焊的基本原理

焊丝作为一极，其端部不断受热熔化，形成熔滴并脱离焊丝过渡到母材熔池中。两种不同过渡形式的适用范围和工艺要求是不相同的。短路过渡形式是采用细焊丝、小电流、低电压焊接时出现的。因为电弧短，熔滴还未增大即与熔池接触形成短路，使电弧熄灭，熔滴脱离焊丝过渡到熔池中去，然后电弧重新引燃。这种周期性短路燃弧交替即为短路过渡过程。由于短路过渡母材受热量较少，变形小，熔深较浅，多用于薄板的焊接，汽车钣金焊接多采用此种形式。细颗粒过渡适用于厚板的焊接。短路过渡电弧焊工作原理如图3-99所示。

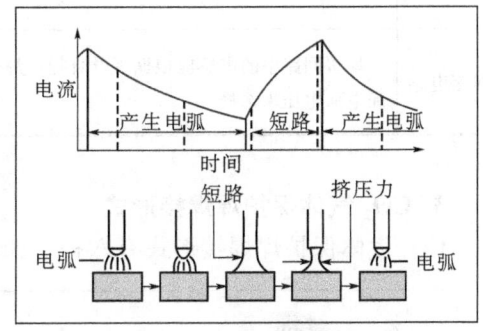

图3-99　短路过渡电弧焊工作原理

2. CO_2气体保护焊焊接参数

CO_2气体保护焊焊接参数见表3-2。

表3-2　CO_2气体保护焊焊接参数

参数名称	选择依据	选择方法
焊丝直径	焊丝直径可根据焊件厚度、焊缝空间位置和生产率等要求选择	当对平焊位置进行中厚板焊接时，可以采用ϕ1.6mm的焊丝 当对薄板或中厚板进行立、横、仰焊时，多采用ϕ1.6mm以下的焊丝
焊接电流	焊接电流可根据焊件厚度、焊丝直径、焊缝空间位置和所要求的熔滴过渡形式来选择	用ϕ0.8~ϕ1.8mm的焊丝，短路过渡焊接时，焊接电流在50~230A范围内选择；粗滴过渡焊接时，焊接电流可在250~500A范围内选择
电弧电压	电弧电压必须与焊接电流配合恰当。当电弧电压增大，则焊缝宽度相应增大，余高和熔深减小；反之，当电弧电压减小，则焊缝宽度相应减小，余高和熔深增大	在短路过渡焊接时，电弧电压在16~25V范围内 在采用ϕ1.2~ϕ3.0mm的焊丝进行粗滴过渡焊接时，电弧电压可在25~44V范围内选择

(续)

参数名称	选择依据	选择方法
焊接速度	随着焊接速度的加快，焊缝的宽度、余高和熔深相应地减小；反之，焊接速度减慢，焊缝的宽度、余高和熔深相应增大	半自动焊的焊接速度在 15~30m/h 范围内；自动焊的焊接速度可稍快些，一般不超过 40m/h
焊丝伸出长度	焊丝伸出长度是指焊接时焊丝伸出导电嘴的长度，它对焊接过程的稳定性影响极大	焊丝伸出长度取决于焊丝直径，一般焊丝伸出长度约等于焊丝直径的 10 倍为宜
CO_2 气体流量	CO_2 气体流量应根据焊接电流、焊接速度、焊丝伸出长度及喷嘴直径来选择	当细丝 CO_2 焊接时，CO_2 气体流量为 5~15L/min；当粗丝 CO_2 焊接时，CO_2 气体流量为 15~25L/min
电源极性	直流反接与直流正接相比较，直流反接具有电弧稳定、飞溅少、熔深大的特点	为了保证 CO_2 气体保护焊的焊接质量，一般采用直流反接法，即焊件接负极，焊枪接正极。在堆焊或补焊铸钢件时，才采用正接法
回路电感	焊接回路中的电感应根据焊丝直径、焊接电流和电弧电压来选择	当使用 $\phi 0.6$~$\phi 1.2$mm 细丝时，电感值为 0.01~0.16mH；当使用 $\phi 1.6$~$\phi 2$mm 粗丝时，电感值为 0.30~0.70mH

3. CO_2 气体保护焊焊接形式

CO_2 气体保护焊焊接形式有六种，如图 3-100 所示。

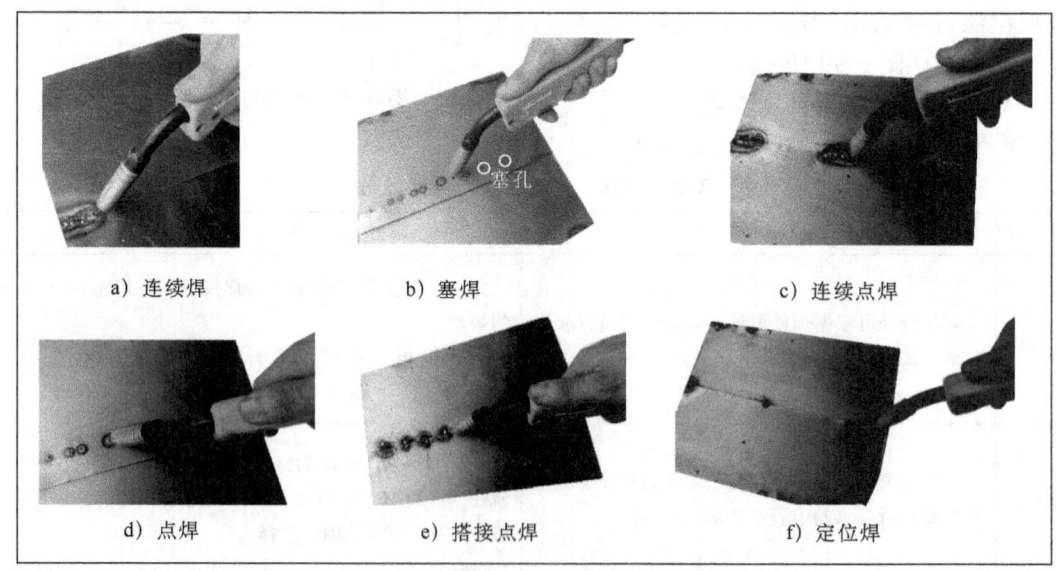

a) 连续焊　　b) 塞焊　　c) 连续点焊
d) 点焊　　e) 搭接点焊　　f) 定位焊

图 3-100　焊接形式

（1）定位焊　如图 3-101 所示，定位焊实际上是临时点焊，是用于保持两焊件相对位置固定不变的一种替代措施。定位焊各焊点之间的距离与板材的厚度有关，大致是其厚度的 15~30 倍。

第三章 汽车车身钣金基本工艺

(2) 连续焊 如图 3-102 所示，连续焊是指焊枪连续、稳定地沿焊缝移动而形成连续焊缝的焊接形式。

(3) 塞焊 如图 3-103 所示，两块金属板叠在一起，在其中一块板上有通孔，将电弧穿过此孔并被熔化金属所填满而形成的焊点称为塞焊。

(4) 点焊 点焊是送丝定时脉冲被触发时，将电弧引入被焊的两块金属板，使其局部熔化的焊接形式。

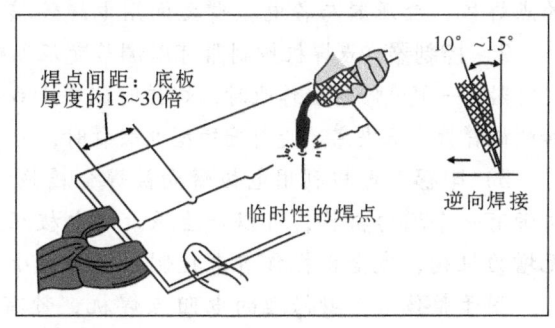

图 3-101 定位焊

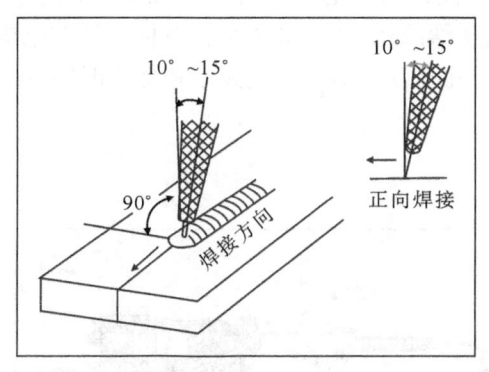

图 3-102 连续焊

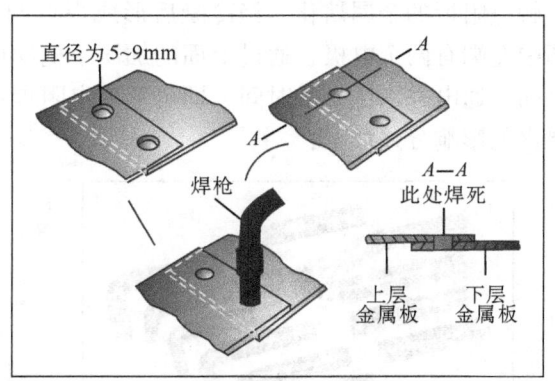

图 3-103 塞焊

四、点焊工艺

1. 电阻点焊机构成与原理

(1) 电阻点焊机的构成 电阻点焊机主要由变压器、控制器和电极三部分构成，如图 3-104 所示。

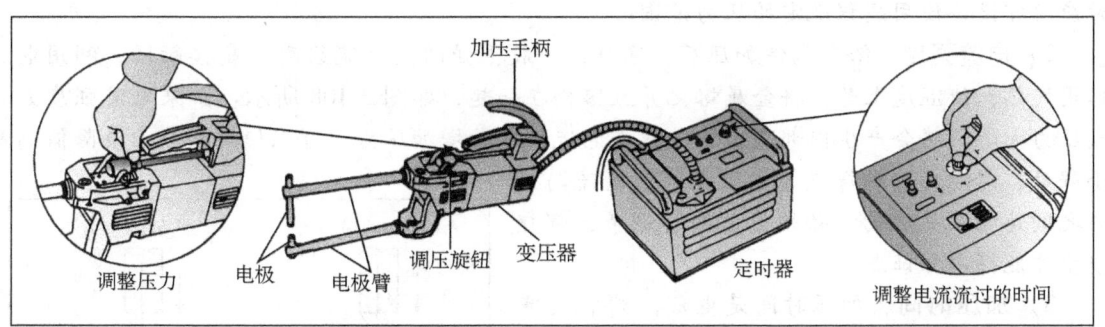

图 3-104 电阻点焊机的构成

1) **变压器**。变压器的功能是将 220V 的电压变为 2~5V 的低电压供电阻点焊使用。点焊机变压器一般安装在电极臂上。对于大型点焊机，如流水线上分布在不同焊点上同时焊接的点焊机，变压器与各电极臂之间用电缆连接，作为一个独立的供电电源使用。

2) **控制器**。点焊机控制器可以调节变压器输出的焊接电流和焊接时间，如图3-104所示的定时器。一般汽修钣金作业时，焊接时间在1/6~1s为宜。焊接电流的大小由焊接金属板的厚度和电极臂长度来决定。使用缩短型电极臂时，应减小焊接电流；反之，宜用大电流。

3) **电极**。电极利用电极臂向被焊金属施加挤压力，并通过焊接电流。大多数电阻点焊机带有一个增力机构，可以产生很大的电极压力来稳定焊接质量。挤压型的电阻点焊机一般无增力机构，完全由操作者来控制压力的大小，在整体车身修理中使用较少。

用于整体式车身修理的电阻点焊机，带有一套可更换的电极臂装置，如图3-105所示。对于较难焊接的部位，可视具体条件，选用合适的电极臂进行焊接。

(2) **电阻点焊的原理** 电阻点焊是利用电流通过接触点加热，并在外加压力作用下使接触点附近的金属熔化，经冷凝后形成焊点的一种焊接方法。电阻点焊机如图3-106所示，图中左端有两个电极，通过上面的加压手柄即可获得所需的压力。将两块金属板夹持在电极之间，通电并加压一段时间，即可形成电阻焊点。现就压力大小、电流大小和加压时间三个要素的影响分述如下：

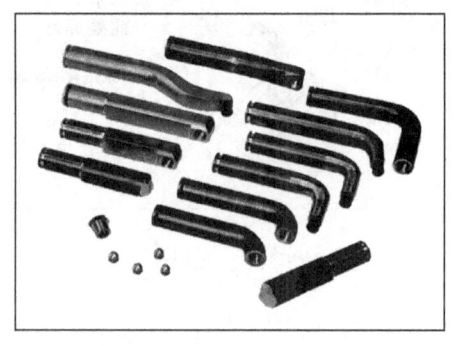

图3-105 各种类型的电极臂

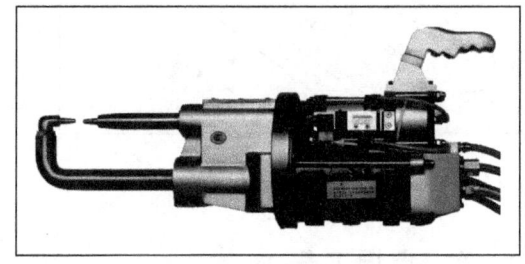

图3-106 典型的挤压式电阻点焊机

1) **加压**。电阻焊点的焊接强度与电极施加在金属件上的压力有直接的关系。压力太小，会产生焊接溅出物；压力太大，会使焊点过小，降低了焊接强度（图3-107）。具体操作时应遵守设备使用规程规定的压力范围。

2) **电流强度**。给金属件加压后，通电，一股很强的电流流经两金属接触区，利用电阻作用发热，使温度上升，将金属熔化并且熔合在一起，如图3-108所示。如果电流强度太大或压力太小，将会产生内部溅出物；减小电流强度或增加压力，可以使焊接溅出物降低到最小程度，形成良好的焊点。电阻点焊时电流与压力之间是相互关联的，必须注意同时调节，焊接质量才能得以保证。

3) **加压时间**。加压时间是电阻点焊极为重要的因素。在加压时间内，金属通过电流，熔化和熔合在一起。加压完毕，电流停止，熔化部位开始冷却凝固成圆而且平的焊点，如图3-109所示。加压时间不可少于点焊机使用说明书的规定值。

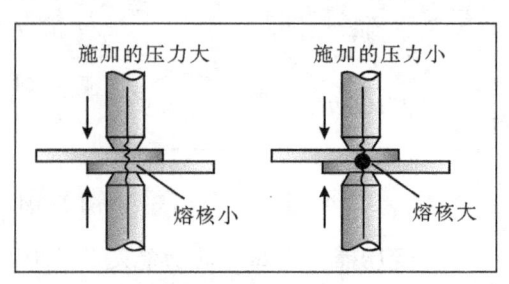

图3-107 电极头的压力

第三章 汽车车身钣金基本工艺

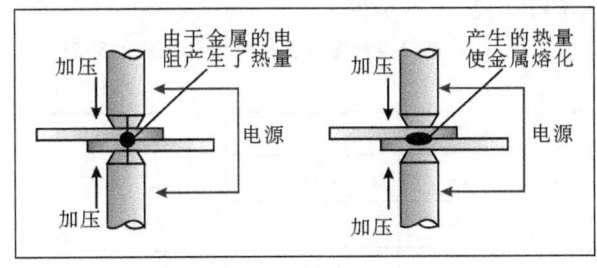

图 3-108 电流强度

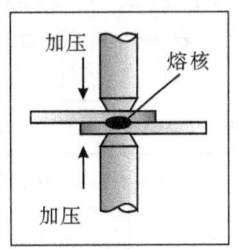

图 3-109 加压时间

2. 点焊工艺

点焊操作常用设备为挤压式电阻点焊机。在焊接之前，应当把焊件表面整平。焊接件表面之间留有的任何间隙，都将导致电流导通不良。尽管不消除这种间隙也能施行焊接，但是焊点面积变小，造成焊接强度不足，如图 3-110 所示。消除这一间隙，可用夹钳将焊件牢牢地夹紧。

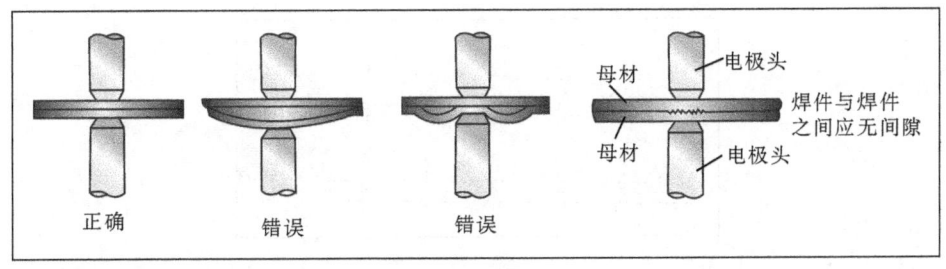

图 3-110 焊件表面的处理

焊件表面如果有漆膜、锈迹、灰尘或其他污物，也会降低焊接质量，故应把它们清除干净，以使电流畅通。应在焊件表面涂上导电性好的透焊防蚀涂料，重要的是在焊件端面也要均匀地涂抹一层防蚀涂料。

（1）点焊的操作方法　采用前倾焊法。对于不能采用前倾焊法的部位，可以采用惰性气体保护焊进行塞焊。

焊接时应使电极头与焊件表面保持垂直，否则电流会减弱，导致焊接强度不够。对于三层或更多层重叠的点焊，应点焊两次。

（2）焊点的数量　由于汽车修理厂所用的点焊机的功率一般都比汽车制造厂所用的小，修理厂用的焊点数量应当比原有焊点多 30% 左右。

（3）焊点位置的确定　各个焊缝的强度由焊点间距和边缘距离（焊点到板外缘的距离）决定。焊点间距减小，焊件连接强度将增加，但焊点间距小到一定程度后如果再减小，焊件的连接强度也不会再增大，因为电流会流向以前的焊点。随着焊点数量的增加，电流分流也会增多，而这种分流又会使焊点的温度升高，从而影响焊件的连接强度。

焊点间距的大小应控制在不致形成支路电流的范围内，一般可参照表 3-3 中给出的数值。

（4）焊点到板外缘和端面的距离　边缘距离是由焊接电极头的位置决定的。如果边缘距离不足，即使焊接正常，焊接强度也会不够。在靠近板件端面焊接时应参照表 3-4 中给出

61

的值，如果距离太小，就会导致焊接强度不够并引起板件变形。

表3-3 焊点间距的选择

(单位：mm)

板厚	焊点间距 S	边缘距离 P
0.4	≥11.0	≥5.0
0.8	≥14.0	≥5.0
<1.2	≥18.0	≥6.5
1.2	≥22.0	≥7.0
1.6	≥29.0	≥8.0

表3-4 焊点到板外缘和端面的距离

(单位：mm)

板厚 δ	最小距离 T
0.4	≤11.0
0.8	≥11.0
<1.2	≥12.0
1.2	≥14.0
1.6	≥16.0
2.0	≤17.5

（5）点焊的顺序　如图3-111所示，不要只在一个方向上连续点焊，这种方法的焊接强度较低。如果电极头过热变色，应停下来冷却。

注意：不要在转角部位进行点焊，否则会因应力集中而产生裂缝。

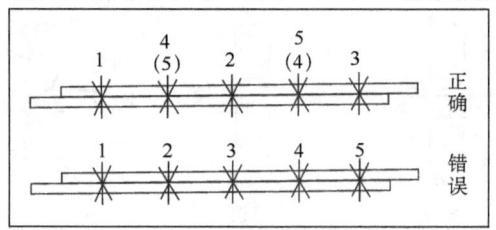

图3-111　点焊顺序

第四章

车身变形测量矫正与修复

第一节 车身变形测量

一、车身测量的基本要素

正确的车身检测与测量是车身维修的基础,而掌握车身测量的点、线、面三个要素,又是高质量完成车身测量任务的关键。

1. 控制点原则

车身测量的控制点用于检测车身损伤与变形的程度。车身设计与制造中设有多个控制点,检测时可按技术要求测量车身上各个控制点之间的尺寸,如果误差超过规定的极限尺寸时,应设法修复,使之达到技术标准规定的范围。

车身上的控制点并非无规律可循。承载式车身的控制点如图4-1所示:

第一个控制点通常在前保险杠或前车身散热器支撑部位①。

第二个控制点在发动机舱的中部,相当于前横梁或前悬架支承点②。

第三个控制点为中间车身,相当于后门框部位③。

第四个控制点在车身后横梁或后悬架支承点④。

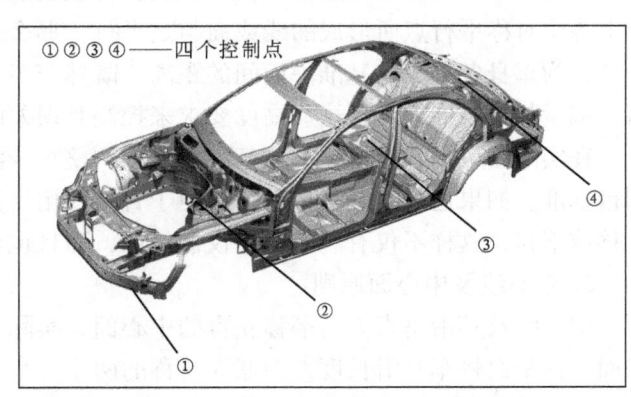

图4-1 承载式车身控制点的基本位置

对车身进行整体矫正时,可根据上述控制点的分布将车身分为前、中、后三部分(图4-2),这种划分方法主要基于车身壳体的刚度等级和区别损伤程度,分析不同控制点及其在车身测量基准中的作用和意义。

基于上述理由,维修作业中应当绝对避免对类似于图4-2中A、C段强度不足之处擅自施行加固作业,否则会由于原有技术方案被破坏而留下潜在危害。

由于车身设计和制造是以几个控制点作为组焊与加工定位基准的,这些由生产工艺留下来的基准孔,同样可以作为车身测量时的定位基准。除此之外,汽车各主要总成在车身上的装配位置,也必须作为控制点来对待。因为,这类装配支架和装配孔之间的相对位置,都有

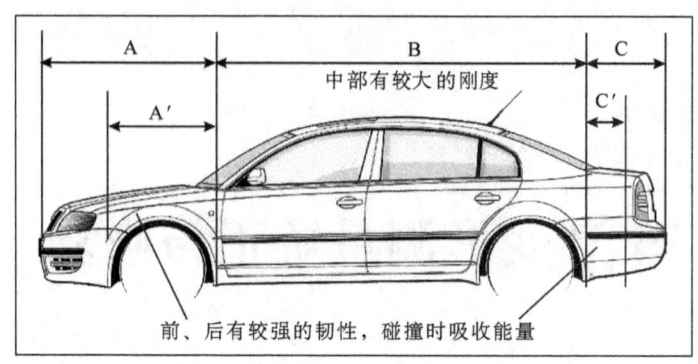

图 4-2 车身上吸收冲击能量的分段

非常严格的规定和尺寸要求,并且对汽车的技术性能也有十分重要的影响。如:汽车前悬架支承点与车身其他控制点的相对位置正确与否,会直接影响前轮定位角和汽车的轴距误差;发动机支承点与车身控制点的相对位置,则会影响到传动系统的正确装配,造成异响甚至损坏发动机或传动系统的零件。

实际上,对控制点的测量就是对关键参数的检查与控制,并且这些参数又是有据可查的,一些车身测量设备就是根据控制点原则研制而成的,是目前车身维修中比较实用和流行的测量原则。

2. 基准面原则

车身设计时往往是先选定一根基准线,将该基准线沿水平方向平移到一水平平面,由车身上各个对称平行点所形成的线或面与之平行。那么,车身图样上所标注的沿高度方向上的尺寸,为车身各部分与基准平面间的距离。既然车身设计与制造是以该平面为高度基准的,车身测量与维修同样需要这些高度要求来控制其误差的大小。

在实际测量中,应根据上述基准面原则调整车身沿水平方向的高度,由此确定车身高度测量基准。如果遇到实际测量部位不便于直接使用量具时,可以根据数据传递方法将基准面上移或下移,这样不仅有利于测量仪器使用,而且也可以获得更加精确的测量结果。

3. 中心线及中心面原则

中心线及其沿垂直方向平移获得的中心面,实际上是一个假想的具有空间概念的直线和平面,该平面将车身沿长度方向截为对称的两半。车身的各个点通常是沿这一平面对称分布的,因此所有宽度方向的尺寸参数及测量,都是以该中心线或中心面为基准的。

实际测量中,如果使用中心量规等测量仪器检查车身损伤时,如果不同测量断面上中心量规的定中销在同一条直线或平面上,可以说明车身无横向变形或损伤。如果经测量发现中心量规有偏移时,则说明该断面车身发生了横向变形或损伤。

修复车身的变形或损伤时,应在纵向、横向两个截面上反复调修、校对相对于标准的形状与位置误差参数,使车身表面各关键点(空间坐标)符合技术规定。更换车身覆盖件时,对互换性、形状与位置公差和装配准确度亦有着较高的技术要求。这些都很难单纯地依靠技术、工艺标准来实现对车身维修质量的控制与判定。

由于绝大多数车身都是对称设计的,但也要注意非对称部位的存在及其测量要求。选择带有补偿调节装置的中心量规,测量时先消除因非对称零件而造成的数据差别,不便于消除非对称部位的数据差时,也可采取措施避免因此带来的测量麻烦。

4. 零平面原则

车身维修中,对整体变形或损伤进行分析时,可以将承载式车身比作一个矩形结构(图4-3)。承载式车身虽然没有独立的车架,但由于车身主体与类似于车架功能的车身底板,采用组焊等方式制成整体刚性框架,使整个车身(底板、骨架、内外蒙皮、车顶等)都参与承载。这样,分散开来的承载力会分别作用于各个车身结构件上,如图4-3a所示。

但是,这个由构件组成的刚性壳体,在承受载荷时依作用力与反作用力平衡法则,使整个壳体在极限载荷内始终处于稳定平衡状态。这如同凭握力并不能使鸡蛋破碎那样,所施的压力被蛋壳整体结构有效地化解了,在力学上称之为"应力壳体",如图4-3b所示。

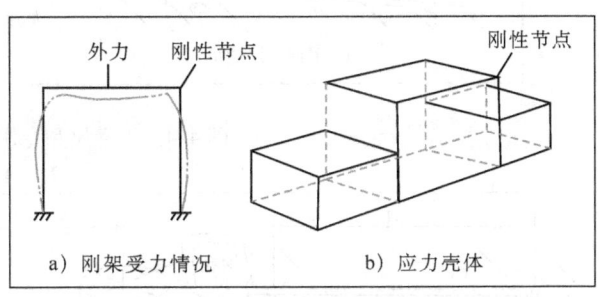

图4-3 刚性框架的受力分析与应力壳体

根据应力车身壳体的变形特点和损伤规律,测量时可以将前、中、后三部分或左右对称部分的界面称为零平面,而零平面的变形可以理解为最小。以中间车身为例,当车辆发生撞击事故时,损伤最轻的部位通常为中间车身的对称中心,如果依此为基准测量,同样可以得到可靠的检查与测量结果。

二、车身变形测量法

对于承载式车身汽车的修理,只有使损伤部位所有的基准点都恢复到事故前原有的位置,修理才能算是圆满的。就承载式车身来说,测量对于成功修复损伤更为重要,因为转向系统和悬架大都装配在车身上,若车身损伤就会严重影响到悬架和前轮定位。要做到这一点,修理人员必须做到:准确测量、经常测量、重复检查测量结果。

由于测量在承载式车身修理中占有重要地位,为了能进行准确、快捷的测量,有很多汽车设备制造厂家专门开发出了多种专用测量设备,并进行销售。

1. 钢卷尺、专用测距尺测量长度

测量距离所使用的量具有钢卷尺和专用测距尺等。钢卷尺测量简便、易行,但测量精度低、误差大,仅适用于那些对精度要求不高的场合,但是当测量点之间不在同一平面或其间有障碍时,就很难用钢卷尺测量两点间的直线距离,如图4-4a所示。使用图4-4b所示的专用测距尺,可以根据不同位置将端头探入测量点,应用起来十分灵活、方便。

用钢卷尺测量孔的中心距时,可从孔的边缘起测量以便于读数,如图4-5a所示。

注意: 当两孔的直径相等且孔的变形忽略不计时,可用孔的边缘间距代替中心距,如图4-5b所示;但当两孔的直径不同时,如图4-5c所示,则中心距 $A=B+(R-r)$ 或 $A=C-(R-r)$。

车架发生变形时也可以运用测距法进行测量,如图4-6a所示。将车架置于平台上并按一定的高度支稳,用高度尺逐一测量各基准点与平台的垂直距离,就可以分别得出车架垂直方向上的相关参数。有些图样或技术文件,按图4-6b所示的方法标定参数。在没有专用测量架的条件下,也可使用测距法来测量,但要先利用三角函数法或勾股定理进行相应的计算。

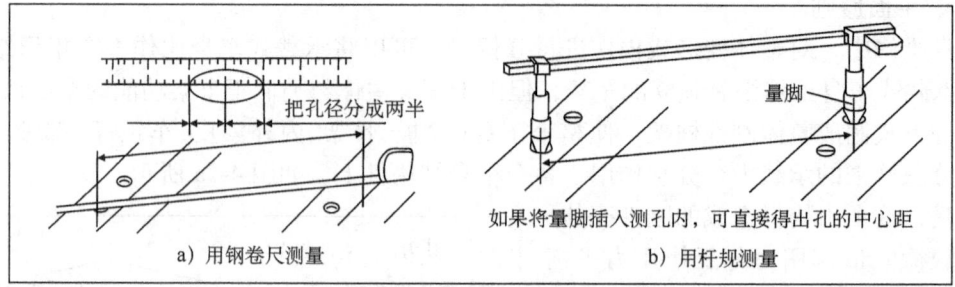

图 4-4　钢卷尺和专用测距尺测量

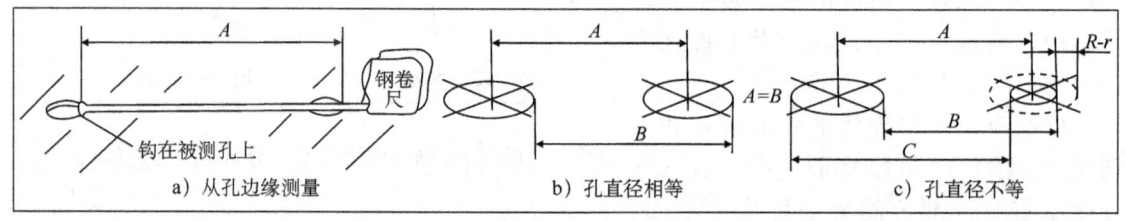

图 4-5　钢卷尺测量距离

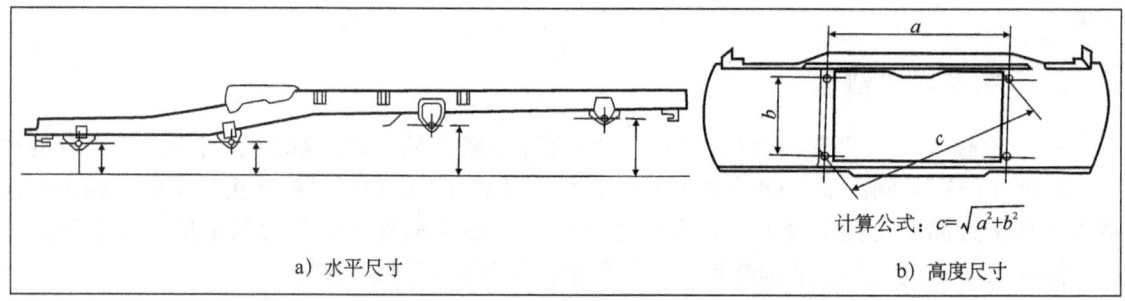

图 4-6　专用测距尺测量

　　如果没有现成的尺寸可用，则允许采用牌号、生产年份、型号和车身类型相同的未损伤汽车作为原始资料，得到正确的工厂制造尺寸。如果车身仅仅是一侧损坏，那么可测量未损伤一侧的尺寸，然后把测得的尺寸用于损伤一侧进行对比测量。

　　在修理过程中，对于关键的基准点必须多次测量并做好记录。在拉拨作业中，每拉拨一次应做好记录，以便修理人员能够掌握作业的情况。常用的记录表格见表 4-1，表中 A、B、C 等表示各尺寸代号，如图 4-7 所示。

表 4-1　测量记录表

	手册标注尺寸	1	2	3	4	5	6	7	8
A									
B									
C									

(续)

手册标注尺寸	1	2	3	4	5	6	7	8
D								
E								
F								
G								
H								
I								
⋮								
W								

2. 中心量规

车身的许多变形，尤其是综合性变形，用测量长度往往体现得不十分明显，所反映出的问题也不够直观。如当车身或车架与汽车纵轴线的对称度发生变化时，就很难用测距法对变形做出准确的诊断。如果使用中心量规，就可以比较好地解决这类测量问题。常见的中心量规有平行杆式(图 4-8)和吊链式(图 4-9)。

如图 4-10 所示，将平行杆式中心量规悬挂好，通过检查定中销是

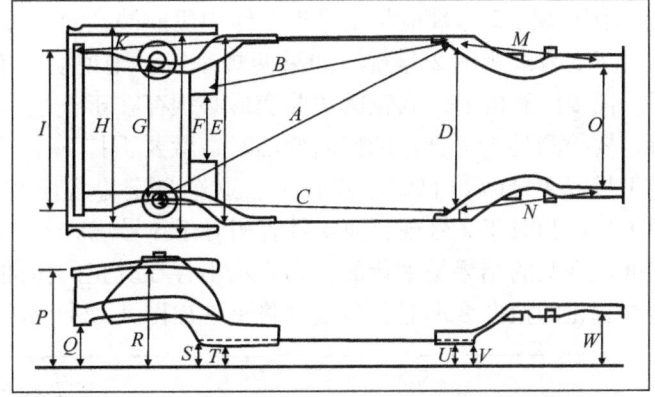

图 4-7 各部位尺寸代号示意图

否处于一条轴线上以及中心量规尺面是否相互平行，就可以判断车架是否弯曲、翘曲或扭曲变形。图 4-11 所示是利用吊链式中心量规检查车身壳体骨架变形。

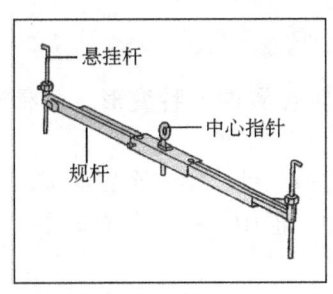

图 4-8 平行杆式中心量规

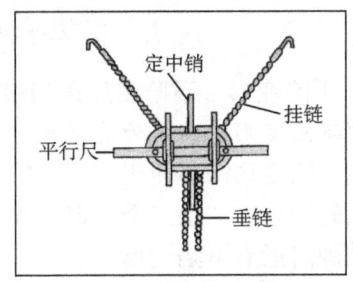

图 4-9 吊链式中心量规

使用中心量规诊断车身变形，当定中销发生左右方向的偏离时，可以判断为水平方向上的弯曲；当中心量规的尺面出现不平行时，可以判断为扭曲变形；当尺面的高低位置发生错落时，则可以判断为垂直方向上的弯曲。

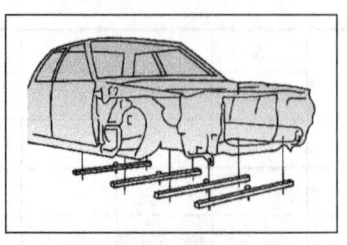

图 4-10　平行杆式中心量规的悬挂

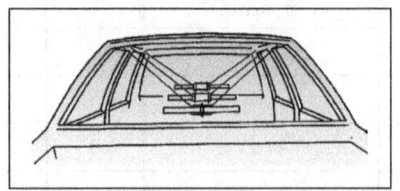

图 4-11　用吊链式中心量规检查车身壳体骨架变形

(1) 扭曲变形　**扭曲是车身的一种总体变形**。当车身一侧的前端或后端受到向下或向上的撞击时，变形就以相反的方向(向上或向下)朝另一端发展。与此同时，车身的另一侧将发生正好相反的变形，这时就会呈现真正的扭曲变形。

扭曲变形只能在车身中段测量，否则，在前段或后段的其他变形会导致扭曲变形的测量数据不准确。为了检测扭曲变形，必须悬挂两个基准自定心规，它们也称作 2 号(前中)和 3 号(后中)规。2 号规应尽量靠近车体中段前端，而 3 号规则尽量靠近车体中段的后端。然后相对于 3 号规观测 2 号规，如果两规平行，则说明没有扭曲变形，否则说明可能有扭曲变形。需要注意的是，真正的扭曲变形必须存在于整个车身结构。当中段内的两个基准规不平行，要检测是否为真正的扭曲变形时，就要再挂一个量规。在未出现损伤变形的车身段上，把 1 号或 4 号(后)自定心规挂上。这个自定心规应相对于靠其最近的基准规来进行测量，即 1 号规相对于 2 号规，而 4 号规相对于 3 号规观测。如果前(或后)量规相对于最靠近它的基准规观测的结果是平行的，则表示不存在真正的扭曲变形，而只是在中段失去了平行。当存在真正的扭曲变形时，各量规将呈现出图 4-12 所示的情形。

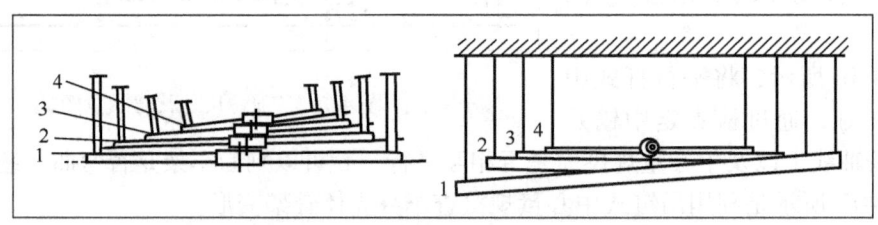

图 4-12　扭曲变形中心量规呈现的状态

(2) 下陷变形　下陷变形是指前围部位发生低于正常位置的一种变形。前横梁处也可能会出现下陷变形，表现为前梁两端的距离比正常值短，中部降低。

检测下陷变形需要使用三个自定心规。第一个放在前横梁处，第二个置于前围处，第三个放在后轮轴处。如果三个自定心规互相平行，而且对中，但中间一个位置较低(图 4-13)，则说明前围附近有下陷变形。

(3) 侧倾变形　当车身前段、中段或后段发生侧向变形时就存在侧倾变形。

检测侧倾变形需要使用三个自定心规。如果碰撞发生在车身前部，则应以位于前围处的 2 号规和后桥处的 3 号规为基准规，而把 1 号自定心规悬挂在前横梁处。如果 1 号规的中心指针与其他两规的中心指针不在一条直线上，则说明有前部侧倾变形(图 4-14)；如果在一条直线上，则说明没有发生前部侧倾变形。如果车身后部被撞，则自定心规所显示出的变形状况与前部侧倾变形相仿，只是后部自定心规上的中心指针偏离中线。车身中部碰撞引起的侧倾变形称为双重侧倾变形。由于这种变形是由车身中段受到严重碰撞引起的，它影响到整个车身。因此，在对双重侧倾变形进行拉拔矫正过程中，对车身前段及后段的尺寸都必须进行检测。

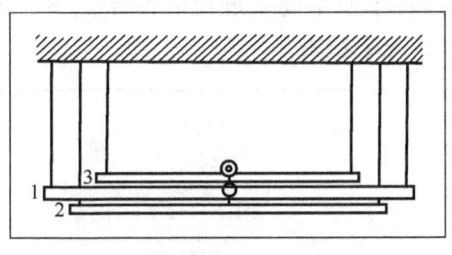

图 4-13 下陷变形

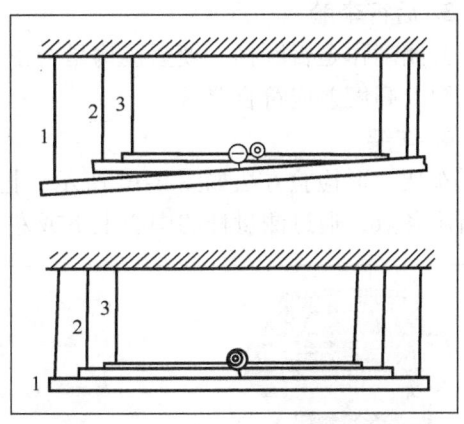

图 4-14 侧倾变形

三、车身的检验

1. 发动机罩和锁扣

合上发动机罩后，进行以下检查：

1）是否完全锁牢。

2）检查发动机罩与挡泥板的间隙，同时检查高度上是否有较大误差。

3）打开发动机罩检查，如图 4-15 所示，检查罩锁扣是否平稳解脱，罩锁扣钢绳工作是否正常，罩铰链行程是否合适，罩支撑柱工作是否可靠。

图 4-15 发动机罩锁扣的检查

2. 车门

1）检查门开闭时对其他部位有无刮碰，从打开直至停下应运转自如，门铰链工作状况良好，闭合时应能可靠地锁紧，闭合后立缝间隙应符合要求。

2）升起、降下门玻璃时应无异响，不发卡，无过重现象。

3. 后行李舱

开闭动作是否顺畅，锁紧机构是否正常，铰链是否松旷，闭合时后行李舱盖与后挡泥板的间隙及高度差应符合要求。

4. 车架

车架变形检验方法如图 4-16 所示，把测量杆悬挂在车架主要基准尺寸测量点下，即图中所示各点，通过测量杆的中心上下或左右扭转变形状况来检查。

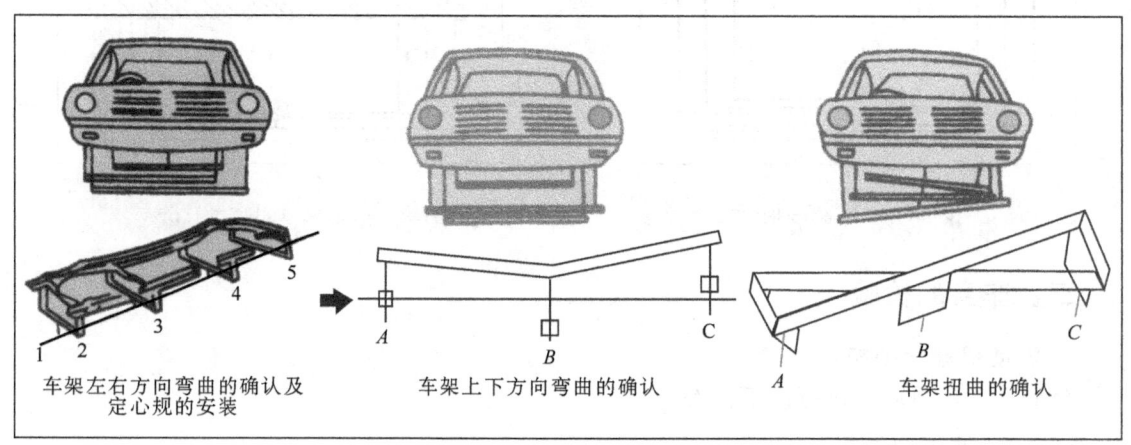

图 4-16　车架的检查

第二节　车身损坏诊断

一、车身受力与损伤分析

前侧中间处受外力所造成的损伤通常容易使左右罩板向内侧拉伸（图 4-17），因此应重点检查下述部位：

◆ 左右罩板配合处附近。

◆ 前横梁与左右侧梁的装配连接处附近。

前方受力或右侧端部受力时，外力从左右罩板向前悬架安装处附近传播。

如果受力方向与车辆中心线成一定角度，外力分两个分力向车身各部分传播，因而罩板根部和前窗侧柱受损。

车身中央处受到垂直方向外力作用

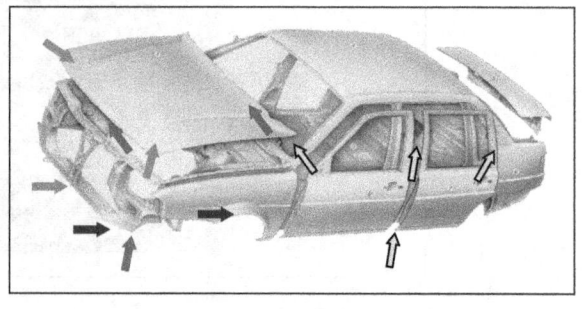

图 4-17　车身受力与损伤

时，通常应检查：前窗侧柱上下安装处；侧窗中柱上下安装处；侧窗后柱变形情况；车顶和顶框的变形等。

二、车身式车辆损坏

1. 前部损坏

前部损坏是由于车头撞上另一辆车或其他物体引起的损坏，碰撞力大小取决于车重、车速、撞击物以及撞击面积。如果碰撞力不大，将造成保险杠后移，使前侧梁、保险杠座、前翼子板、散热器支座和发动机罩锁支柱等发生弯曲变形。

如果碰撞进一步增加，前翼子板将被撞到前门上，发动机罩铰链将上弯，触到发动机罩，前侧梁折皱，与悬架所在横梁接触。如果碰撞力再增大，前翼子板围裙和前车身支柱（特别是前门铰链上部区域）将发生弯曲变形，前门可能被撞掉。此外，前侧梁折皱加大，使悬架横梁弯曲，发动机与驾驶室之间的隔板和地板也会变弯以吸收碰撞力。

如果前部碰撞与整车轴线有一个夹角，还会发生侧向弯曲变形。而且，两侧的纵梁由横梁连在一起，受碰撞一侧纵梁上的力，将通过横梁传给另一侧纵梁。

后部损坏是由于倒车时撞上其他物体，或被另一辆车从后面撞上引起的损坏。如果碰撞较轻，后保险杠、后车身板、行李舱和地板等会变形，车轮上方的后侧围板也可能鼓出。

如果碰撞较重，后侧围板会上折到车顶，四门车辆的车身中支柱会变弯，碰撞能使上部部件和后部纵梁发生变形。

2. 侧向损坏

侧向损坏会造成车门、前部侧板、车身中支柱，甚至地板发生变形。当前翼子板或后侧围板受到较大的垂直碰撞，碰撞力会传到撞击点另一侧的车身上。

如果前翼子板中部受撞，前轮将后缩，碰撞力将通过前悬架所在的横梁，传给两侧纵梁。

如果碰撞力很大，悬架部件会损坏，前轮定位将改变。侧向碰撞还会造成转向装置及其支座的损坏。

3. 顶部损坏

顶部损坏是由于落物砸伤汽车或汽车翻滚引起的损坏，顶部损坏不仅局限于车顶板，还可能造成车顶侧梁，后侧围板和车窗的损坏。

车辆翻滚时，车身支柱和车顶板会弯曲，相应的支柱也会被损坏。根据翻滚方式的不同，还可能造成车身前部或后部损坏，其辨认特征是车门及车窗附近发生变形。

对于车身式车辆，典型的碰撞作用过程如下：

1) 碰撞的最初（约 1×10^{-6} s），碰撞波试图使结构缩短，造成车身中部结构横向及垂直方向的变形趋势，而且碰撞力以冲击波的形式开始向撞击点以外的区域扩散。由于车身材料的惯性和弹性，有保持恢复原来形状的趋势，变形不能马上产生。

2) 碰撞继续作用，在撞击点出现可见凹扁变形，能够吸收碰撞能量，保护乘坐舱。同时，冲击波加剧扩散，其他区域也出现变形、撕裂或松散。

3) 设计合理的车身式车辆，在大的碰撞力作用下，乘坐舱车身板的变形将是外凸的，而绝不可能内凹，保持乘客不受伤、车门能打开。

类似车架式车辆的侧弯损坏，车身式车辆也会发生横向变形，这可通过测量横向尺寸

（是否超过正常值）来确定。

4）即使撞击点是车身上的棱角顶点，碰撞波也会扩散到很大范围，可能造成车身结构的扭转变形。同车架式车辆一样，车身式车辆的扭转变形也是整个撞击过程的最后作用。事后通过同时测量高度、宽度尺寸是否超过正常值，可以确定是否发生了扭转变形。

三、车架损坏类型

1. 侧弯损坏

侧弯损坏是由侧面碰撞所引起的，造成车架或承载车身发生侧向弯曲变形，如图 4-18 所示。侧弯通常出现在车辆某一侧的前部或后部。

结构识别特征：某侧纵梁的内侧和对面那根纵梁的外侧出现折皱凸痕。

外观识别特征：拉长一侧的车门上出现裂纹，缩短一侧车门上出现折痕。

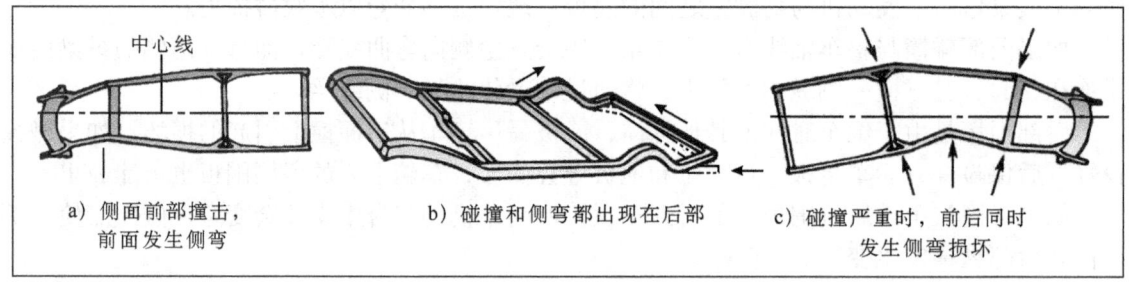

图 4-18　侧弯损坏的不同类型

2. 下凹损坏

下凹损坏即车架或承载车身上某一段比正常位置低，结构有明显的外观变化，如图 4-19 所示。下凹损坏由前部或后部的正面碰撞引起，可能发生在某一侧，也可能在两侧同时发生，如图 4-20 所示。

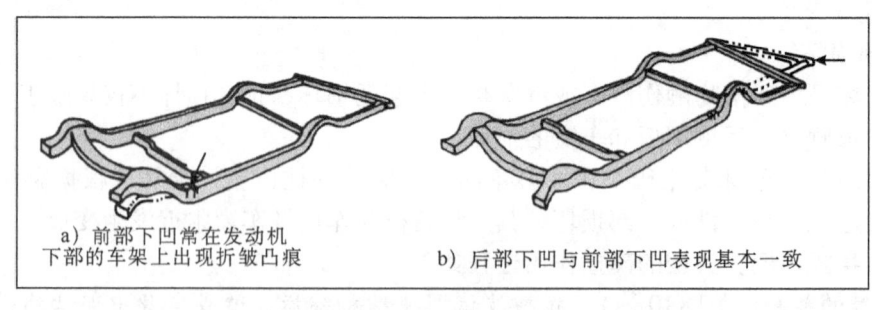

图 4-19　碰撞造成下凹

下凹损坏的明显特征是翼子板和车门之间出现不规则裂纹，裂纹为上窄下宽；还可能出现车门把手处下降的现象。

碰撞后车架上会产生许多微小的皱痕或扭结，使车身板定位不好，但这些皱痕或扭结却很难发现。

3. 挤压损坏

挤压损坏造成车辆某一部分比正常尺寸短。挤压一般发生在发动机罩或行李舱上，车门不会受压缩短，如图 4-21 所示。

挤压的标志是翼子板、发动机罩、车架或车身还可能上翘，使悬架弹簧座变形，如图 4-22 所示。

挤压损坏是由正面碰撞造成的，但保险杠几乎不会发生垂直变形。

4. 错移损坏

错移损坏是车辆的一侧向前或向后移动，整个车架或承载车身由长方形变成平行四边形。

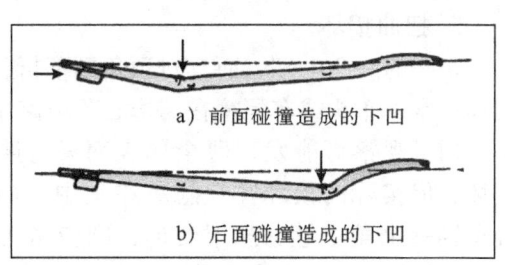

图 4-20 下凹损坏的类型

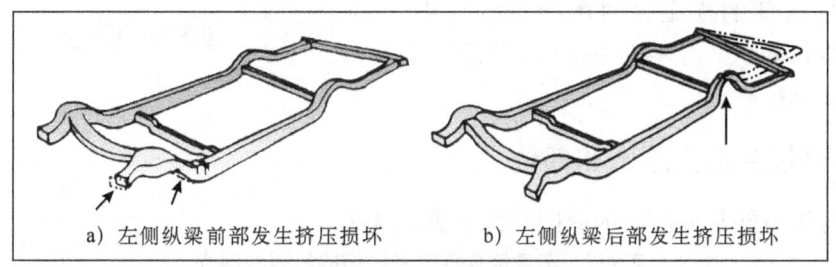

图 4-21 纵梁挤压损坏

错移是由于车体角上受到前部或后部猛烈的碰撞造成的，因为修理太费时间，得不偿失，常常导致承载车身报废，如图 4-23 所示。

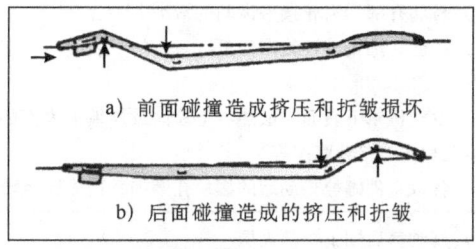

图 4-22 碰撞造成挤压和折皱

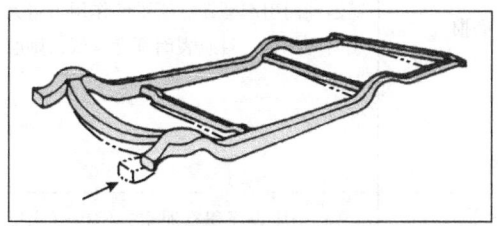

图 4-23 碰撞使车架边梁后错

错移损坏会影响整个车架或车身，而不只是车架纵梁。发动机罩和行李舱、靠近后车轮后侧围板处、乘坐舱或载货汽车地板也可能出现折皱，而且通常伴随有挤压和下凹损坏，如图 4-24 所示。

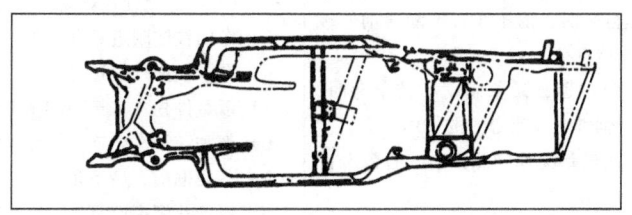

图 4-24 严重的错移损坏导致整个承载车身报废

5. 扭曲损坏

车架的一角上翘，而其对顶角则下折，是整个车架或承载车身损坏的另一种类型。扭曲损坏通常由车头或车尾撞在路边石阶或路中央隔离栏上所引起，如图 4-25 所示。

通过观察可能发现薄金属表面没有明显的损坏，但实际的损坏往往隐藏在其中。如果发现车辆一个角上翘，悬架变形，则应考虑是否有扭曲损坏，检查其他角是否下折。

很多碰撞事故能引起不止一种损坏，比如侧弯和下凹就经常同时发生。另外，横梁也会变形，特别是前部的横梁。如在翻车事故中，由于发动机质量较大，滚翻时的离心力常把安装发动机的横梁拉弯。

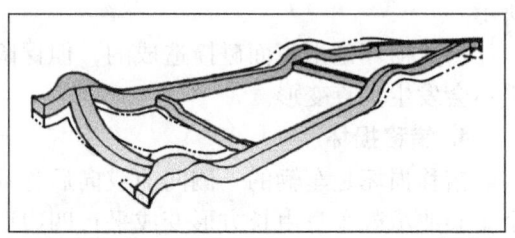

图 4-25 扭曲损坏

四、车身钣金损伤原因和部位

轿车车身钣金件常见损伤的原因和部位见表 4-2。

表 4-2 车身钣金件常见损伤的原因和部位

形　式	原　因	部　位
磨损	钣金件相互接触的表面，由于受力产生相对运动而引起磨损。所受的作用力越大、作用时间越长、材质表面硬度越低，则磨损越严重	1) 车身各铰链孔轴间的转动处 2) 门锁锁舌与锁扣间的撞击和滑动，锁舌台肩限位板面间的间断撞击 3) 玻璃升降器齿轮接触齿间的滑动 4) 铰链孔轴松旷导致车门下沉后，门下表面与门框的摩擦 5) 发动机罩下表面与散热器上表面及翼板上表面的振动接触和相对错动摩擦等 6) 各钣金件螺栓松动后的螺栓孔磨损，造成孔径增大
腐蚀表层产生锈斑，涂膜起泡剥落	1) 金属表面积有泥水，发生氧化反应而引起锈蚀 2) 焊修后，未经防锈处理而引起锈蚀 3) 接触化学药品而发生化学腐蚀	1) 驾驶室后围下裙部夹层 2) 各车门内外板下部底槽 3) 各车门与门框之间的缝隙处 4) 钣金件保护涂膜剥落或表面磷化处理层损坏处
裂纹和断裂	1) 钣金件在制作成形或焊接过程中，产生内应力 2) 汽车行驶时，由于车身不断振动使钣金件承受交变载荷 3) 汽车急加速、紧急制动和转急弯时，使车身承受惯性力、离心力的作用 4) 汽车通过路况差的路面时，各钣金件承受扭转力作用	1) 翼子板固定支架点焊处和固定螺栓孔周围 2) 车门内板前侧与加固板点焊处等存在焊接应力，易发生脱焊和焊点处板撕裂 3) 车门铰链附近板剪口处 4) 翼子板内外侧边缘 5) 钣金件拐弯、折边和狭窄部位 6) 驾驶室与车架连接部位 7) 各门框前、后下角 8) 螺栓孔磨损严重处
皱褶和凹凸	钣金件受到撞击或挤压会引起机械损伤	散热器罩、发动机罩前端、左右翼子板的前端和外侧以及车门外板

第四章 车身变形测量矫正与修复

(续)

形 式	原 因	部 位
弯曲和扭曲	1）车身受撞和挤压 2）汽车行驶振动的交变载荷 3）急加速、紧急制动、急转弯的惯性力 4）路况差的路面使车身扭转等	1）骨架和支架远离固定点的部位，如门框框架 2）翼子板及其支架、发动机罩的侧缘 3）天窗盖框架及覆盖板 4）行李舱盖侧缘 5）侧窗框架

第三节 车身变形矫正

一、车身大梁矫正设备

车身大梁矫正系统主要分为 L 形简易车架车身矫正器、地框式矫正设备（俗称地八卦系统）、框架式矫正设备（专用型设备）和平台式矫正设备（通用型设备），如图 4-26 所示。目前碰撞修复的测量系统主要有电子测量系统，它通过拉伸测量头（测量滑尺和测量探头）对事故车辆进行受损分析诊断，保证汽车结构的对称平衡及任意测量点的精准测量，也可以应用在实际的修复工程中，直到完成矫正修复。检测验收都可以清晰打印出检测报告，易于管理。

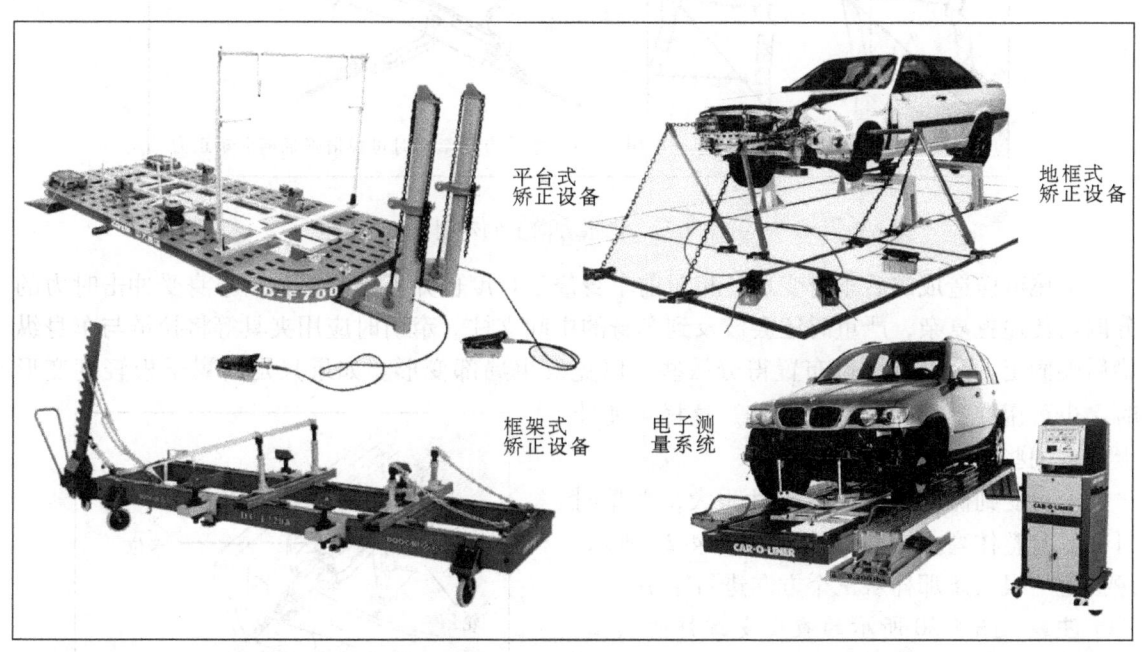

图 4-26 车身大梁矫正设备

二、轿车矫正方法

车身变形虽然很复杂，却可以从上节的分析中得出这种结论：正确的矫正方法在于选择合理的牵引方向并准确控制矫正力的大小。结合这一点，将常见的车身碰撞变形及其矫正方法介绍如下。

1. 水平方向上的牵引

当车身受到较严重的正面碰撞、追尾碰撞或侧向冲击时，都需要从水平方向上对变形构件进行牵引。图4-27所示为轿车前车身正面碰撞损伤的实例。矫正前应先测量变形状况，并将一些关键参数记录下来，如对角线 a、b 和左右的垂直弯曲等。属于图4-27a所示的情形时，可斜向牵引变形最大的左梁的端部，左端的变形和右梁的弯曲自然会同时得以矫正。所设定的牵引方向应视变形的实际情形而定。如果纵梁变形向外倾，应将牵引方向适当向外倾斜一定的角度；如果变形是向内倾的，只需向前牵引即可，待弯曲的构件展开后再确定是否需要调整牵引方向，如图4-27b所示。

牵引过程中应不断测量那些关键参数，循序渐进地施加牵引力，不要急于求成，以免造成二次损伤。如：弯曲较为严重的纵梁，纵向牵引不能使其完全复位时，还要于侧面附加水平方向上的牵引力，如图4-27c所示，通过更大的附加矫正力的作用，来实现单方面强行牵引难以达到的矫正弯曲的目标。

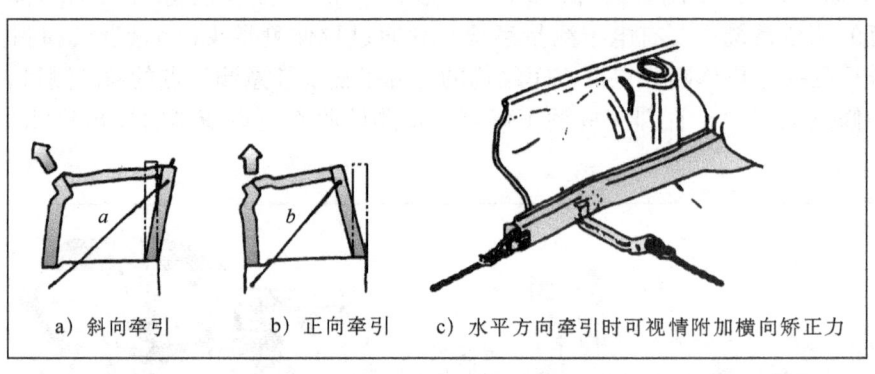

图4-27 水平方向上的牵引

追尾碰撞造成的后车身变形，相对前车身修复难度也并不小。因为后车身受冲击时力的分散与传递更复杂，严重时还会波及到车身的中间支柱。牵引时应用夹具等将拉链与车身纵梁后端固定，牵引点尽量布置得分散些，以免发生局部变形。如果只是后翼子板轻度变形时，也可用夹具于内侧固定拉链，这样可使装卡更方便些，如图4-28所示。

车身受到侧向冲击的危害性很大，严重时可使车身整体弯曲。矫正方法如图4-29所示，像扳直一根铁条那样从三个方向进行牵引。

注意：图4-30所示的液压支撑杆的顶压，就起着对车身门槛的纵向牵引作用。

2. 垂直方向上的牵引

当车身于垂直方向上发生变形时（其中包括扭曲），就需要进行垂直方向上的上、下牵引。

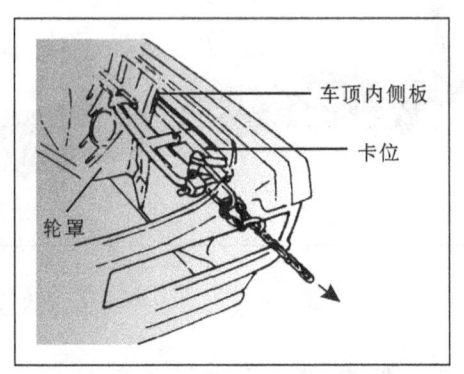

图4-28 车身后翼子板内侧的固定方法

第四章 车身变形测量矫正与修复

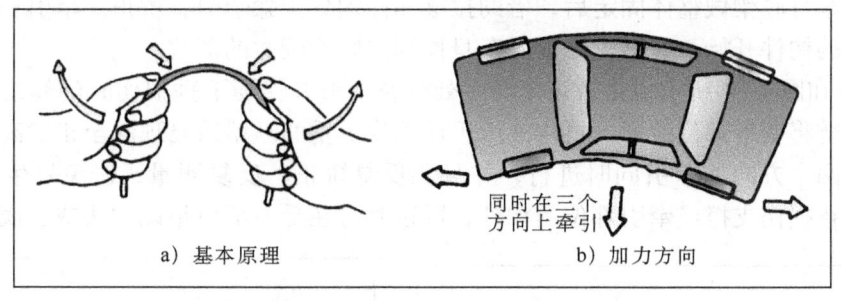

图 4-29 矫正车身侧向整体变形的基本原理

对于前翼子板上扬一类的变形，可以采取如图 4-31a 所示的牵引方法装配拉链，将向上变形的车身构件向下牵引。进行向下牵引的操作时，车身构件将于三点承受两个不同方向上的作用力，门槛处的车身固定点 C 和牵引端 A 一样，都承受着垂直向下的拉力；而位于构件中间的支撑点 B 则承受着垂直向上的支撑力。根据力的平衡原则，中间支点 B 所承受的力的大小为 A 与 C 所受拉力的大小之和，这与图 4-31b 所示的对称牵引时的受力存在明显不同。这一分析的意义在于，矫正过程中应十分注意 B 点的承受能力，一方面要选择变形开始的过渡点作为支撑点，另一方面还要兼顾构件强度的大小，必要时应加垫木块等以减少单位面积上的压力。否则，就有可能造成车身构件的损坏，而且也达不到矫正变形的目的。

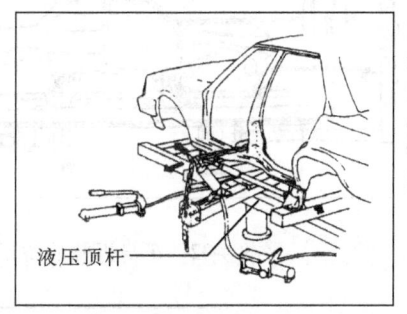

图 4-30 用台架矫正车身变形

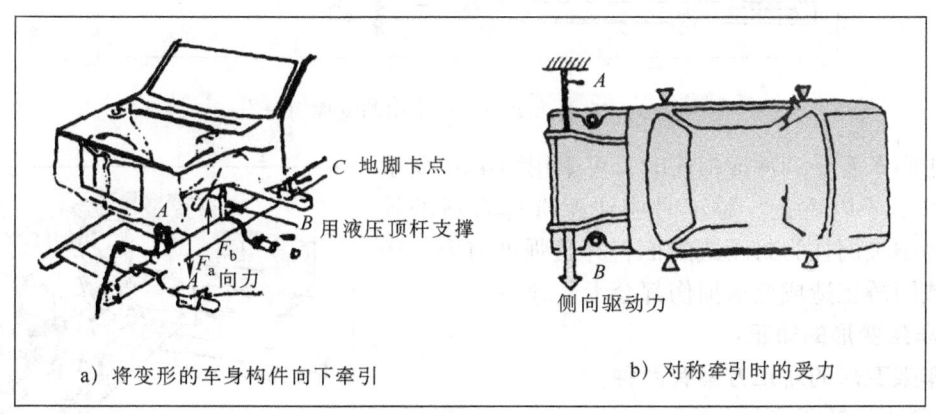

图 4-31 垂直方向上的牵引与支承

与向下牵引相同，向上牵引也存在支撑方式和支点的选择问题。所不同的是，中间部位的受力方向与前述的正好相反，应特别注意防止中间支撑部位的二次损伤。

3. 车身任意方向折叠的牵引

车身发生冲撞事故后的损伤往往是十分复杂的，车身整体出现任意方向的折叠变形最为常见。前、后车身发生严重折叠变形并伴随下垂损伤时，最好使用图 4-32 所示的台式矫正系统，利用车身底梁做整体固定后，借助拉链和挂钩分步骤牵引、矫正。牵引和矫正时，应从强度较大的构件开始，并首先修复对车身控制点影响较大的部位。

图4-33和图4-34所示也是矫正车身多处折叠变形并伴随下垂损伤时的修复方案。矫正时可先用拉链将变形部位拉紧，再用液压千斤顶将下垂的纵梁适当顶起至正确高度。操作时一定要注意两个方向的牵引同时进行，并且要反复矫正、反复测量，避免发生矫正过度现象。为了防止损伤支撑或牵引部位的构件，矫正时可在受力部位垫以木块或金属衬垫。

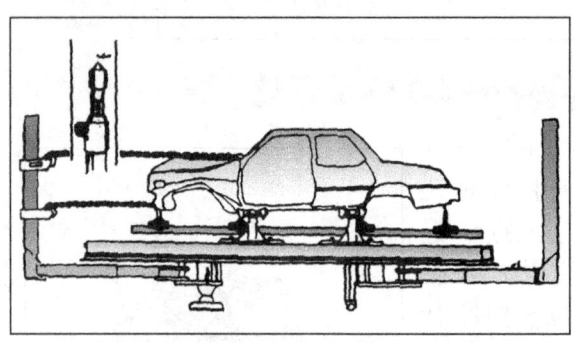

图4-32　车身折叠的矫正

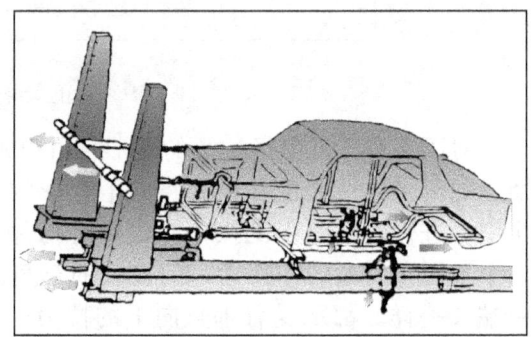

图4-33　车身多处折叠变形的矫正

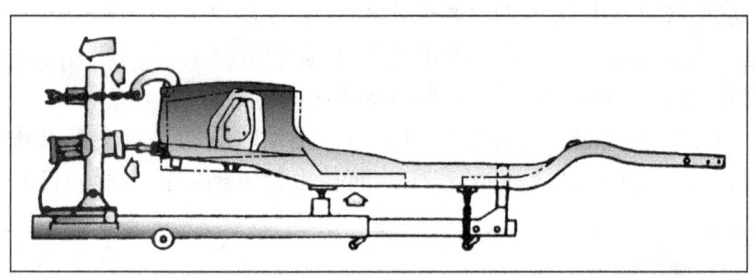

图4-34　车身多处折叠的牵引与支撑力分布

当中间车身受到冲撞损伤时，可采用图4-35所示的牵引方案予以矫正。矫正时应注意选择合适的挂钩，因为中央门柱为封闭式断面，并且强度有限，矫正过度或因矫正造成变形损伤都会十分棘手。

4. 车架变形的矫正

对车架变形的矫正方案有两种：

① 就车法矫正。

② 解体法矫正。

前者的车架与车身及底盘的大部分总成，仍然处于基本装配状态；后者则将车架由车上拆下，矫正作业是在工作台上单独进行的。

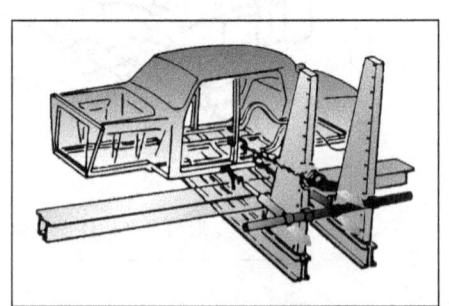

图4-35　侧向冲击损伤的矫正

就车矫正车架的变形，完全可以参照如前所述的垂直方向和水平方向的牵引方法。**要注意以下几个方面的问题：**

1）矫正变形前应将与车架装配在一起的有关总成的连接螺栓松开，必要时应当拆下，以免矫正过程中形成的相互位移将其损坏。

2) 由于车架强度较高，固定点、牵引点以及支撑点的布置应尽量合理，以防止构件受力的应力过于集中。

3) 对不适宜就车矫正的变形，应及时改变修复工艺，不要强行牵引。

4) 矫正竣工后，还应检查车架各部的铆钉有无松动，若松动应予以拆除并更换。

车架变形的主要形式是弯曲和扭曲。其中，弯曲分为垂直方向和水平方向两种；扭曲则分为扭转和对角扭曲（菱形）。对于垂直方向上的弯曲变形，可参照图4-36b所示的方案予以矫正；对于水平方向上的弯曲变形，可参照图4-36c所示的方案予以矫正；对于车架的扭曲变形，则可参照图4-36d所示的方案予以矫正。但是，无论采用哪一种矫正方式，都要使力的作用点避开车架翼面的边缘或腹板的中部。对支撑点的选择亦应兼顾支撑力的合理分布。如图4-36a所示，使支撑点远离弯曲变形的部位，矫正时则非但达不到修复的目的，而且势必使车架发生二次损伤。

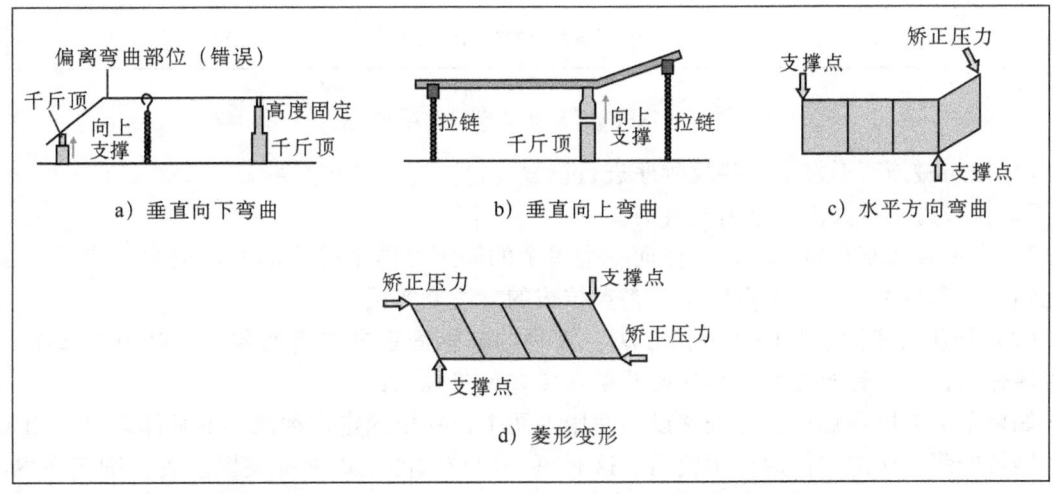

图 4-36　车架弯曲变形的矫正

车架的变形不仅集中体现在纵梁上，横梁的弯曲变形也是十分常见的。矫正图4-37所示的变形，可以使用三个液压千斤顶和两条锁链，按图4-37a所示的方法将链钩挂在两边将横梁固定，然后按箭头所示的方向逐渐增加矫正力即可。也可按图4-37b所示的方法，将链钩挂在弯曲横梁的一侧，而另一侧的链条处则采用刚性支撑，图中①处焊接修复垫片。矫正过程中应注意观察横梁的变形情况，并且使用专用量具不断测量控制点尺寸参数的变化，如图4-37c所示，图中②处为测量规的测量点。

将车架拆下解体后矫正，尽管能够满足质量需要，但拆装作业量大，故只有当就车法修理难以完成时方可采用。对车架进行解体修理时，应当根据具体情况，区别对待。

三、轿车车身矫正工艺

1. 矫正工艺的程序设定与实施方法

（1）矫正工艺程序的设计原则　在设计拉拔矫正程序时，一定要遵循下述基本原则，以保证变形或损伤件的修复工作量最小，而且不会造成车身结构的进一步损坏。

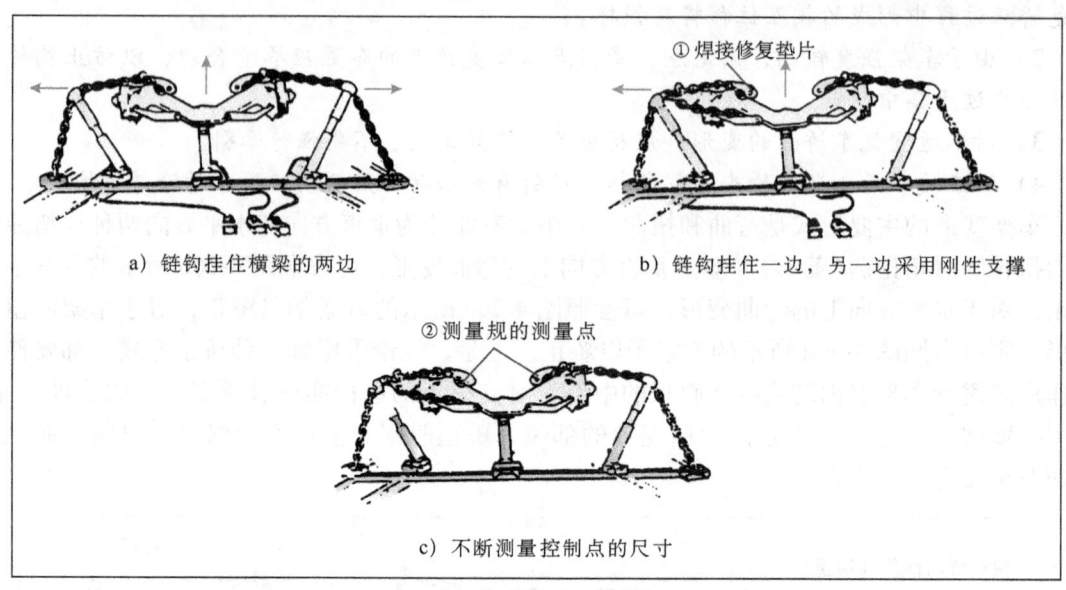

图 4-37 矫正车架横梁的弯曲

1) 按与碰撞变形发生的相反顺序进行修复。

2) 拉拔力不得大于固定力的合力。

3) 在承载式车身轿车上没有任何一个单个的固定点能承受全部的拉拔力,拉拔力必须分配到整个车身上,采用多点固定、多点拉拔的方法来实现。

（2）初步夹紧固定和检查矫正方法　**常用的车辆固定方法有两种：**一种为夹在车上的压焊焊件上,另一种为在机械部件或悬架固定部位用螺栓固定。

如果车上无压焊焊件,应查阅设备使用说明书,找出固定这种汽车的具体建议。如果所用的钢板较薄,压焊焊件的作用较弱,这时可采用较大的压焊焊件夹紧装置。固定车辆时,应充分夹紧,并趋于过量。在夹持器不能正确地固定到变形部位的情况下,可以临时焊接上一小块钢板,如图4-38所示,修理完后再将它拆下来。在设置拉拔用夹持器时,应保证拉拔力的延长线通过夹持器齿的中部,如图4-39所示。否则,作用在夹持器上的旋转力会把夹持器拉脱,将进一步造成车辆的损伤。

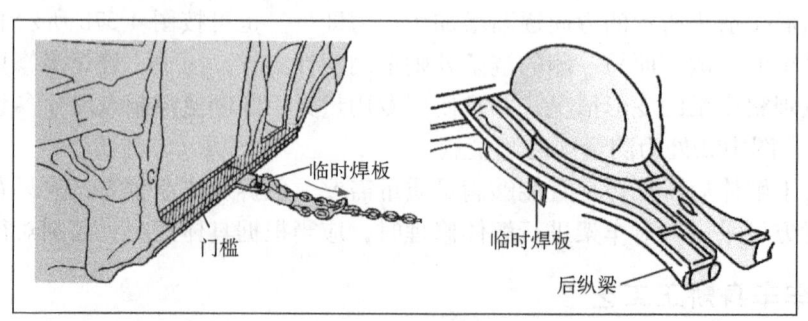

图 4-38　焊接拉拔用临时小钢板的两种使用方法

由于承载式车身汽车碰撞后产生的变形为被隔离开的塌陷变形,对各个损伤部位应尽可能分别处理。

（3）实施拉拔矫正程序的方法　用于拉拔或撑顶的设计方案很多，正确的拉拔程序包括解决纠缠在一起的各种小问题，应有序地一一解决。

每次应一点点地拉拔，然后消除应力，进行检测（在台架上时，是检查夹具到车身上对应基准点的距离），而后再重复以上步骤。拉拔应从中部向外扩展，先实现正确的长度，然后消除侧倾，最后矫正高度方向。

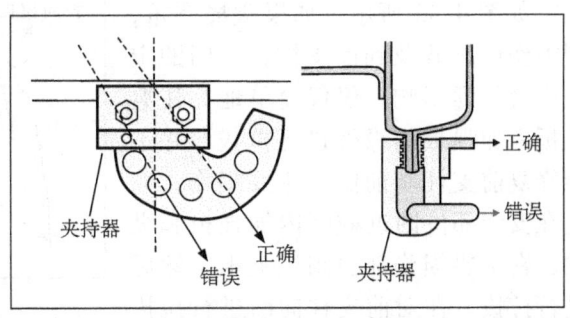

图 4-39　夹持器的设置方法

完成拉拔工艺最有效的方法是模仿徒手作业方法。就是说按无工具可用的情况来决定如何使损伤部位恢复原状，要确定每次拉拔多少个部位和在哪些方向上拉拔。图 4-40 所示为撞击损伤后拉拔矫正程序的一个实例。

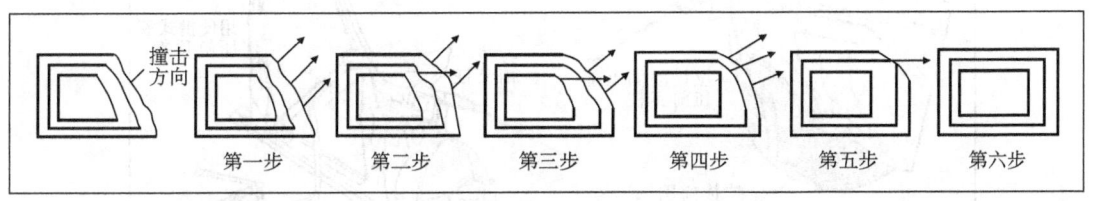

图 4-40　车身拉拔矫正的程序

2. 车身前部的矫正修复

（1）前纵梁和前翼子板内加强件的矫正　如图 4-41 所示，首先按与撞击相反的方向拉拔换件侧的纵梁，然后修复修理侧的翼子板内加强板和纵梁，而后再修复换件侧的翼子板内加强板和纵梁的安装部位。

一般情况下，修理侧的整个翼子板内加强板和纵梁往往只是向左或向右偏斜，如图 4-42 所示。由于长度方向实际上并未发生扭曲，修理过程中，在注意修理情况的同时，应不断地测量对角线长度，并校正其距离。为了提高作业效率，可同时拉拔纵梁与翼子板内加强板上部的加强件。如果修理侧的纵梁朝外侧偏斜，则应朝前转一角度拉拔，同时要注意监测对角线的变化；如果修理侧的纵梁朝内侧偏斜，则应直接向前拉拔；如果修理侧的纵梁损伤严重，则应在对角线长度正确的点处把横梁和散热器上固定板拆开，分别进行修理。

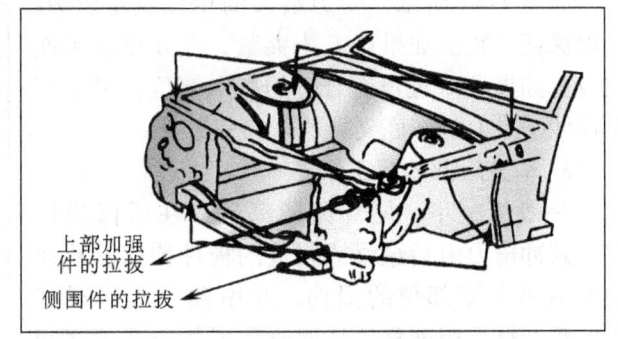

图 4-41　拉拔矫正换件侧翼子板内加强件

（2）前支柱和前围的矫正修复　对于换件侧的前翼子板内加强板和纵梁的修理，主要的修理部位是前围。

如图 4-43 所示，如果碰撞严重，则损伤可能波及到前支柱，车门的定位也会受到影响。仅仅简单地夹住翼子板内加强板前缘处进行拉拔，并不能修复前支柱和前围的主要损伤，而应在安装部位附近截断内加强板和纵梁，在主要损伤部位附近夹卡，然后进行拉拔。在对前支柱向前进行拉拔的同时，还可以用一个便携式液压缸从内侧顶撑。

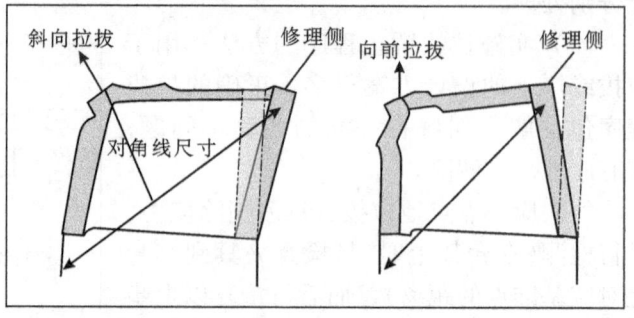

图 4-42　拉拔矫正翼子板加强件修理侧

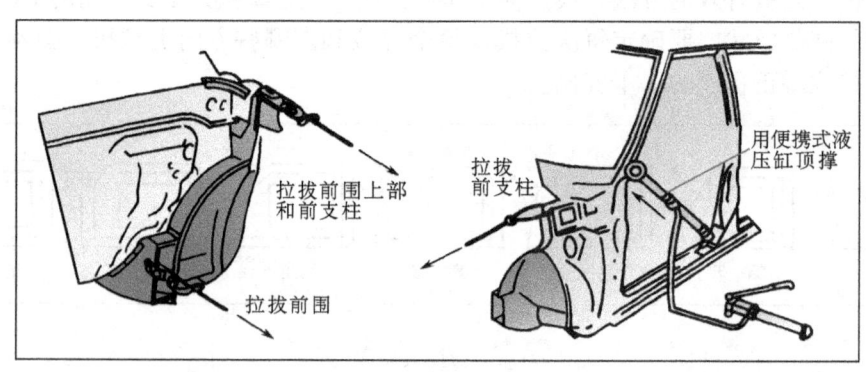

图 4-43　前支柱和前围的矫正修复

（3）前侧围的矫正修复　对于因侧向碰撞而造成的前部车身侧向损伤的修复，最好采用台架式矫正设备。

如图 4-44 所示，受力最大的拉拔点是点 B，必须保证夹紧。如果点 C 未夹紧，点 A 处就不能拉拔。如果点 C 处没有合适的夹卡部位，可使用夹在四个点上的车底夹持器来修理车身。

3. 车身后部的矫正修复

一般情况下，尾部碰撞都是撞在后保险杠上，其冲击力由后纵梁或附近的板件传递，从而造成纵梁上翘部位的损伤，并由此引起轮罩变形，整个翼子板前移，从而改变了其他部件之间的间隙。

修理时，如图 4-45 所示，首先将夹持器或挂

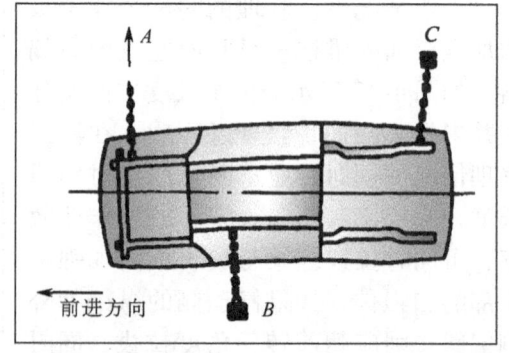

图 4-44　前侧围的矫正修复

钩固定在后纵梁、行李舱地板或后翼子板的后部，然后边拉拔边对车身下部每个尺寸进行检测。在后纵梁被挤进轮罩或者后门缝有变形的情况下，不要夹持及拉拔变形不大或未出现变形的翼子板，应只对纵梁进行拉拔来消除翼子板内的变形应力。

第四章　车身变形测量矫正与修复

4. 车身侧围的矫正修复

如果门槛中部遭到严重碰撞，车厢地板就会变形，整个车身将弯曲成香蕉形。在修复这种撞伤时，车身的前后两端都要进行拉拔，而车身中部向内弯曲的部位需要向外拉拔，这就是常用的"三向拉拔"矫正方法，如图 4-46 所示。

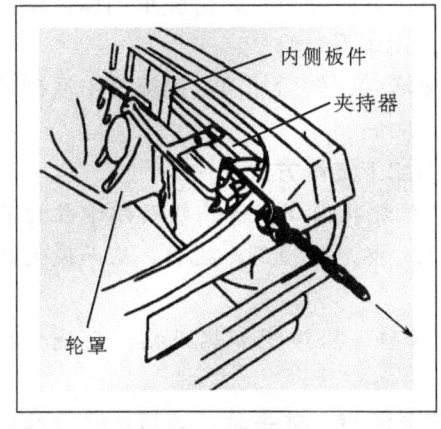

图 4-45　车身后部的矫正修复

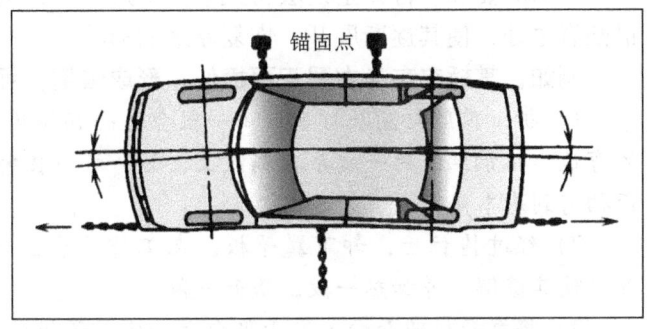

图 4-46　车身侧围的矫正修复

由于可挂钩的部位有限，侧向拉拔的承载式车身汽车的锚固非常困难。图 4-47 所示的是一种推荐的锚固方法。

注意： 当在车身一端进行侧向拉拔时，将环链在夹紧装置上绕一圈再挂到台架边缘上，车身中部即可固定，把拉拔环链挂到夹紧装置上即可施加张力。

5. 车身压扁区的矫正修复

在承载式车身轿车上设置了压扁区，如图 4-48 中箭头所指处。其目的在于控制和吸收撞击力，减少结构破坏，增强对乘车人的保护，因而不要拆除任何一个压扁区。另外，修理时要按汽车制造厂家的建议矫正或更换带有压扁区的零件。

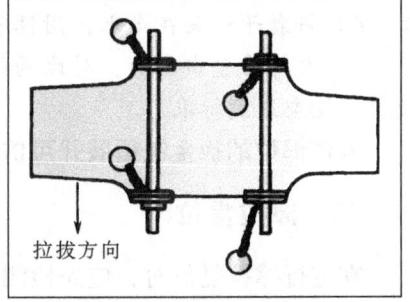

图 4-47　车身侧围拉拔的锚固方法

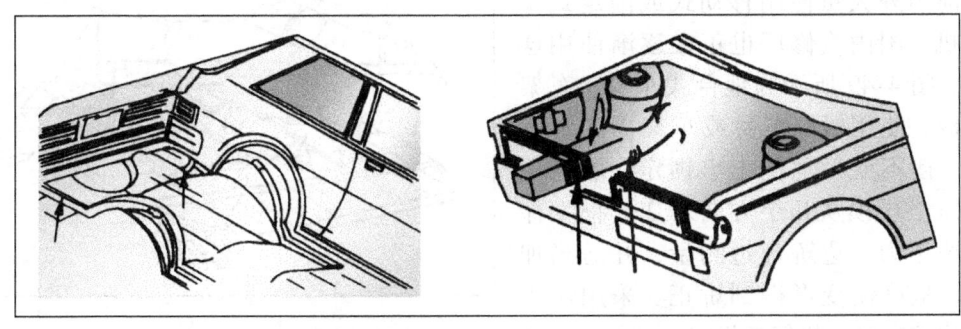

图 4-48　轿车车身上的压扁区

第四节 轿车车身修复

一、开褶

车身碰撞可能造成冲压板料产生不规则皱褶,维修时,若方便可行,可就车用撑拉法解开皱褶,然后敲平。若不方便或不可行,应将车身解体,在车下维修。

开褶的要领,首先是设法将死褶由里边撬开,缓解成活褶,然后加温,用锤敲击活褶的最凸脊之处,使其逐渐展开,恢复原来的形状。

例如,某轿车车身右翼正面撞伤,形成皱褶,可采用如下维修方法:

1) 拆下前照灯圈及灯座,用一段合适的扁铁垫在前照灯孔内侧,使扁铁两端卡住灯孔的弯边。把钢丝绳的一端系在扁铁上,另一端系在树桩上,然后缓慢倒车拖拉,从而使大的死褶得到基本修正。

2) 经过拖拉后,卸下翼子板,在工作平台上进行修整。用焊炬加热死褶,用撬具撬开,使其缓解,并加热一段,撬开一段。

3) 将翼子板凹面向上置于平台上,从翼子板一侧敲平活褶,敲击时,必须使平台起到垫铁的作用。里侧皱褶基本敲平后,翻转翼子板,用垫铁垫在里侧,由外面向里敲击,使皱褶得以完全展开。

4) 将翼子板装在车上,用锤子和垫铁进行全面修整。修灯孔时,先整圆,后整边。

5) 大样修整出以后,对比两侧,将伸张了的部分用加热方法收缩,并进行细致加工,使整个造型达到标准。

其他部位的钣金皱褶展开可仿照上述步骤进行。

二、撑拉复位

在进行撑拉复位时,应先检测车身、驾驶室和发动机舱等的变形情况。根据检测结果,确定哪个部位是主要的变形部位,以及其变形的程度如何,哪个部位是次要的和附属的变形部位。根据变形特点和变形程度确定撑拉部位和施加力的大小。撑拉修复应采用专用工具,并多点、多方位、主次分明地施加外力,边测量边复位,确保未变形部位不受力,适时加热敲击,使变形恢复恰到好处。

目前国外大量使用移动式或固定式车身矫正机,国内汽修厂也正在逐渐使用这些设备。图 4-49 所示为地台式车身、车架矫正机械。使用时,车身或车架固定在承载台上,使不变形部位牢牢锁定,然后用多台液压千斤顶从几个方向对变形框架徐徐施加矫正力,边矫正边测量,并适当加热敲击,最终使变形得到矫正。采用矫正机械复位较准确,修复效果好。

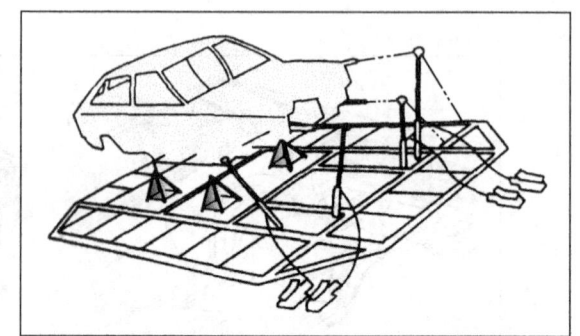

图 4-49 地台式车身、车架矫正机械

三、垫撬

垫撬即根据车辆变形部位和变形程度，利用有效空间，借助邻近部件支撑，以杠杆原理进行整形修复。

应用此法，车身不需解体，因而保持了原车安装质量，并提高了工作效率，但使用范围受到限制。如图 4-50 所示，越野车后轮胎罩外缘凹陷，可以借助轮胎的支撑作用，在撬杠下放一木块衬垫，将凹陷部分初步撬起，再用锤子、垫铁将折痕和凹凸不平处敲平。

车门表面局部凹陷，可通过车门窗口下沿的夹缝（玻璃升降空隙），以内门板的窗边棱作为支撑，用撬具将凹陷撬起。在垫撬的同时，用锤轻击凹陷四周，以消除内应力并尽快恢复原来形状。为保证车门在撬垫处不受损伤，可在支点处和敲击部位垫一块橡胶板或木板。

图 4-50　撬起轮胎罩外缘的凹陷

第五章

汽车车身涂装常用设备

第一节 压缩空气供应系统

压缩空气供应系统用于提供事先预定压力值的空气,供给各种气动工具或设备。系统包括空气压缩机、储气罐、油水分离器、冷凝器和一些供气散件。这些系统的基本配置和安装要求都有以下相同点:一台或一组空气压缩机;动力源一般为电动机,室外工作时可使用便携式汽油机驱动的压缩机;一只或一组用于调节压缩机和电动机工作的控制器;应使用规格合适的储气罐或容器,如果过小将导致压缩机频繁起动,从而使电动机负荷过重,过大则造成浪费;分配系统是指从空气容器到需要压缩空气的分配点的软管和固定管道,或者软管和固定管道的组合,包括规格合适的软管或者固定管道、接头阀、油水分离器、气压调节器、仪表和其他功能的气动工具,如图5-1所示。

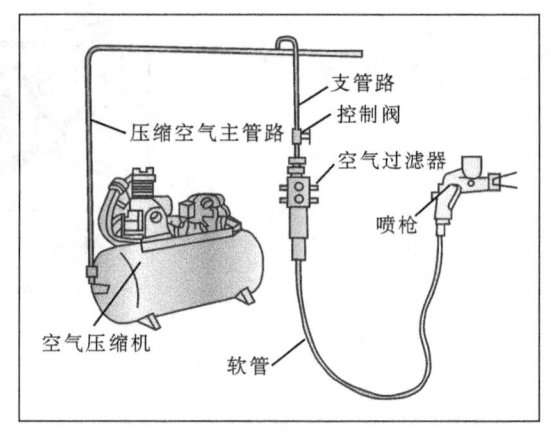

图5-1 压缩空气供应系统

一、空气压缩机

1. 空气压缩机的作用

空气压缩机是所有压缩空气供应系统的心脏,它的作用是将普通空气的气压大幅提高。它必须具有足够的产气量以保证工具和设备正常运转,产气量是由空气压缩机的功率来决定的,一般汽车修理厂使用的空气压缩机为10~30hp(1hp=745.700W),工业厂家应根据本厂的用气量来选择合适功率的空气压缩机。一般来说,空气压缩机的功率越大,工作能力越强。

2. 空气压缩机的类型

按工作方式可分为一级压缩式和二级压缩式。一级压缩式空气压缩机工作时,空气经过空气过滤器过滤后经气缸压缩直接进入储气罐。二级压缩式空气压缩机工作时,空气经过空气过滤器进入一级气缸,在一级气缸内压缩到0.2~0.44MPa后排入中间冷却器冷却后再进入二级气缸,在二级气缸内压缩到0.8MPa后排到储气罐内,如图5-2所示。

(1) 基本结构 空气压缩机由压缩机、储气罐和电动机组成,如图5-3所示。活塞式压

第五章 汽车车身涂装常用设备

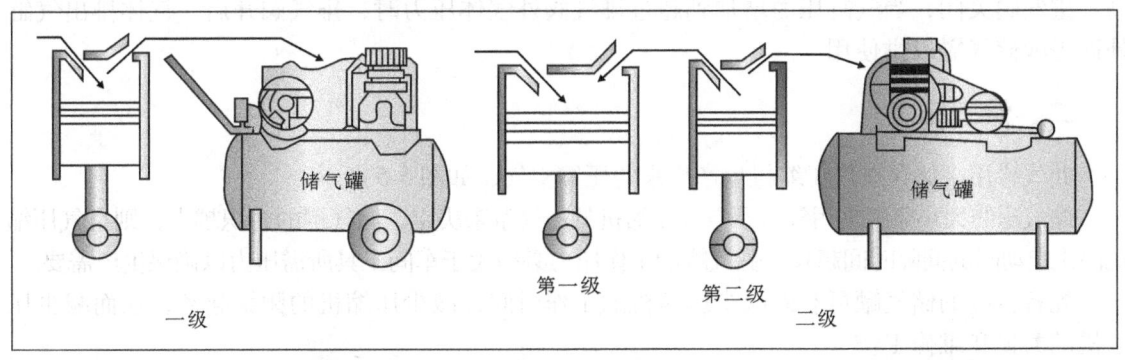

图 5-2　一级和二级空气压缩机的工作原理

缩机由曲轴连杆机构、冷却系统、润滑系统和自动调节系统组成。曲轴连杆机构主要包括活塞、连杆、曲轴、曲轴箱、缸体、缸盖、进气阀和排气阀等零部件。空气压缩机冷却方式有风冷式和水冷式两种，风冷式主要靠缸体和缸盖上的散热片散热，水冷式的冷却器与一级、二级气缸体串联供水，每级缸体与缸盖亦为串联供水。空气压缩机一般采用飞溅式润滑，在每个连杆的大头盖上装有油勺，当曲轴连杆运动时，油勺随之划开油面，将润滑油溅至各摩擦部位。空气压缩机上装有自动调节空气压力的调压阀和溢流阀，以保证空气压缩机正常、安全地工作。

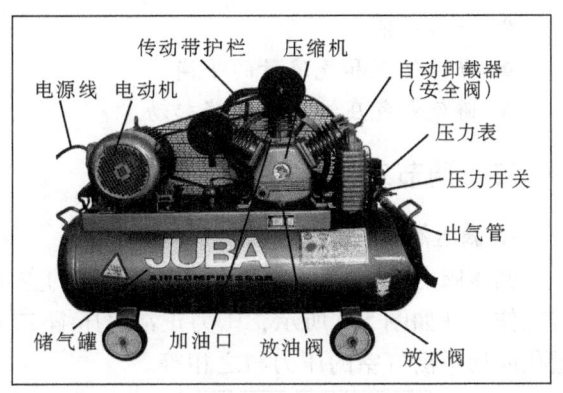

图 5-3　活塞式空气压缩机

（2）工作原理　空气压缩机的工作原理如图 5-4 所示。空气压缩机以电动机带动压缩机工作，当空气压缩机曲轴回转时，带动活塞连杆组做上下往复运动。当活塞下行时，气缸内压力降低，进气阀打开，气体进入气缸，完成吸气过程。当活塞上行时，气缸内压力升

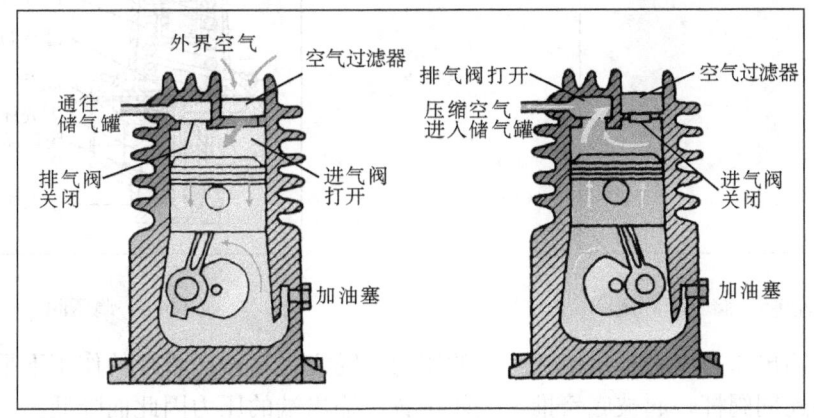

图 5-4　活塞式压缩机工作原理

高,进气阀关闭,当气缸压力增加到超过排气阀外气体压力时,排气阀开启,气体排出气缸外而进入储气罐以供使用。

二、储气罐

储气罐用来储存空气压缩机生产出来的压缩空气,如图5-5所示。

储气罐的大小应根据用气量及空气压缩机的产气量来决定,储气罐的容积越大,则空气压缩机两次起动间的间隔时间越长,储气罐的工作压力必须大于车间工具所需压力以确保生产需要。

配备良好的储气罐可有效减少压缩机的工作时间,减少压缩机的频繁起动,从而减少压缩机的磨损和维修工作。

作用:
- ◆ 储存一定压力和体积的压缩空气。
- ◆ 排水功能。
- ◆ 保持气压和气流量的平衡。
- ◆ 避免空气压缩机的频繁起动。

三、调节工具

1. 调压阀

调压阀的功能是调整空气压缩机输送的空气压力并使其衡定在规定的范围以内。其构造与工作原理如图5-6所示,压力正常时压缩空气经输入口、进气阀后输出,此时,由于有旁通孔而使平衡气室的压力与之相等。

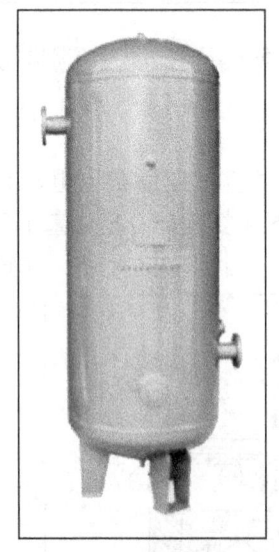

图5-5 储气罐外观图

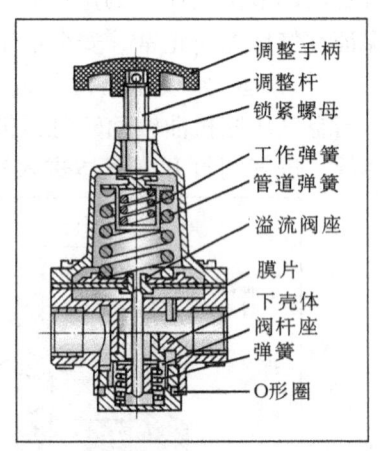

图5-6 调压阀

当输入、输出压力增大时,平衡气室的压力也随之提高;在膜片的作用下平衡弹簧被压缩,进气阀座连同阀杆一起被底簧推至关闭位置,输出端的压力因此而降低。

同理,当输入端气压提高时,平衡气室的压力也会相应提高并使膜片上移,并带动阀杆及进气阀上移、关闭。当超过一定压力时溢流阀还会起作用,以避免输出端压力过高并降低输出端气压的脉动幅度。

2. 自动卸载器

自动卸载器俗称安全阀。

当储气罐内压力达到最大值时,自动卸载器开启,罐内压缩空气排向大气,使压缩机空转;当压力降低到一定值时,在弹簧弹力作用下,自动卸载器关闭,压缩机恢复正常工作状态。自动卸载器调节的最大压力和最小压力可以通过调节螺钉进行调整,如图5-7所示。

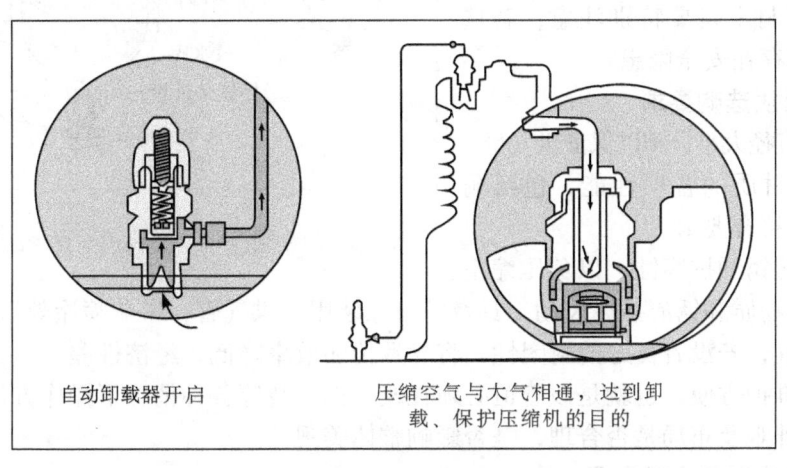

图5-7 自动卸载器

四、过滤装置

为了保证获得高品质的修补涂膜,在压缩空气系统中,还必须使用空气清洁器,又称空气转换器、空气过滤器。利用空气清洁器,除去压缩空气中的油污、水分等,以保证压缩空气的清洁和干燥。

常见的空气清洁器结构主要有以下两种类型:圆柱形空气清洁器如图5-8所示,叶片旋风式空气清洁器如图5-9所示。

1. 圆柱形空气清洁器

在密封顶盖的圆柱形气筒内,放着薄薄的毛毡,在毛毡之间装有焦炭,气筒的底部有一个排放开关,以便排放分离出来的油和水。这种空气清洁器,一般安装在排放量大的空气压缩机上。

2. 叶片旋风式空气清洁器

这种空气清洁器有铜珠烧结的多微孔过滤杯,能将微小的油污和水滴过滤,确保纯洁的干燥空气通过橡胶管输送到喷枪以供喷涂使用。这种空气清洁器一般安装在 $0.3m^3$ 或 $0.6m^3$ 的小型空气压缩机上。

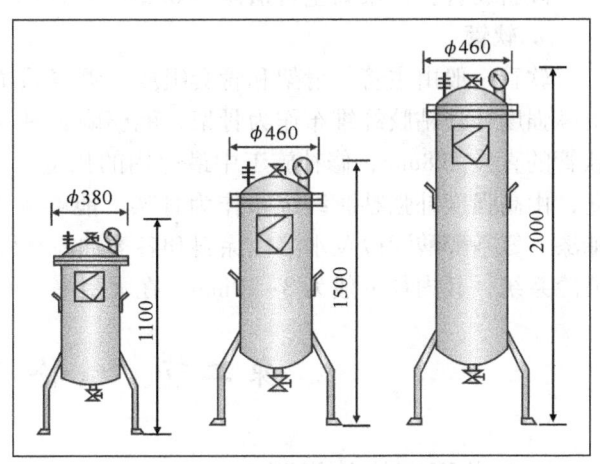

图5-8 圆柱形空气清洁器

五、管道

机房是心脏，管道是血管，即主管道将压缩空气输送到每个需用气的地方，以方便工作。为解决气压不稳、气流量不够的问题，建议选用合适的管道直径，另外在管道选材上也要特别注意，若选材不当，必然存在安全隐患。

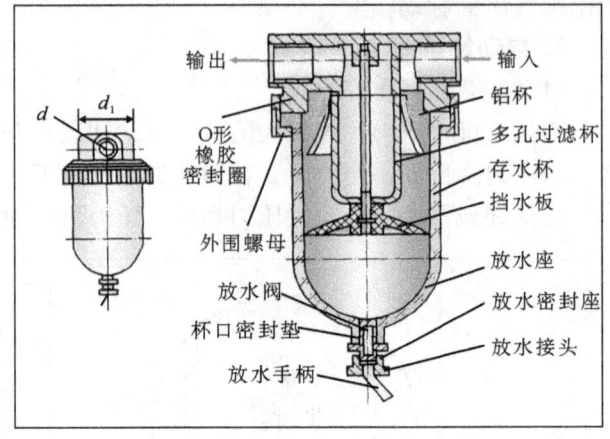

图 5-9　叶片旋风式空气清洁器

1. 管道材质选购要求

◆ 管道直径太小，难以保证供气量。

◆ 管道材质的各项性能，包括耐温、耐压等要符合要求。

◆ 必须防锈和抗腐蚀，以免压缩空气中的腐蚀性物质和锈渣损坏风动工具及污染涂装用的供气管，影响喷涂效果。

◆ 防漏气，若没有良好的封闭性，将导致传输效率降低，经济性差。

◆ 安装维护方便，也就是该管道必须在改、拆、装等各种情况下操作方便。

◆ 管道外观及布局是否合理，是否影响整体美观。

2. 管道的安装与合理布局

◆ 整体布局美观、合理。

◆ 合适的安装高度。

◆ 分段分区安装阀门和活接。

◆ 合适的排水位。

◆ 用专用工具或粘结剂粘结，确保不漏气。

◆ 支架间距合理。

◆ 材料的伸缩性良好。

倾斜装置：建议离主管道倾斜 0.2%~0.5%，以便排出湿气。

3. 软管

软管一般由主管、滑架和管套组成。喷漆系统的压缩空气软管主管采用丁腈橡胶材料，由高强度补强粘胶纤维布作为骨架，能够耐各种润滑油、燃料油的污染。采用大型喷枪时，软管的直径为 8mm，修补施工中最通用的长度为 7.5~15m。输送液体涂料的软管主管为尼龙，由高强度补强粘胶纤维布作为骨架，能够耐多种涂料用溶剂，如丙烯酸漆、聚酯-聚氨酯漆、氨基醇酸漆以及水溶性涂料和各类油漆稀释剂等。输送液体涂料软管主要用于压送式喷漆系统，其内径一般为 8~10mm，在大型喷漆间，其长度一般为 7.5~15m。

第二节　喷枪与喷涂设备

一、普通喷枪的类型

按涂料供给方式分，空气喷枪有虹吸式（图 5-10）、重力式（图 5-11）、压送式（图 5-12）

三种类型。

1. 虹吸式喷枪

虹吸式喷枪的涂料杯位于喷枪嘴的后下方，喷涂时利用气流作用，将涂料吸引至上方，并在喷嘴处由压力差引起漆雾。

它的工作过程是：涂料放在涂料杯里，涂料杯连到喷枪上。扳机扳动一半时空气阀先打开，压缩空气流过喷枪，从气帽上的孔中喷出，在喷漆出口处形成真空，继续扳动扳机，使顶针离开喷嘴内座，真空将涂料从涂料杯中吸出，送入进漆口，从喷漆嘴喷出。空气从气孔中进入涂料杯，填充在被吸出去的涂料的位置上。虹吸式喷枪的特点如图5-10所示。

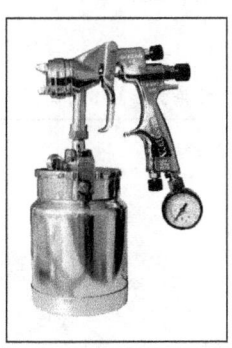

涂料供给方式：
　　涂料杯安装在喷嘴下方，仅用吸力供应油漆。
优点：
　　喷枪工作稳定，便于向涂料杯加油漆或变换颜色。
缺点：
　　喷涂水平表面困难。黏度变动导致排量变化，涂料杯比重力式大，因而操作者较易疲劳。

图 5-10　虹吸式喷枪

2. 重力式喷枪

重力式喷枪的涂料杯在喷枪嘴上面，利用涂料的质量及枪嘴尖端部由气流产生的压力差，把涂料喷涂于物体表面。喷枪的操作方法与虹吸式相同。重力式喷枪的特点如图5-11所示。

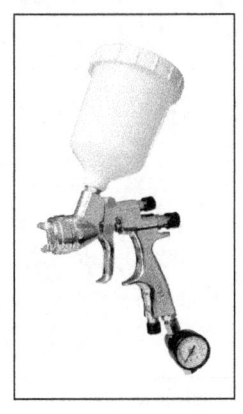

涂料供给方式：
　　涂料杯安装在喷嘴上方，用重力及喷嘴尖的吸力供应油漆。
优点：
　　油漆黏度不变，所以喷量不会变化；涂料杯的位置可按喷漆件的形状变更。
缺点：
　　由于涂料杯安装在喷嘴上方。反过来就会影响喷枪的稳定性；涂料杯容量小，不适合喷射较大的表面。

图 5-11　重力式喷枪

3. 压送式喷枪

压送式喷枪的喷嘴与气帽正面平齐，不形成真空。涂料被压向气帽，压力由一个独立的压力罐提供。

压送系统的连接方法是：

输气软管从压力罐上的气压调节装置出口接到喷枪进气口上,主输气软管从调压阀连至压力罐的调压阀入口,输漆管从压力罐的出漆口连至喷枪进漆口。压送式喷枪的特点如图5-12所示。

涂料供给方式:
用压缩空气罐或泵给油漆加压。
优点:
喷涂大型表面时不必停下来向涂料杯加油漆。可使用高黏度油漆。
缺点:
不适合小面积喷漆,变换颜色及清洗喷枪需要较多时间。

图5-12 压送式喷枪

二、喷枪结构

喷枪主要由气帽、喷嘴、针阀、扳机、气阀、调节钮和手柄等组成,典型的虹吸式空气喷枪的结构如图5-13所示。

气帽把压缩空气流吸上来的油漆雾化并形成一定形状。空气喷口有三个:中央喷口、侧喷口和辅助喷口,如图5-14所示。中央喷口位于喷嘴尖上,用来产生真空以排出油漆;侧喷口在压力空气作用下,形成喷射形状;辅助喷口则促进油漆的雾化。辅助喷口喷出空气量

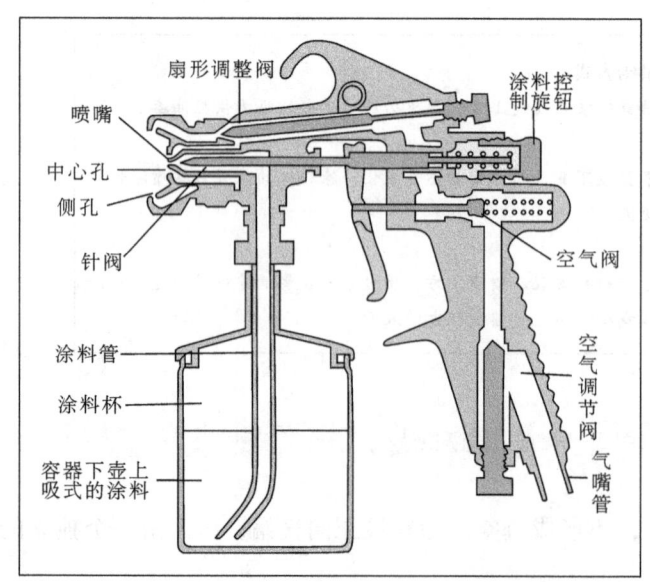

图5-13 虹吸式空气喷枪的结构

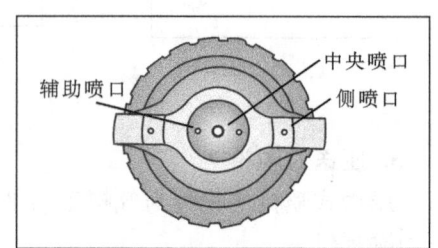

图5-14 空气喷口名称

的多少与油漆雾化的好坏有关，如图 5-15 所示。

压缩空气从气帽喇叭筒的两个侧口流过形成一定的喷射形状。如果关闭扇形调节钮（模式控制钮），喷出的涂料呈圆形；打开调节钮，喷出的涂料则呈椭圆形。

针阀直接控制着油漆的吸入量。从喷枪前端喷出油漆的实际数量取决于针阀控制的喷嘴开口的大

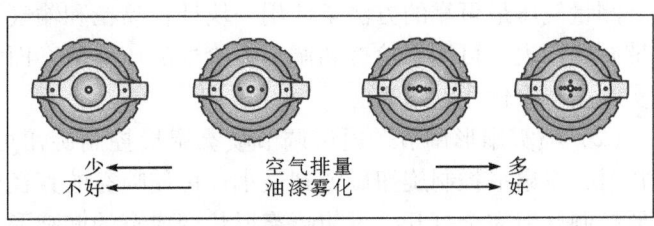

图 5-15 辅助喷口数量与喷枪性能

小。不同的涂料应选用不同规格的喷嘴。扳动扳机时，流体控制钮即可调节喷嘴实际开度。气阀是在扳机扳动时开启的，针阀也随之开启。

三、喷枪的选择

选择喷枪应考虑喷涂物件的大小、涂料的品种以及喷涂的品质等级标准等因素。

被涂装的物件大，要选用口径较大的喷枪，这样出漆量大、速度快。喷涂品质要求高时，要选择出漆嘴雾化好的喷枪。反之物件大、品质要求不高，选用雾化好的喷枪反而会影响效率。

涂料用量少、喷涂物件面积小而且颜色种类又多时，使用大喷枪则会造成浪费，又不能提高品质。此时应选用重力式喷枪，因该喷枪装漆容量少，换颜色方便，清洗涂料杯时节省稀释剂。

喷枪口径越大，所需的空气压力越大，喷出的涂料也越多，需用漆的稠度就越高。喷漆枪的口径大小与喷枪嘴的空气帽风孔是互相配合的，空气帽分为多孔型和少孔型。

多孔型的空气帽空气用量大，雾化性能好，涂膜品质也好。少孔型的空气帽空气用量小，但雾化能力差，适合喷涂品质要求不太高的物件。

喷涂涂料的雾化程度与喷枪的口径大小、涂料的黏度、出风孔的排风量及排列的角度等有很大关系。因此，要根据不同品种的涂料选择喷枪嘴的口径和出风孔的多少，调好涂料的黏度。

四、喷涂的调整与操作

1. 喷涂模式调整

喷涂模式的调整是指喷雾扇形区域的调节，喷雾扇形取决于空气和雾化的涂料液滴的混合是否合适（就像发动机的工作取决于空气和燃油的混合是否合适）。涂料的喷涂应平稳，喷涂出的湿润涂层应没有凹陷或流挂现象，在一般情况下要想获得合适的喷雾扇形，有三种基本调节方式。

（1）空气压力调节　喷枪喷嘴处的压力对于得到合适的喷雾扇形有明显的影响。空气压力的调节一般可通过分离/调压器来调节，但由于空气从调压器经过输气软管到达喷枪还受到摩擦力作用，存在压降。调压器处测得气压与喷枪处测得气压的差值取决于输气管的长度和直径，一般来说孔径越大压降越小，输气管长度越短压降越小，但输气管长度一般不超过 10m。因此，应该在喷枪处测量气压值，而且所提到的压力值都是指喷枪

处的气压。

测量气压最可靠的方法是使用一块插在喷枪和输气管接头之间的气压表。有些喷枪本身就带有气压表，可用来检查和调节喷枪处的压力值，而大多数喷枪的气压表是可选件，建议在实际生产中使用气压表。

（2）喷雾扇形调节　通过调节喷雾扇形控制旋钮可以调节喷雾直径的大小。调节喷雾形状时，将扇形控制旋钮旋紧到最小，可使喷雾的直径变小，喷涂到板件上的形状变圆；将扇形控制旋钮完全打开，可使喷雾形状变成宽的椭圆形。较窄的喷雾可用于局部修理，而较宽的喷雾则用于整车喷涂，图 5-16 所示为扇形控制旋钮从旋紧至最小到完全打开时，喷雾形状的变化。

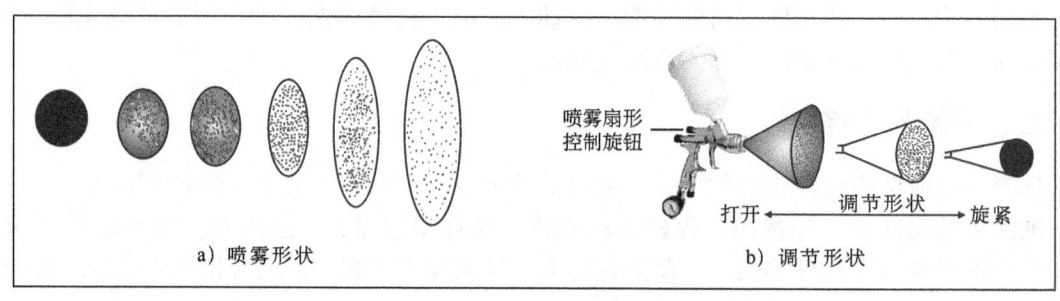

图 5-16　喷雾扇形宽度调节

（3）涂料流量调节　调节涂料控制旋钮可调节适应不同喷雾形状所需的涂料流量，如图 5-17 所示。逆时针转动涂料控制旋钮可增大出漆量，而顺时针转动将减小出漆量。

最佳的喷涂压力是指获得适当雾化、挥发率和喷雾扇形宽度所需的最低压力。压力过高会产生过多弥漫的喷雾，从而导致用料量增加，而涂层流动性降低，因为在涂料到达喷涂表面之前已有大量的溶剂被蒸发掉了，易产生桔皮等缺陷。

如果压力过低，会使涂层的干燥困难，因为大多数溶剂都保留下来了，容易产生起泡和流挂。

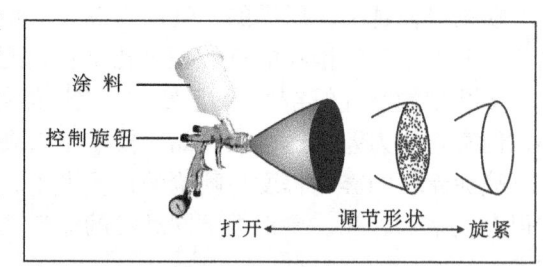

图 5-17　调节涂料控制旋钮控制出漆量

2. 喷涂操作要领

手握喷枪柄，以食指与中指二指稍微压扣扳机，压缩空气阀门首先打开，压缩空气沿管道到达喷气嘴，喷出气流，这时由于针塞套筒未打开，气流可用于吹去涂装面的灰尘。再向后压扣扳机，针塞后移打开喷料嘴，由于高速气流使漆道内形成负压，而涂料杯内由于大气压作用，使涂料吸至喷嘴口，随同气流扩散成微粒的雾状涂料喷向涂面而形成涂膜。在喷涂操作中，喷涂气压、喷涂的距离、喷枪移动速度、喷涂路线、喷涂角度等操作技术，对涂膜的质量和物面的美观都有直接的影响。

（1）正确调整喷涂气压　喷涂气压的高低，对喷涂质量影响很大。气压过高，漆雾不够湿润，易造成喷涂后涂膜光泽不足；气压过低，会造成漆雾粒粗且易产生流痕。因此喷涂时应正确调整气压，一般以 0.4~0.6MPa 为宜。

（2）正确调节喷雾形状　喷枪的喷雾形状可通过雾形控制钮进行调节，其调节方法如图 5-18 所示。调好扇形漆雾角度后，应旋紧其固定螺母。此外，改变出气孔通路的开度，还可以调整扇形漆雾的扇面宽度，控制阀完全打开时，喷嘴两侧出气孔喷出的气流量最大，此时喷出的漆雾扇面也最宽，反之扇面变窄。

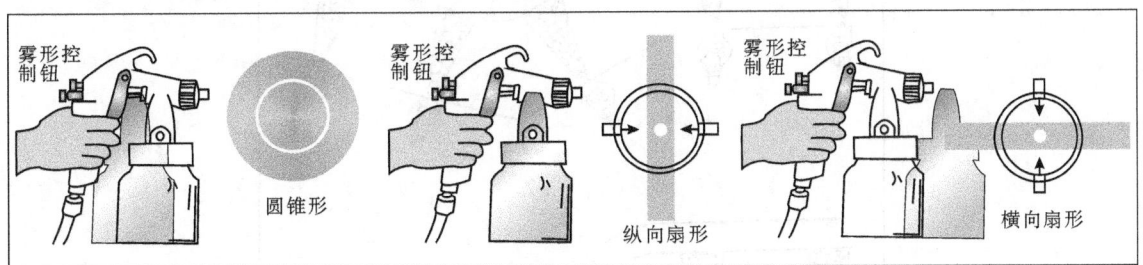

顺时针旋紧雾形控制钮时，喷嘴上侧的出气孔通道关闭，压缩空气只能从中心孔内喷出，这时便喷出圆锥形漆雾

顺时针旋松雾形控制钮，喷嘴两侧的出气孔与中心孔呈水平位置时，或形成适用于横向走枪喷涂的纵向扇形漆雾（与水平线垂直）

逆时针旋松雾形控制钮，喷嘴两侧的出气孔与中心孔呈垂直位置时，便形成适用于上下走枪喷涂的横向扇形漆雾（与水平线平行）

图 5-18　雾形调节方法

（3）正确掌握喷涂距离　喷涂距离应适中，过近或过远都将造成不良后果，如图 5-19 所示。

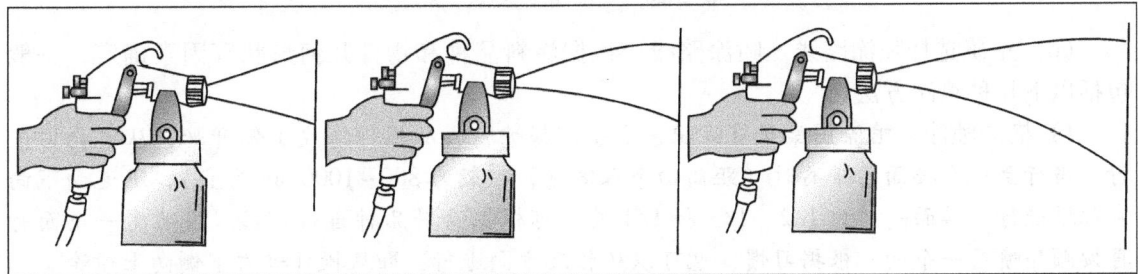

距离过近

后果：导致涂膜增厚或凹陷，面层漆料起堆，易产生流痕

距离适中

标准：喷涂距离应根据所使用涂料的干燥速度来决定。一般干燥快的涂料喷涂距离应保持在 200mm 左右，干燥较慢的涂料如烘漆、双组分漆则应保持在 220~300mm

距离过远

后果：会产生"桔皮"或干膜现象，造成涂膜表面粗糙无光

图 5-19　喷涂距离

（4）灵活掌握喷枪移动速度　喷枪的移动速度应根据涂料干燥速度来确定。一般干燥较快的涂料（如硝基漆）喷枪移动速度以 20~40cm/s 为宜；干燥较慢的涂料，喷枪移动速度应适当加快，以 40~80cm/s 为宜。过快会使涂膜粗糙无光，过慢会使涂膜过厚而发生流痕。另外，在喷涂中还应考虑到喷涂环境温度、涂料的黏度及喷出漆量等因素，灵活掌握喷枪移动速度。无论速度快慢，都要保持移动速度均匀。

（5）保持垂直喷涂角度　无论被涂物面是平面、垂直面、斜面还是侧面，喷涂的喷雾流应始终与被涂面保持垂直，如图 5-20 所示。

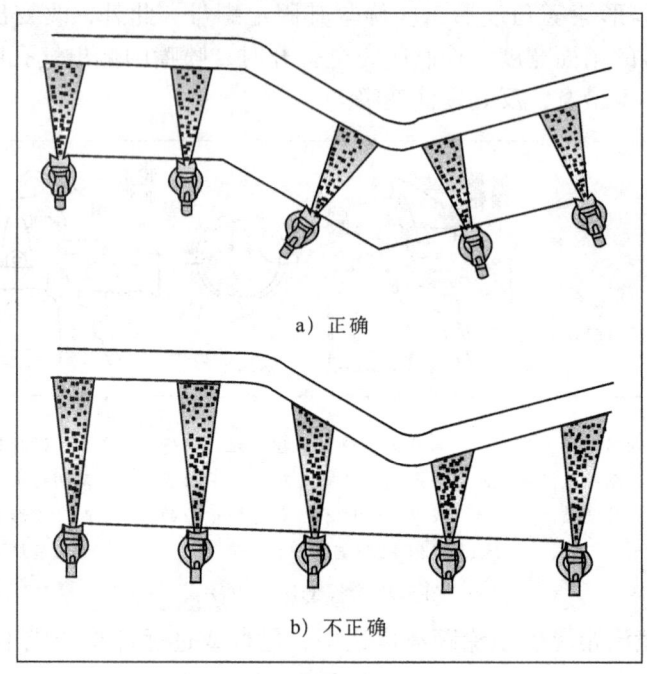

图 5-20　喷涂角度保持垂直

（6）正确选择喷涂路线　喷涂路线应根据涂料品种和物件几何形状等因素确定，一般包括以下几种喷涂方法：

1）横向喷涂。喷涂图案呈直线状，右手掌握喷枪，从操作者左上侧开始，从左向右进行。当行至一个接面的距离时（距离由个人掌握，一般为 800~1000mm 为宜），迅速向下向左往返进行。接面一般为 1/2、1/3 和 1/4 处，可根据涂料品种自行掌握。当喷完一个面时再按顺序喷另一个面。根据习惯，也可以从相反方向进行，即从操作者右下侧向上喷涂。

2）纵向喷涂。其方法和横向喷涂法相似，只是喷枪运动方向改为水平方向，喷枪从左上方或右上方往下往返运行，也可以从右下方或左下方往上往返运行。

3）纵横交叉喷涂。喷涂时第一遍纵向往返喷涂，第二遍时横向往返喷涂，每遍都要改变喷涂的方向。

第三节　喷漆房与烤漆房

一、喷漆房基本要求

喷漆房应当有合理的通风设备、充足的照明、有效的防火设施以及符合环境保护要求的密封（或治理）措施。如果喷漆房必须与金属加工部分或其他多尘部分同处一室，就应当采取分隔措施，如用隔板、隔墙等措施单独构建一个喷漆空间。

1）进入喷漆房的空气，必须经过过滤，要保证空气中无尘。在严冬时，过滤后的空气还需适当加温，达到喷漆房施工工艺的要求。

2）空气在室内的流动方向，必须顺重力的方向，由天花板流向地面。

3）空气的流速要达到 16~40m/s，即空气量至少要达到每分钟更换两次。

4）喷漆房与外界应达到有效的密封，防止在排气时外界的灰尘乘虚而入。

5）喷漆房内的空气，应经地下管路过滤后排到外面大气中，以防止对大气的污染。

6）送入喷漆房的清洁空气，应大于室内空气的排出量，应维持喷漆房内处于微正压状态，防止外界尘土进入喷漆房内，并迫使废气下行排出。

7）喷漆房内的噪声不允许超标，一般规定喷漆房内的噪声应小于 85dB。

8）喷漆房内应有灭火装置，要符合油漆厂安全防火的要求。

二、喷漆房结构

喷漆房结构如图 5-21 所示，其结构的基本特征如下：

1）合理的气流分布。从空气置换器中送来的气流，运动速度逐渐增大，在接近扩散装置时，气流达到相当高的速度而喷出，屋顶中间部分的气流向下运动，与中心抽风系统结合，把汽车车身团团包围，这样可以阻止发生过度喷涂，而且把过剩的漆雾顺利带走。屋顶两侧的气流从喷漆房的照明装置及玻璃墙掠过，保证漆雾及灰尘不致沉积，如图 5-21 所示。

2）底面设有中心抽气系统，排除漆雾效果好。底面设有一层铁栅，其下中心部位有一排或两排与水面持平的排气管。上口尺寸范围为 $\phi300 \sim \phi400mm$，下口尺寸为 $\phi200mm$ 左右，高为 150mm 左右。排气管之间的距离，双排为 2m，单排为 1m，这就是中心抽气系统。

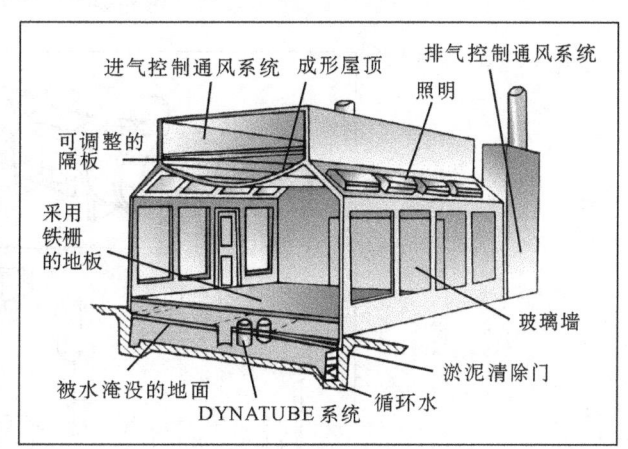

图 5-21 喷漆房结构

不工作时，水面处于静止状态；当工作时，排风机工作，排气管内形成强大的涡流。此时，过剩的漆雾在排气管内与水充分混合而喷到下层。正对排气管下口处，设有带小孔的隔板，对喷下来的水流起缓冲作用。在成形屋顶和中心抽气系统的共同作用下，99.88% 的漆雾都可混入水中，因此，排气系统无漆尘落入。

3）喷漆房两侧是玻璃墙，墙上设有小门，所以房内清洁明亮，视野清晰，进出方便。

4）彻底消除了一般喷漆房存在的水管喷嘴堵塞现象。

5）喷漆房内安装有自动喷漆机，喷涂车身的顶部和两侧。

6）喷漆房要求从顶部向房内输送新鲜空气，且应保持一定的风量、温度、湿度和清洁度。为此，外来空气需经过空气置换器方能进入喷漆房，图 5-22 所示为喷漆房剖面图。空气置换器一般是由空气过滤器、增湿器、气流调节器、风扇等联合装在密闭的装置内组成的。为防止冬季气温较低给喷漆带来影响，在空气供给系统中还应增设恒温装置，以提供温度适宜的空气来满足喷漆的需要。专门为喷漆房设计的独立换气系统如图 5-23 所示，此系统能把清洁和干燥的经过过滤的空气从外面送进喷漆房内，在较冷天气还能把空气加热之后再补充到喷漆房。

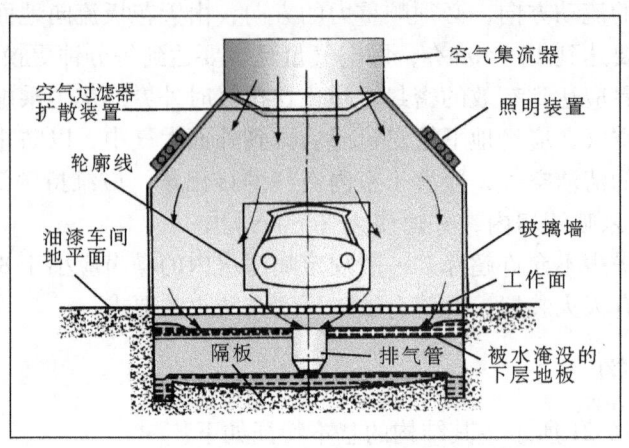

图 5-22 喷漆房剖面图

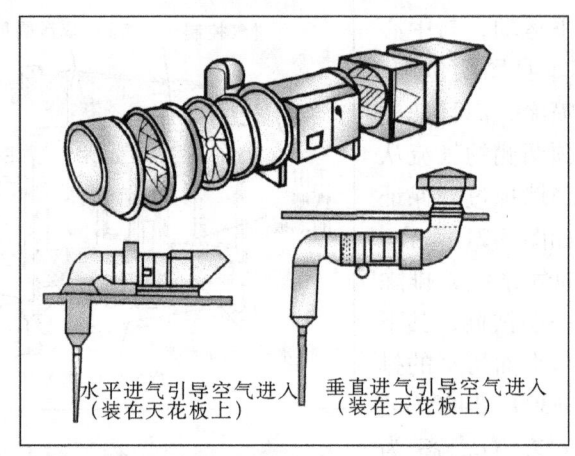

图 5-23 独立的换气系统

三、喷漆房的类型

喷漆房按抽风形式分为侧抽风式和底(下)抽风式。侧抽风式现在已趋于淘汰，底抽风式原理如图 5-24 所示。

按结构形式分为室式喷漆房、通过式喷漆房和敞开式喷漆房。

按过滤装置的结构分为干式过滤和湿式过滤，干式过滤又分为折流式和滤网式；湿式过滤又分为喷淋式过滤装置(图 5-25)、多级水帘式过滤装置(图 5-26)和水旋式喷漆房(图5-27)。另外还有较先进的蜗形水帘式和无泵式过滤装置。

四、空气过滤系统

喷漆房最重要的安全设施是过滤系统，其作用主要是将混杂在喷漆房空气中的油漆粒子和其他污染物过滤掉，使排出的气体不致污染大气。另一方面，进入喷漆房的空气也要过滤才能保证喷漆的质量。目前使用的过滤系统有两种，即干过滤系统和湿过滤系统。

第五章 汽车车身涂装常用设备

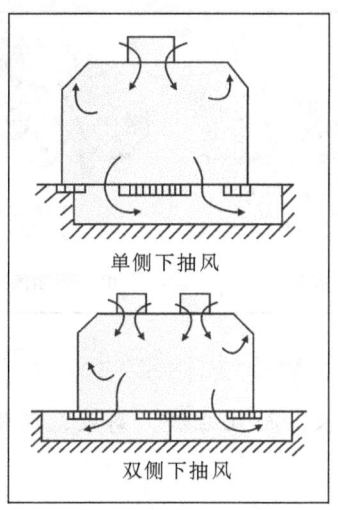

图 5-24 喷漆房的底抽风形式

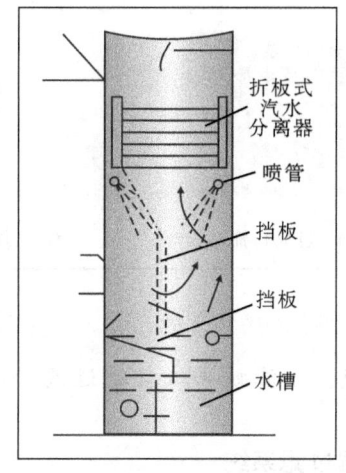

图 5-25 喷淋式过滤装置

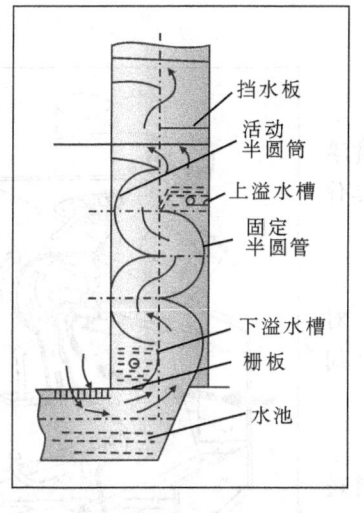

图 5-26 多级水帘式过滤装置

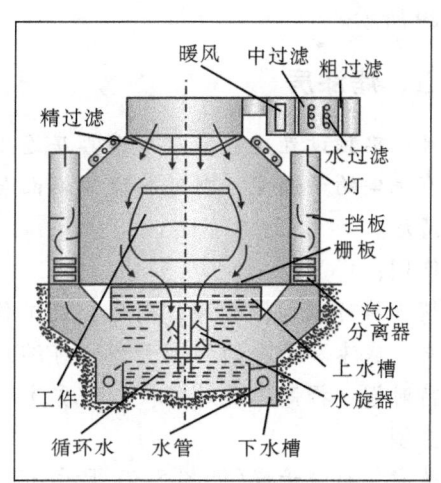

图 5-27 水旋式喷漆房

1. 干过滤系统

干过滤系统就像一个筛子,在气流通过时,将油漆粒子和污物截住,只允许干净的气体通过。目前向下通风式喷漆房在进风口处安装有进风口棉(图 5-28a),过滤空气中较大的尘埃粒子(15μm 以上),从而使进入喷漆房的空气中的尘埃不至于过早地充满和堵塞顶棉,保证喷漆房有足够的风压;顶棉(图 5-28b)安装于喷漆房的顶部,为喷漆房做最后的过滤系统以保证喷漆作业顺利进行,收集 10μm 以上的细小尘埃微粒;在底处安装有底棉(图 5-28c)或 V 形过滤纸(图 5-28d)来收集喷漆房在作业时产生的过量喷漆游离粒子,使排放气体达到环境保护的要求。

注意：V 形喷漆过滤纸的特点：可替代烤房底棉,替代干过滤喷漆柜所用的过滤棉,也可用其配备干吸式喷漆过滤系统后替代水帘柜使用。

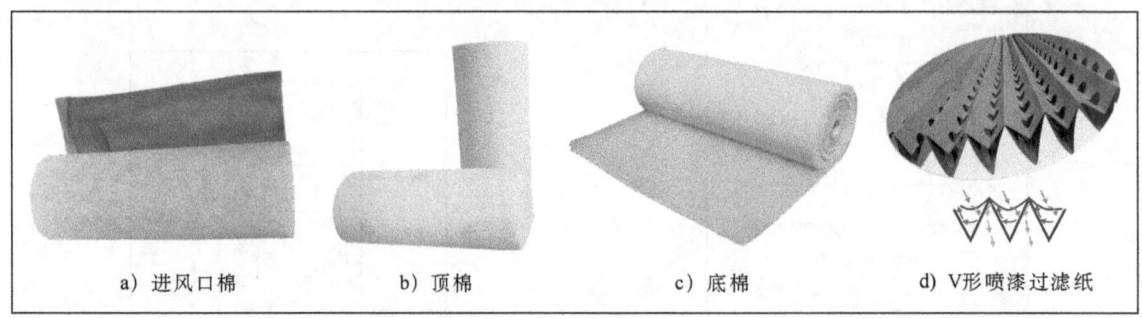

a) 进风口棉　　b) 顶棉　　c) 底棉　　d) V形喷漆过滤纸

图 5-28　干过滤物体

优点：过滤效果较其他过滤产品稳定，使用寿命长，而且经济、高效、环保、气流顺畅。

2. 湿过滤系统

典型的下向通风喷漆房采用水过滤系统（湿过滤系统）。房内污浊空气经过水幕的冲洗，将油漆粒子和其他杂物带走，由排污系统收集。经过清洗的空气再由排风机排到大气中，如图 5-29 所示。

五、烤漆房

可以单独设置，也可以与喷漆房连成一体。如果喷漆房带有无尘的干燥室，则可加速喷漆面层干燥，使喷漆作业更清洁。

作用：

烤漆房可以加快干燥、固化，使工作环境更干净。对原子灰、底漆和面漆的强制干燥，可缩短各操作工序之间的等待时间，提高工作效率和工作质量。

类型：

热空气对流干燥（如图 5-30 所示，通常对溶剂型涂料进行干燥）、红外线辐射干燥（如图 5-31 所示，通常对水溶性涂料进行干燥）、紫外线辐射干燥（通常对 UV 漆进行干燥）。

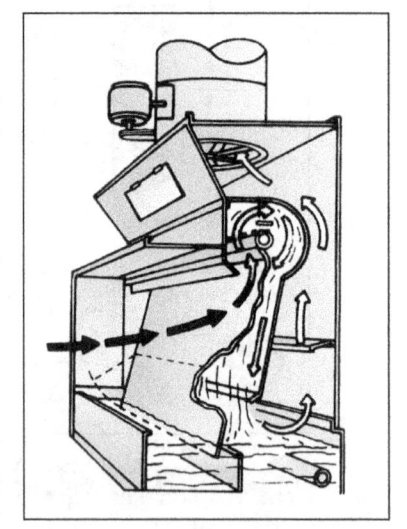

图 5-29　湿过滤系统

喷烤两用房的工作原理：

当作为喷漆房时，室内温度可控制在 20～22℃。同时从天花板送下暖空气，空气流速为 16～40m/min，顺重力方向至底部并被抽出，经排风系统分离出漆雾和空气后排出室外。

喷漆完毕后静置 10min 左右，随即进行加温。送进经热能转换器加温的热空气，使房内温度达到指定的烘烤温度。空气流速为 3m/min 左右（流速太高，会引起涂膜出现小凸泡）。此时气流为封闭式循环系统，空气为加速干燥做重复循环，以节省加温能源及烘干效率，如图 5-32 所示。

第五章　汽车车身涂装常用设备

喷漆车间的干燥室设有固定的红外线装置，可对油漆进行强制性烘干。红外线烘干装置能使磁漆的干燥速度提高 3/4，对油灰、底层涂料及密封涂层也可以快速烘干

图 5-30　热空气对流喷烤房　　　　图 5-31　红外线辐射喷烤房

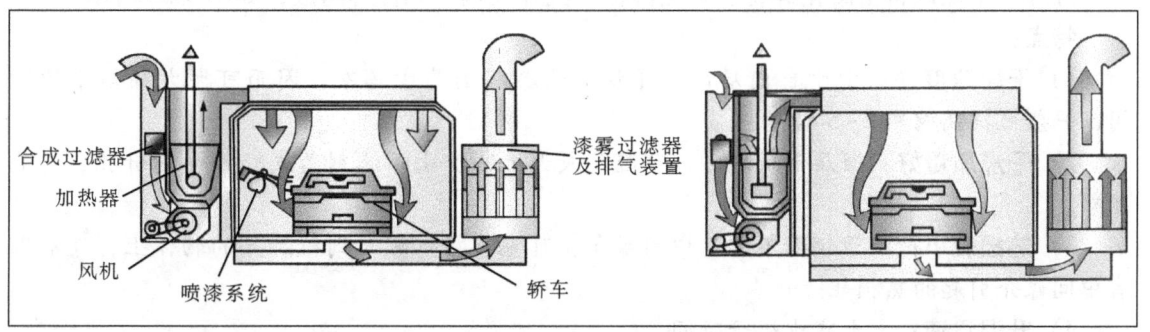

图 5-32　喷烤两用房

六、干燥设备

涂层的干燥通常有自然干燥和加热烘干两种方式。自然干燥，一般温度为 15～25℃，相对湿度不大于 80%。适合自然干燥的涂料有溶剂挥发性涂料、氧化聚合型涂料和室温固化型涂料等。利用干燥设备加热烘干，可加快干燥速度。干燥设备也称烘干设备，其种类很多。按其外形结构可分为室式（烘房）、箱式（烘箱）、通道式（烘炉）三种形式；按其操作方式可分为周期式和连续式；按加热或传热方式不同可分为对流式干燥设备、辐射式干燥设备、感应式干燥设备等。在汽车修补涂装中常用的干燥设备主要有对流式干燥设备和辐射式干燥设备。

1. 对流式干燥设备

对流式干燥设备是利用热源以对流方式传递的原理制造的。其通常由箱体、电热丝、电炉板、排雾管、小钢轨及活动推架组成，如图 5-33 所示。

对流式干燥设备具有以下特点：

1）对流式干燥设备加热均匀，能保证涂层的颜色不变。

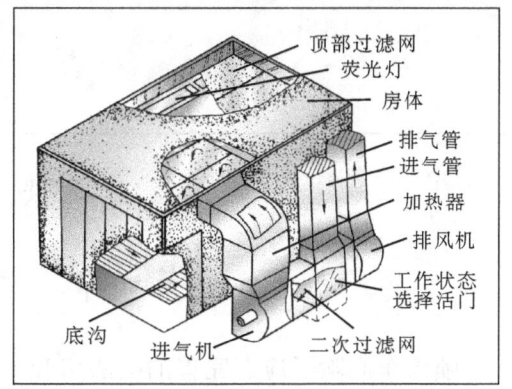

图 5-33　对流式干燥设备

2) 烘干温度范围较大，基本能满足一般类型涂料烘干温度要求。

3) 设备使用管理和维修较为方便，使用费用较低。

4) 热量的传导方向和溶剂蒸发的方向相反。漆层的表面受热后干燥成膜，使涂层下面的溶剂蒸气不易跑出，干燥速度变慢。如果溶剂蒸气的压力克服不了涂膜的阻力，冲破膜表面而产生针孔。因此涂膜质量受到影响。

5) 烘干时，必须将烘室内的空气加热，热量消耗大。

6) 由于空气的导热性差，涂层的导热性差，对流式干燥的速度较慢。

2. 辐射式干燥系统

辐射是热传递的一种方式，这种加热方法是将热能转变为各波长电磁振动的辐射能，其过程称为热辐射。以红外线为辐射源的干燥设备，称为红外线干燥设备。

红外线干燥设备由碳化硅管、碳化硅板、红外线辐射元件等组成，如图5-34所示。

特点：

1) **干燥速度快**：由于自内层向外干燥，油漆溶剂易于挥发。因而可大大缩短干燥时间，一般可提高效率2~5倍。

2) **干燥质量好**：涂层干燥均匀，可避免或大大减少由于溶剂蒸发而产生的针孔、气泡现象。

3) **热损耗小**：由于辐射不需要中间媒介，可直接将热源传到被加热的物体上，没有因有中间媒介引起的热损耗。

4) **升温迅速**：大大减少烘干时间。

5) **设备结构简单**：节约设备投资和占地面积。

6) **具有方向性**：可调节，可用于局部加热。

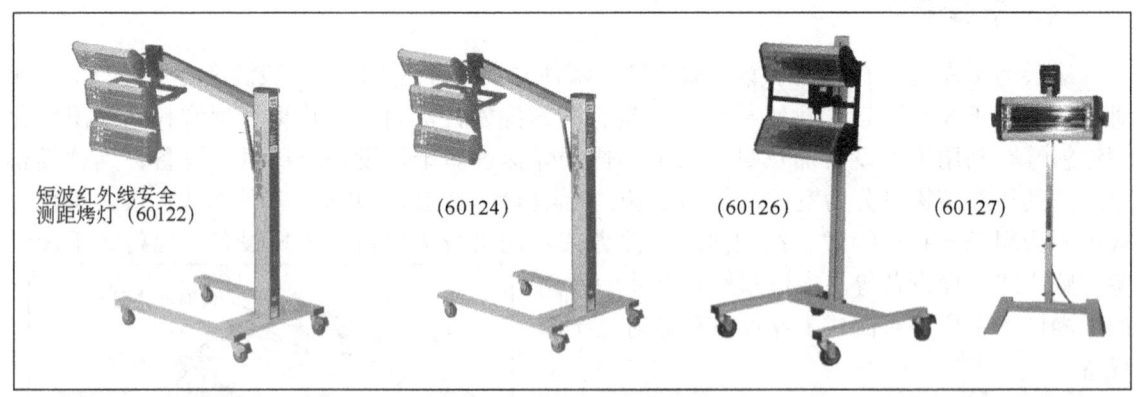

图5-34 红外线干燥设备

第四节　其他设施与用品

喷漆车间除了应有完善的喷漆房和干燥室外，还有一些设备有助于喷漆作业的顺利进行。此外，从事喷漆作业的人员必须使用某些专门的用品(装备)，以保证其安全。

(1) 湿法砂磨工作台　专门用来对个别零部件进行打磨。打磨时，应加水作为冷却和湿润之用。

（2）喷漆悬架　这种设备用来把个别零件悬挂起来进行喷漆。

（3）板件烘炉　用来烘干喷漆板件的烘炉，有红外灯、电加热器、通风扇和定时器等。

（4）油漆搅拌器　采用金属油漆时，金属粒子会沉淀在油漆底部，造成不均匀喷漆。在喷涂过程中，必须经常搅拌以保证油漆的均匀。将油漆注入搅拌器后，再从喷枪喷出，是十分有效的措施。

（5）搅拌刀　这种刀是用来搅拌油漆的，刀柄可作为开启油漆罐盖的工具，刀身带有刻度，可用来测量油漆量。

（6）配色秤　配色秤的作用是把油漆配成与原来的颜色和色调相一致。油漆按颜色配方卡进行配色。配色秤有三种类型：容积式、质量式和电子式。按照配料的容积混合在一起而成的配色方式，称为容积式配色秤。按照配料的质量混合在一起的配色方式称为质量式配色秤。质量式配色秤适用于大多数颜色混合系统。电子式由于其精度高，可供混合很小量的油漆配色用。

（7）遮盖纸　拉动遮盖纸时，胶带会自动贴向纸边，便于粘贴。

（8）油漆库　是专门用来储存油漆、稀释剂及油灰的空间，其外表最好用金属板制成，以保证安全。

（9）汽车举升装置　移动式汽车举升装置适合对汽车面层修理做准备时使用。

（10）面罩　喷涂面层会产生一定数量的过喷、有害蒸气与有毒气体，从事该项操作人员必须佩戴防毒面罩。

（11）喷漆车间使用的物品　喷漆车间使用的物品都是消耗品，主要包括：

1）砂纸。

2）清洁布或纸巾。使用注意事项：清洁布应折叠成垫状使用；用溶剂时，要在布垫上倒上足够溶剂去清除表面污垢；将使用中的清洁布重新折叠以获得清洁的面层去擦拭其他部位；切勿用手触摸已清洗干净的部位。

3）粘性布。这是特制的浸漆粗布，喷漆之前用来擦拭表面，除去表面的砂粒、污物和旧漆片等。粘性布应放在密封容器内保存，防止干燥。

4）搅漆棒。

5）过滤器。用纸板漏斗和棉网组成的过滤器，可以将杂物滤去。

图 5-35　遮盖

6）各种容器。

7）遮盖纸和胶带。用遮盖纸把不需要涂漆的区域盖上，以免漆雾落下，如图 5-35 所示。胶带是用来把遮盖纸粘在覆盖区域上的。

第六章

汽车涂料

第一节 涂料的基础知识

一、涂料的组成

涂料也叫油漆,汽车涂料一般由四种基本成分组成:成膜物质(树脂)、颜料(包括体质颜料)、溶剂和添加剂。

1. 成膜物质

成膜物质是油漆的主体成分,其作用是使颜料保持明亮状态,使之坚固耐久并能粘附在物体表面,是决定涂料类型的物质。成膜树脂具有一定的保护与装饰作用,如光泽、硬度、弹性、耐水、耐酸碱等。目前有来源于自然界的天然树脂(如松香、虫胶、生漆等),用天然高分子化合物加工制得的人造树脂(如改性松香、纤维素衍生物、橡胶衍生物等),化工原料合成的合成树脂(如丙烯酸树脂、醇酸树脂、聚氯酯树脂、环氧树脂等)。成膜树脂通过化学、物理改性后,可以提高涂膜的耐久性、附着力、防蚀性、耐磨性和韧性等。

2. 颜料

颜料是涂料中不挥发物质之一,它赋予面漆色彩和耐久性,起美观装饰作用。同时使涂料具有遮盖力,并提高强度和附着力,改变光泽,改善流动性和涂装性能。颜料分着色颜料(包括有机颜料、无机颜料及金属颜料)、体质颜料(主要用于改进涂料性能并降低成本,大多为天然白色或无色物)、防锈颜料(如氧化铁红、铝粉、红丹、铬黄、磷酸锌等)。

3. 溶剂

溶剂是涂料中的"挥发"成分,它的主要作用是能够充分溶解涂料中的树脂,使涂料能正常涂布。优质的溶剂能改善面漆的涂布性能和涂膜特性,增强光泽,从而减少抛光工作量,同时也有助于更精确地配色。常用的溶剂有烃类溶剂(如松香水、汽油、苯、二甲苯等)、萜烯类溶剂(如松节油等)、醇类溶剂(如乙醇、丁醇等)、酸类溶剂(如醋酸乙酯、醋酸丁酯等)、酮类溶剂(如丙酮、环己酮、甲乙酮等)、醇醚类溶剂(如乙二醇单乙醚、乙二醇单丁醚等)以及氯化烃类溶剂和水。

4. 添加剂

由于近十多年来涂料工艺发生了巨大变化,添加剂的使用也越来越普遍。虽然添加剂在涂料中的比例不超过5%,但它们起着各种重要作用,有能加速干燥并增强光泽的加速剂,有减缓干燥速度的缓凝剂,还有能减弱光泽的消光剂,有些添加剂起的是综合作用,能减少起皱、加速干燥、防止发白、提高耐化学物质的能力等。

二、涂料的分类

我国制定了以涂料基料中主要成膜物质为基础的分类方法，若主要成膜物质为混合树脂，则按在涂膜中起主要作用的一种树脂为基础作为分类依据。这样，便可根据其类别、名称了解其组成、性能及施工方法等。根据此分类方法，将涂料产品分为18大类，详见表6-1。

表6-1 涂料分类表

序号	代号	类别	主要成膜物质
1	Y	油脂漆类	天然植物油、清油（熟油）、合成油
2	T	天然树脂漆类	松香及衍生物、虫胶、乳酪等、动物胶、天然漆及衍生物
3	F	酚醛树脂漆	改性酚醛树脂、纯酚醛树脂
4	L	沥青漆类	天然沥青、石油沥青、煤焦沥青
5	C	醇酸树脂漆	甘油醇酸树脂、季戊四醇醇酸树脂、其他改性醇酸树脂
6	A	氨基树脂漆	脲醛树脂、三聚氰胺甲醛树脂、聚酰亚胺树脂
7	Q	硝基漆类	硝基纤维素、改性硝基纤维素
8	M	纤维素漆类	乙基纤维、苯基纤维、羟甲基纤维、醋酸纤维、醋酸丁酸纤维、其他纤维及醚类
9	G	过氯乙烯漆类	过氯乙烯树脂、改性过氯乙烯树脂
10	X	乙烯漆类	氯乙烯共聚树脂、聚醋酸乙烯及其共聚物、聚乙烯醇、缩醛树脂、聚二乙烯乙炔树脂、含氟树脂
11	B	丙烯酸漆类	丙烯酸树脂、丙烯酸共聚物及其改性树脂
12	Z	聚酯漆类	饱和聚酯树脂、不饱和聚酯树脂
13	H	环氧树脂漆类	环氧树脂、改性环氧树脂
14	S	聚氨酯漆类	聚氨基甲酸酯
15	W	元素有机漆类	有机硅、有机钛、有机铝等元素有机聚合物
16	J	橡胶漆类	天然橡胶及其衍生物、合成橡胶及其衍生物
17	E	其他漆类	除以上成膜物质外的成膜物质，如无机高分子材料、聚酰亚胺树脂等
18		辅助材料	稀释剂、防潮剂、催干剂、固化剂、脱漆剂等

表6-1中前4类基料主要是以植物油和天然树脂作为主要成膜物质，通常称为油漆或涂料。其后13类都是采用合成树脂为主要成膜物质，其中有些品种类型的组成中无油料，是以纯合成树脂为主要成膜物质的涂料，第18类涂料为辅助材料类，包括稀释剂、助溶剂、催干剂、防潮剂、催化剂、固化剂、脱漆剂和防老化剂等。辅助材料分类见表6-2。

表6-2 辅助材料分类

序号	代号	名称	序号	代号	名称	序号	代号	名称
1	X	稀释剂	3	F	防潮剂	5	G	催干剂
2	T	脱漆剂	4	H	固化剂	—	—	—

三、涂料的性能

由于组成的成分不同,涂料的物理化学性能也各不相同。

1. 油脂类涂料

油脂类涂料是以各种干性油脂作为主要成膜物质,再加入催干剂和其他辅助材料混合而成的一种涂料,其特点是:具有较好的渗透能力,附着力强;与空气中的氧作用自行干燥成膜;干燥后涂层柔韧性好,气味和毒性小;耐候性强、防锈能力好(如红丹防锈底漆)等,可调配成为腻子。

2. 天然树脂类涂料

天然树脂类涂料是以天然树脂(如虫胶、松香、天然沥青、琥珀、珂巴树脂、安息香脂等)加上各种干性植物油混合炼制后,再加入催干剂、有机溶剂、颜料等组成的一类涂料。这类涂料成膜性好、外观光亮丰满、色泽鲜艳、装饰与保护性能好,但耐久性差,在空气中使用不长时间就会失去光泽,并发生龟裂、粉化等,而且抗水性、耐热性差。

3. 酚醛树脂类涂料

酚醛树脂类涂料是以酚醛树脂和改性酚醛树脂为主要成膜物质,加入桐油和其他干性油混合炼制后,再加入颜料、催干剂、有机溶剂和其他辅助材料混合调制而成的一类涂料。这类涂料涂层坚硬、光亮、易干燥,有良好的电绝缘性能和防腐性能。其不足之处是涂层易泛黄,且耐水性和力学性能差。

4. 醇酸树脂类涂料

醇酸树脂类涂料是由多元醇、多元酸及脂肪酸经缩合而成的醇酸树脂和改性醇酸树脂为主要成膜物质的涂料。这类涂料中有短、中、长油度的干性、半干性、不干性三种醇酸树脂为主基料配制的多个品种,是合成树脂类涂料中最重要的一种。这类涂料具有优良的附着力、耐候性好、不易老化、涂层光泽好、保光保色性好、涂层坚硬耐磨、力学性能好及耐油性能好等多种优点。

5. 氨基树脂类涂料

氨基树脂类涂料是以氨基树脂与醇酸树脂混合制成的。这类涂料经烘烤成膜,所形成的涂层附着力强、色泽鲜艳、机械强度高、光泽好,有优良的保光保色性,具有耐油、耐水、耐碱、耐溶剂、耐热且抗老化等优点。其缺点是涂层必须烘烤才能成膜,且烘烤温度不能过高,否则涂层会变色、变脆,使涂层性能下降。

6. 硝基类涂料

硝基类涂料是以硝化纤维类(硝化棉)、改性醇酸树脂和增韧剂为基础,加入各种颜料及有机溶剂混合而成的一类涂料。这类涂料在常温25℃左右能快速自干,低温时也可烘干。干燥形成涂层后,坚硬耐磨,经抛光打蜡后光泽发亮能延长使用寿命。但其涂膜薄,耐水、耐温变、耐腐蚀性能较差。

7. 过氯乙烯树脂类涂料

这类涂料的主要成膜物质是过氯乙烯树脂或改性过氯乙烯树脂,有时还加入改性醇酸树脂以提高性能。这类涂料干燥迅速(可自干)、涂层柔韧光亮,具有好的耐候性和好的耐油、耐水、耐腐蚀性。但其附着力稍差,涂层较软且耐热性差,对涂装条件要求高。

第六章 汽车涂料

8. 乙烯树脂类涂料

乙烯树脂类涂料是以含双键的乙烯及其衍生物本体聚合或共聚形成的乙烯树脂为主要成膜物质，再加入其他辅助材料调制而成的。若再加入其他类树脂，可调制成各种不同性能的专用涂料。乙烯树脂类涂料的共同特点是涂层柔韧性好、色泽艳丽、保色保光性好、耐久不变色、不泛黄、附着力强、耐磨。其缺点是涂层耐溶剂性能差，涂层薄。该类涂料可自干或烘干。

9. 聚酯树脂类涂料

这类涂料的主要成膜物质有饱和聚酯树脂和不饱和聚酯树脂两类。其中以不饱和聚酯树脂制成的涂料品种较多，这类涂料形成的涂层能自干也可烘干。涂料含溶剂少，涂层较厚，光亮丰满，保色保光性能好，涂层坚硬耐磨，且能耐弱酸、弱碱等。其缺点是涂层附着力差，涂层较脆，涂料稳定性差，难以保管。

10. 环氧树脂类涂料

环氧树脂类涂料是以环氧树脂和改性环氧树脂为主要成膜物质的一类涂料，这类涂料干燥成膜后其涂层坚硬耐磨、柔韧性好、耐水、耐热、耐腐蚀，有好的附着力，电绝缘性好。其缺点是不耐紫外线，室外使用时涂层易失光、龟裂和粉化。

11. 聚氨酯树脂类涂料

聚氨酯树脂类涂料以聚氨基甲酸酯树脂为主要成膜物质。其有优良的附着力，涂层光滑平整、坚硬而柔韧，且色泽鲜艳，装饰性好，能耐油、耐酸、耐碱腐蚀，保色保光性好。其缺点是涂料必须现用现配，在潮湿的情况下进行涂装，涂层易起泡，涂料毒性大。

四、涂料的命名和型号

1. 涂料的命名

涂料的名称由三部分组成，颜色或颜料的名称、成膜物质的名称、基本名称，即：

$$涂料全名 = 颜色或颜料名称 + 成膜物质名称 + 基本名称$$

颜色位于名称的最前面，若颜料对涂膜性能起显著作用，则可用颜料的名称代替颜色的名称，如铁红醇酸底漆、锌黄酚醛防锈漆等。

涂料名称中的成膜物质名称应适当简化，如聚氨基甲酸酯简化成聚氨酯等。

如果基料中含有多种成膜物质，则选取起主要作用的一种成膜物质命名，必要时也可选取两种成膜物质命名，主要成膜物质名称在前，次要成膜物质在后，如环氧硝基磁漆、硝基醇酸磁漆等。

基本名称采用我国广泛使用的名称，如清漆、磁漆等。涂料的代号及基本名称见表6-3。

表6-3 涂料的代号及基本名称

代号	基本名称	代号	基本名称	代号	基本名称	代号	基本名称
00	清油	07	腻子	14	透明漆	32	（绝缘）磁漆
01	清漆	08	水溶性漆、乳胶漆	15	斑纹漆	33	（粘合）绝缘漆
02	厚漆	09	大漆	20	铅笔漆	34	漆包线漆
03	调合漆	10	锤纹漆	22	木器漆	35	硅钢片漆
04	磁漆	11	皱纹漆	23	罐头漆	36	电容器漆
05	粉末涂料	12	裂纹漆	30	（浸渍）绝缘漆	37	电阻漆、电位器漆
06	底漆	13	晶纹漆	31	（覆盖）绝缘漆	38	半导体漆

（续）

代号	基本名称	代号	基本名称	代号	基本名称	代号	基本名称
40	防污染、防蛆漆	53	防锈漆	65	粉末涂料	85	调色漆
41	水线漆	54	耐油漆	66	感光涂料	86	标志漆、公路划线漆
42	甲板漆、甲板防滑漆	55	耐水漆	67	隔热涂料	98	胶液
43	船壳漆	60	耐火漆	80	地板漆	99	其他
44	船底漆	61	耐热漆	81	鱼网漆	—	—
50	耐酸漆	62	示温漆	82	锅炉漆		
51	耐碱漆	63	涂布漆	83	烟囱漆		
52	防腐漆	64	可剥漆	84	黑板漆		

在成膜物质和基本名称之间，必要时可在成膜物质后面加以标明专业用途及特性，如过氯乙烯防腐漆、醇酸导电磁漆和白硝基外用磁漆等。

凡须烘烤干燥的漆，名称中应加"烘干"或"烘"字样，如果没有，则表明该漆是常温干燥或烘烤干燥均可，如环氧树脂烘漆等。

2. 涂料的型号

为了区别同一类型的各种涂料，在涂料名称之前必须加有型号。

（1）涂料型号 涂料型号由三部分组成，即一个汉语拼音字母和两组阿拉伯数字。

字母（代号）表示涂料类别，见表6-1；前面一组阿拉伯数字表示产品的基本名称，见表6-3；后面一组阿拉伯数字则表示涂料产品序号，见表6-4；为区别同一类型的不同品种，前后两组阿拉伯数字之间加一短横使基本名称代号与序号分开，如图6-1所示。

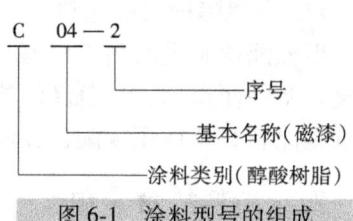

图6-1 涂料型号的组成

表6-4 涂料产品序号代号

涂料品种		代号	
		自干	烘干
		1~29℃	30℃以上
清漆、底漆、腻子			
磁漆	有光	1~49	50~59
	半光	60~69	70~79
	无光	80~89	90~99
专业用漆	清漆	1~9	10~29
	有光磁漆	30~49	50~59
	半光磁漆	60~64	65~69
	无光磁漆	70~74	75~79
	底漆	80~89	90~99

（2）辅助材料型号 辅助材料型号由两部分组成，即一个汉语拼音字母和一位或两位阿拉伯数字。

字母表示辅助材料的类别，见表6-2；数字为序号；为区别同一类型的不同品种，字母与数字之间加一短横，如图6-2所示。

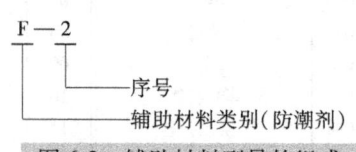

图6-2 辅助材料型号的组成

第六章 汽车涂料

第二节 车身修补涂料

汽车涂料是一种流动状态成粉末状态的有机物质，涂敷在物体表面上，干燥固化后形成连续的、牢固附着的一层膜。其包括底漆、原子灰、中涂漆和面漆等。

一、底漆

底漆是车身表面的基础涂料，其功能如下：
- ◆ 封闭金属基层，防止金属表面氧化腐蚀。
- ◆ 填平金属基材的细微缺陷以及锈斑。
- ◆ 增强金属表面与原子灰或原子灰与漆面之间的附着力，使两者牢固结合，以构成坚固的覆盖层。

1. 底漆性能要求

1）底漆对底材表面应有良好的附着能力；对其他面漆或中涂层要有良好的结合能力。

2）底漆干燥后要有很好的物理性能和机械强度；能随金属伸缩、弯曲；能抵抗外来的冲击力而不开裂、不脱落；能够抵抗其上面涂层的溶剂溶蚀而不会咬起。

3）底漆要具有一定的填充力，能够填平底材上微小的高低不平、孔眼和细小的纹路等。

4）底漆要便于施工，涂膜流平性要好，不流挂、干燥快而且容易打磨平整、不粘砂纸，保证漆面平滑光亮。

底漆的使用应根据涂装的要求和使用的目的，采用不同类型的底漆；根据工件表面状态和底漆的性质选择适当的涂装方法。

底漆涂膜的强度和结合能力的大小取决于涂膜的厚度、均匀度及其是否完全干燥，底漆涂膜一般不宜过厚，以 $15\sim25\mu m$ 为宜（在汽车表面装饰性要求不高，底漆上直接喷涂面漆的情况下膜厚可以在 $50\mu m$ 左右），过厚则涂膜干燥缓慢，还容易造成涂膜强度不够和附着力不良。

2. 底漆的种类

底漆的种类比较多，现在汽车涂装中以环氧树脂底漆和侵蚀底漆最为多见。

（1）环氧树脂底漆　环氧树脂底漆简称环氧底漆，是物理隔绝防腐底漆的代表。环氧树脂是线型的高聚物，以环氧丙烷和二酚基丙烷缩聚而成。它具有极强的粘结力和附着力，良好的韧性和优良的耐化学腐蚀性。

环氧底漆具有如下的优点：
- ◆ 附着力极强，对金属、木材、玻璃、塑料、陶瓷和纺织物等都有很好的附着力和粘结力。
- ◆ 涂膜韧性好，耐挠曲，且硬度比较高。
- ◆ 耐化学腐蚀性优良，尤其是耐碱性更为突出。因为环氧树脂的分子结构内含有醚键，而醚键在化学上是最稳定的，所以对水、溶剂、酸、碱和其他化学品都有良好的抵抗力。
- ◆ 良好的电绝缘性，耐久性和耐热性良好。

环氧底漆的缺点如下：
- 表面粉化较快，这也是它主要用于底层涂料的原因之一。
- 环氧底漆使用胺类作为固化剂，胺类对人体和皮肤有一定的刺激性，因此在使用时要加以注意。

（2）侵蚀底漆　侵蚀底漆是以化学防腐手段来达到防腐目的的，主要代表为磷化底漆。

磷化底漆是以聚乙烯醇缩丁醛树脂溶于有机溶剂中，并加入防锈颜料四盐锌铬黄等制成的，使用时与分开包装的磷化液按一定调配后喷涂。

注意：品牌漆中的磷化底漆一般都已经制成成品，按一定的比例加入固化剂使用即可。

磷化底漆的作用：

金属表面涂装磷化底漆后，磷化液（弱磷酸）与防锈颜料四盐锌铬黄反应生成同一般磷化处理相似的不溶性磷酸盐覆盖膜，同时生成的铬酸使金属表面钝化。由于聚乙烯醇缩丁醛树脂具有很多极性基团，它也参与了锌铬颜料与磷酸的反应，转变成不溶性铬合物膜层，与上述的磷酸盐覆盖膜都起防腐蚀和增强涂层附着力的作用。

磷化底漆作为有色及黑色金属的防锈涂料，能够代替金属的磷化处理，在提高抗腐蚀性和绝缘性，增强涂层与金属表面的附着力等方面比磷化处理层更好，而且工艺和设备要求比较简单。但磷化底漆涂膜很薄（8~15μm），因此一般不单独作为底漆使用，所以，在涂装磷化底漆后通常仍用一般底漆打底。

磷化底漆使用时的注意事项：

磷化底漆在使用时要注意的一点是，因其具有一定的侵蚀作用，所以不能用金属容器调配，使用的喷枪罐也应使用塑料罐，在喷涂完毕后应马上清洗喷枪。

磷化底漆施涂完毕后不要马上喷涂其他底漆，而应等待一段时间（20℃，2h）再进行下一步操作。

磷化底漆的优点：

环氧底漆与磷化底漆对底材都具有良好的防腐性，对其上的涂层也都具有良好的粘结能力，一般在汽车修补中常使用环氧底漆做打底用，而在汽车制造或大面积钣金操作后对裸金属进行磷化防腐处理时常采用磷化底漆。

二、原子灰

原子灰又称新型聚合型腻子，是一种膏状或厚浆状的涂料，它容易干燥，干后坚硬，能耐砂磨。原子灰一般使用刮具刮涂于底材的表面（也有使用大口径喷枪喷涂的浆状原子灰，称为"喷涂原子灰"），用来填平补齐底材上的凹坑、缝隙、孔眼、焊疤、刮痕以及加工过程中所造成的物面缺陷等，使底材表面达到平整、匀顺，使面漆的丰满度和光泽度等能够充分地显现。

1. 原子灰与平常所指的腻子的区别

原子灰俗称"腻子"，但与通常所指的腻子是有区别的。

（1）通常所指的腻子　通常所指的腻子一般是用油基漆作为粘结剂，以熟石膏粉等作为填充料，并加入少量的颜料和稀释剂调和后填补用。

第六章 汽车涂料

缺点：

这种腻子干燥时间长，干燥后质地比较软，而且会出现不同程度的凹陷，对其上面的涂膜具有一定的吸收作用，不利于涂装修补和面漆的美观，现已不用。

（2）原子灰　原子灰是涂料，所以也是由树脂、颜料、溶剂和填充材料等组成的。

优点：

原子灰硬化时间短，常温下 0.5h 即可干燥硬化，可以进行打磨；经打磨后的原子灰表面细腻光洁，质地坚硬，基本无塌陷，对其上面的涂料吸收很少甚至不吸收；附着能力强，耐高温，正常使用时不出现开裂和脱落现象，因此现在被广泛应用于汽车的制造和修补工作中，用于填补。

2. 原子灰的分类

原子灰的分类见表 6-5。

表 6-5　原子灰的分类

类　　别	说　　明
普通原子灰	普通原子灰多为聚酯树脂型，膏体细腻，操作方便，填充能力强，适用于大多数底材，如良好的旧涂层、裸钢板表面等。因其具有良好的附着力和弹性，也可用于车用塑料保险杠和玻璃钢件，但刮涂不宜过厚。普通原子灰不适用于镀锌板、不锈钢板和铝板等和经磷化处理的裸金属表面，附着能力会达不到要求，造成开裂。但在这些金属表面首先喷涂一层隔绝底漆（通常为环氧基）后即可正常使用
合金原子灰	合金原子灰也称金属原子灰，比普通原子灰性能更加良好，除可用于普通原子灰所用的一切场合外，还可以直接用于镀锌板、不锈钢板和铝板等裸金属而不必首先施涂隔绝底漆，但不适用于经磷化处理的裸金属表面。合金原子灰因其性能卓越，使用方便，所以应用也很广泛，但价格要高于普通原子灰
纤维原子灰	纤维原子灰其填充材料中含有纤维物质，干燥后质轻且附着能力和硬度很高，因此能够一次刮涂得很厚，可以直接填充直径小于 50mm 的孔洞或锈蚀而无须钣金修复，对孔洞的隔绝防腐能力也很强。对于比较深的金属凹陷部位填补效果非常良好。但表面呈现多孔状，需要用普通原子灰做填平工作
塑料原子灰	塑料原子灰专用于柔软的塑料制品的填补工作。调和后呈膏状，可以刮涂也可以搽涂，干燥后像软塑料一样，与底材附着良好。虽然干后质地柔软，但打磨性很好，可以机器干磨也可以用水磨，常用于塑料件的修复
幼滑原子灰	幼滑原子灰也称填眼灰，有双组分的也有单组分的，以单组分产品较为常见。填眼灰膏体极其细腻，一般在打磨完中涂层后，喷涂面漆之前使用，主要用途是填补其微小的小坑、小眼等，提高面漆的装饰性。因其填补能力比较差，且不耐溶剂，易被面漆中的溶剂咬起，所以不能作为大面积刮涂使用。但它干燥时间很短（几分钟），干后较软易于打磨，用于填补小坑非常适合，可以提高生产效率并能保证质量，所以也是涂装必备的用品

三、中涂漆

中涂漆是指介于底漆涂层和面漆涂层之间所用的涂料，也称底漆喷灰，俗称"二道浆"。

中涂漆的主要功能：改善被涂工件表面和底漆涂层的平整度，为面漆层创造良好的基础，以提高面漆涂层的鲜映性和丰满度，提高整个涂层的装饰性和抗石击性。

中涂漆性能要求

◆ 应与底漆、面漆配套良好，涂层间的结合力强，硬度配套适中，不被面漆的溶剂所咬起。

◆ 应具有足够的填平性，能消除被涂底漆表面的划痕、打磨痕迹和微小孔洞、小眼等缺陷。

◆ 打磨性能良好，不粘砂纸，在打磨后能得到平整光滑的表面（现在有许多品牌漆中都有免磨中涂，靠其本身的展平性得到平整光滑的表面）。

◆ 具有良好的韧性和弹性，抗石击性良好。

注意：对于表面平整度较好，装饰性要求又不太高的载货汽车和普通乘用大客车在制造和涂装修理时有时不采用中涂漆，对于装饰性要求很高的中、高级轿车则都采用中涂漆。

四、面漆

1. 面漆的性能要求

面漆不但要有优良的装饰性，涂膜色彩鲜艳、光亮丰满，而且还需有良好的保护性、耐水、耐油、耐磨、耐化学腐蚀性。

在选择汽车用面漆时应从以下几个方面来考虑。

（1）外观　色彩鲜艳、光泽醒目、色差小、丰满度强和鲜映性好。

（2）硬度和抗石击性　面漆涂膜应坚硬耐磨，具有足够的硬度及抗石击性，以保证涂膜在汽车行驶中由于路面砂石的冲击和摩擦不产生划痕。

（3）耐候性及耐老化性能　耐候性及耐老化性能是选择面漆时的重要指标之一。如果汽车用面漆的耐候性及耐老化性能不好，则使用不久面漆涂层就会失光、变色及粉化，直接影响汽车的装饰性，而使之变成旧车。因此，要求汽车用面漆要有良好的耐候性及耐老化性能。

（4）耐湿热和防腐蚀性　面漆涂层在湿热条件下（如温度40℃，相对湿度90%），应不起泡、不变色或不失光。对面漆涂层的防腐蚀性要求虽然没有像对底漆涂层那样高，但与底漆涂层配套后，应能增强整个涂膜的防腐蚀性。

（5）耐化学药品性　面漆涂层使用过程中，如与蓄电池酸液、润滑油和制动液、汽油及各种清洗剂等直接接触，擦净后接触面不应有变色、起泡或失光等现象。

（6）施工性能　高温原厂漆必须适应流水生产线上的"湿碰湿"工艺，烘干温度在120~140℃，烘干时间为30min等施工条件。在装饰性要求高的场合，还应具有优良的抛光性能。面漆还应具有较好的重涂性（即不打磨再涂面漆，结合力良好）和修补性。而汽车修补漆必须与原厂漆相匹配，并能在60~80℃烘烤成膜，适应手工涂装。

2. 汽车常用面漆涂料的的性能和用途

汽车常用面漆涂料的性能和用途见表6-6。

第六章 汽车涂料

表6-6 汽车常用面漆涂料的性能和用途

类型	品种	性能	用途	备注
溶剂挥发型	Q01-1 硝基清漆	涂膜光泽好，耐久性良好	可作为汽车硝基外用漆罩光，或调入色漆内罩光等，用量为50~70g/m²	其品种有硝基纤维素涂料、热塑性丙烯酸树脂涂料、各类改性丙烯酸树脂涂料，如硝基纤维素改性丙烯酸树脂涂料、醋酸丁酸纤维素改性丙烯酸树脂涂料等
溶剂挥发型	Q01-23 硝基清烘漆	涂膜光泽好，硬度高，耐汽油和机油性能好，耐水性优于Q01-1，可打磨抛光，但柔韧性较差	可用于各种烘烤物面罩光，如汽车的空气滤清器、喇叭等，用量为50~100g/m²	
溶剂挥发型	Q04-2 各色硝基外用磁漆	涂膜干燥快，外观平整光亮，耐候性较好，能用砂蜡抛光	可用于汽车上要求快干的物面	
氧化固化型	C01-1 醇酸清漆	涂膜的附着力、耐久性、柔韧性、耐水性、硬度及冲击强度比氨基烘漆差，由于该涂膜易变黄，不宜单纯用它罩光，应和醇酸磁漆以不同比例混合后作为最后一道罩光涂膜	适用于喷、刷汽车内外金属和木材表面以及作为醇酸漆的罩光用，用量为40~60g/m²	其品种有醇酸树脂涂料、丙烯酸改性醇酸树脂涂料等
氧化固化型	C01-5 醇酸清漆	涂膜干燥迅速，涂膜光亮，不易起皱，有一定的保光性和保色性，耐水性优于C01-1，但柔韧性较差。此漆干燥快，施工以喷涂为佳。与空气接触易成胶冻状而失效，故放置应严封	主要用于醇酸磁漆和氨基磁漆的罩光涂饰，用量为40~60g/m²	
氧化固化型	C01-7 醇酸清漆	涂膜附着力好，自然干燥性能良好，耐候性优于C01-1，但三防性较差	一般用于汽车铝镁合金或铝制品罩光，也可用少量醇酸磁漆与其混合作为C04-2及C04-42醇酸磁漆罩光用，用量为40~60g/m²	
热固化型	B01-10 丙烯酸清烘漆	烘烤后的涂膜具有较好的光泽、硬度、丰满度以及防盐雾性、防潮湿性、防霉性；保色性和保光性极好，长期在紫外线下暴露也不易泛黄或失光	适用于小轿车表面罩光，汽车装饰件抛光金属表面保护性装饰	其品种有热固性丙烯酸涂料、热固性环氧涂料、氨基醇酸树脂涂料、氨基丙烯酸树脂涂料
热固化型	B04-9 各色丙烯酸磁漆	涂膜平整光亮，附着力强，干燥快，耐候性和防潮性良好，并具有一定的防霉性能	适用于涂有底漆的轻金属表面，或作为标志涂装使用。可与H06-2环氧底漆、B06-2丙烯酸底漆、X06-1磷化底漆配套使用，喷涂施工	
双组分固化型	其品种有丙烯酸-聚氨酯树脂涂料、聚酯-聚氨酯树脂涂料、丙烯酸-环氧树脂涂料			
催化固化型	其品种有湿固型有机硅改性丙烯酸树脂涂料、过氧化物引发固化丙烯酸树脂涂料、氨蒸气固化聚氨酯树脂涂料等			

第三节　汽车涂膜的检测

涂膜质量的检测是取得优异的汽车涂装效果的重要保证。做好涂装质量检验工作不仅是给用户的汽车涂层提供满意的外观装饰效果、优异的抗腐蚀性和耐久性，同时也是对企业负责，推动企业发展的有力保证。因此，在涂装工作之前一定要做好各项准备工作，必要时要进行喷涂样板测试等，以确保涂装的质量，节约时间和操作成本。

一、涂膜质量的检测

1. 涂膜的附着力检测

涂膜的附着力是指涂膜与被涂物面之间的结合力，用它表示涂膜与被涂物之间的结合牢固程度。

目前，检测涂膜的附着力常采用两种方法，即综合测定法和剥落测定法。综合测定法包括栅格法、交叉划痕法和画圆法；剥落测定法包括扭开法和拉开法。

根据 GB/T 1720—1979 规定，广大企业普遍使用综合测定法中的画圆法来测定涂膜的附着力，所得的结果也被广泛认同。画圆法即用附着力测定仪在喷涂样板上按圆滚线划出一圈一圈的划痕，然后查看划痕范围的涂膜完整程度来进行评定。检测方法如图 6-3 所示。

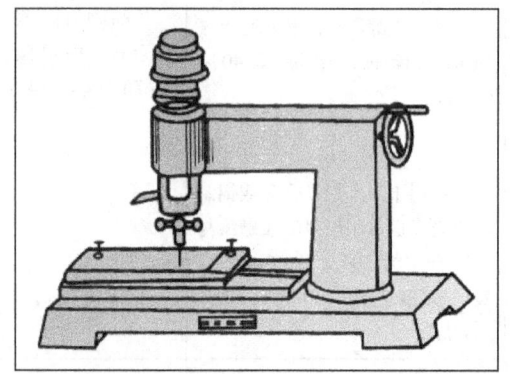

其有关部件规格如下：

试验台丝杆，螺距 1.5mm，其转动与转针同步；转针采用三五牌唱针，空载质量 200g；荷重盘上可放置砝码，其质量为 100g、200g、500g 和 1000g；转针回转半径可调，标准回转半径为 5.25mm。

图 6-3　附着力测定仪

（1）材料和设备　三块喷涂样板（50mm×100mm 标准的测试样板通常为马口铁，若测试特殊底材时应使用处理妥当的该种底材）；四倍放大镜；毛刷。

（2）测定的方法　按国家标准规定，待喷涂样板彻底干燥后，在恒温、恒湿条件下测定。

步骤如下：

1）调整划针的回转半径直至与标准回转半径 5.25mm 的圆滚线相同为止。

2）将样板放在试验台上并固定，在荷重盘上酌加砝码，使转针的尖接触到涂膜并能划至金属层。

3）按顺时针方向均匀摇转摇柄，转速以 80~100r/min 为宜，圆滚线划痕标准周长为 (7.5±0.5)cm。

4）取出样板，用毛刷清除漆屑，以四倍放大镜观察划痕并做出评定。

（3）评定的方法

1）**测试仪器评定**。以样板上划痕的上侧为检查的目标，依次标出 7 个部位，相应地将其附着能力分为 7 个等级，按顺序检查涂膜的完好程度。

例如：部位 1 涂膜完好，附着力评为 1 级，部位 2、3、4、5 等均有不同程度的脱落，依次评为 2 级、3 级、4 级、5 级等，部位 7 脱落最多，评为 7 级，如图 6-4 所示。

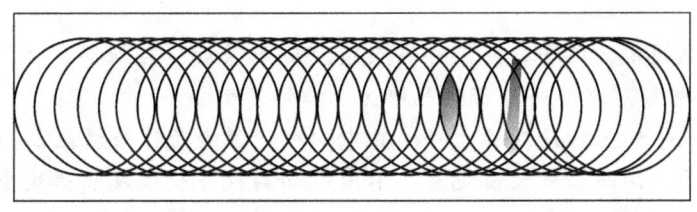

图 6-4　标准划痕圆滚线

注意：测试的结果以至少两块测试样板的结果一致为准。这种方法用来做不同涂料或不同底材的附着力比较测试较为常用。

2）**没有测试仪器评定**。在没有测试仪器的情况下可以使用一种比较简便易行的方法进行附着力测试。

方法如下：

① 在完全干燥的样板上，取不同的部位，分别用锋利的刀片或划针在 $1cm^2$ 范围内划横竖各 10 条划至金属层的直线。

② 将这一小面积划分为若干个 $1mm^2$ 的小方格，然后用黏度较大的塑料胶带粘贴在这些小方格上。

③ 用力撕下胶带，观察涂膜的剥落现象，来评定涂膜的附着能力。

注意：这种方法由于局限性比较大，只作为参考用，不能作为评判的标准。但由于该方法简便易行，在涂装车间进行简单测试时经常采用。

2. 涂膜柔韧性的检测

涂膜的柔韧性又称为弹性或弯曲性，是指涂于一定规格金属板上的涂膜能够经受的最大弯曲程度（最小弯曲直径），即涂膜经过一定程度的弯曲后而不发生破坏的性能，用弯曲直径（mm）表示。

测试方法：将喷涂样板在不同直径的轴棒上弯曲，直至弯曲后不引起涂膜破坏的最小轴棒为止，最小轴棒的直径即表示该涂膜的柔韧性数值。在 GB/T 1731—1993《漆膜柔韧性测定法》中有如下的规定：

（1）材料和仪器设备

1）**四倍放大镜**。

2）**马口铁板**：25mm×120mm 标准的测试样板通常为马口铁，若测试特殊底材时应使用处理妥当的该种底材。

柔韧性测定器（图 6-5）是由粗细不同的 6 个钢制轴棒组成的，固定于底座上，底座可固定在实验台架上。

3）**轴棒的规格**：每个轴棒长度为 **35mm**。

轴棒 1：内径 10mm、外径 15mm 的套管。

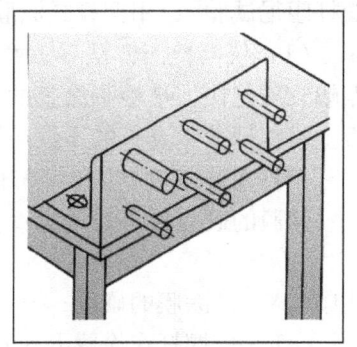

图 6-5　柔韧性测定器

轴棒 2：截面为 5mm×10mm，曲率半径为 2.5mm。
轴棒 3：截面为 4mm×10mm，曲率半径为 2mm。
轴棒 4：截面为 3mm×10mm，曲率半径为 1.5mm。
轴棒 5：截面为 2mm×10mm，曲率半径为 1mm。
轴棒 6：截面为 1mm×10mm，曲率半径为 0.5mm。

（2）测定方法

1）按国家标准规定，在马口铁板样板涂膜彻底干燥后，在恒温、恒湿的条件下，涂膜向上，用双手将样板紧压在某一直径的轴棒上，绕棒弯曲。

2）弯曲后，双手的拇指应对称于轴棒的中心线。弯曲动作必须在 2~3s 内完成。

3）样板弯曲后，用四倍放大镜观察，不出现如网纹、裂纹及剥落现象的最小直径即为该涂料的柔韧性数值。

3. 涂膜的耐冲击强度的检测

涂膜的耐冲击强度是指涂膜能承受外来冲击而不损坏的程度。

根据 GB 1732—1993《漆膜耐冲击测定法》规定，以钢锤的重力与其落于涂膜样板上而不引起破坏的最大高度的乘积 N·cm 来表示，如图 6-6 所示。

具体规定如下：

◆ 马口铁板：50mm×120mm 标准的测试样板通常为马口铁，若测试特殊底材时应使用处理妥当的该种底材。

◆ 薄钢板：65mm×150mm 用于原子灰的耐冲击力检测，若测试特殊底材时应使用处理妥当的该种底材。

◆ 四倍放大镜。

◆ 冲击试验器。

4. 涂膜硬度的检测

涂膜硬度是指涂膜彻底干燥后具有的坚实性，即涂膜表面对作用于其上面的另一个硬度较大的物体所表现的阻力。

这个阻力可以通过在一定质量的负荷，作用在比较小的接触面积上时，测定涂膜抵抗变形的能力来表现出来。它是表现涂膜机械强度的重要指标之一。根据 GB/T 1730—2007《色漆和清漆 摆杆阻尼试验》，用摆杆式涂膜硬度实验仪进行检测。

（1）仪器检测方法　表面越软，接触该表面的摆杆摆动的振幅衰减越快。被检测涂膜的硬度用一定质量的摆置于该涂膜样板上，摆杆摆动衰减的次数与同一条件下摆杆在玻璃板上摆动衰减的次数的比值来表示。

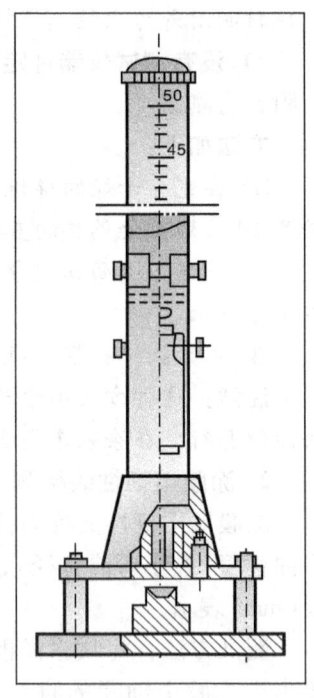

图 6-6　冲击试验器

摆杆在玻璃板上从 6°~3°的摆动次数测定为 (178±8) 次，所需时间为 (250±10)s。

涂膜的硬度按下式计算：

$$X = n/n_0$$

式中　X——涂膜的硬度；

n——摆杆在涂膜上从 6°~3°的摆动次数；

n_0——摆杆在玻璃板上从 6°~3°的摆动次数。

（2）铅笔检测 使用铅笔来测定其硬度值，要求测试用的铅笔质量有保证，各级笔芯的硬度要有明显且均匀的差异。

方法如下：

1）准备铅笔一套，从6H~6B共13支，削成如图6-7所示的形状。

2）从最软的铅笔开始，保持铅笔与测试样板呈45°角，由后向前推进，如果笔芯划破涂膜，则说明涂膜的硬度比该铅笔的硬度低一号。

这种方法因使用简便而被广泛采用，但因铅笔的生产制造存在很大的差异，所以仅可以做一般比较和简单检测使用，不能作为标准。

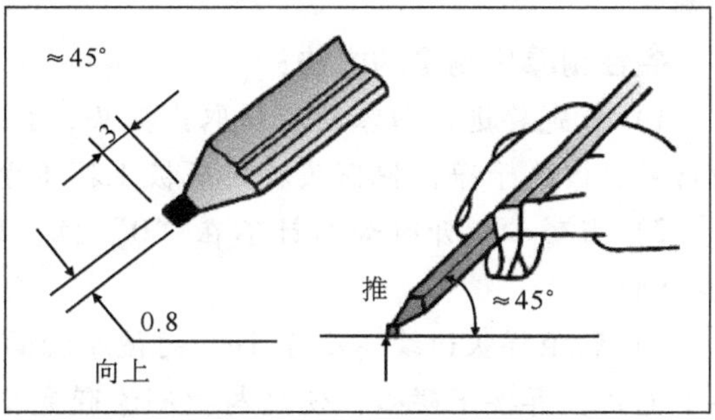

5. 涂膜光泽度的检测

涂膜光泽度是指涂膜表面把投射其上的光线朝向一个方向反射出去的能力。涂膜表面如果平整光滑，光线向一个方向反射的能力就强，涂膜越亮，其光泽度越好，反之就差。

图6-7 铅笔笔头形状及测定方式

在测量光泽度时，不管是目测还是采用仪器，都必须首先确定光的入射角。对此，我国规定采用的标准入射角为45°。

涂膜表面反射光的强弱，不但取决于涂膜表面的平滑或粗糙程度，还取决于涂膜表面对投射光的反射量和透过量的多少。在同一涂层表面，以不同入射角投入的光会出现不同的反光强度。

一般光泽的大小均是相对的比较值，即光泽计附有一块高光泽标准样板（黑玻璃），规定该标准样板的光泽度为100%，与被测定的涂膜的样板进行比较，用百分比表示。

光电光泽计的原理：

将一定角度的光投射于被测涂膜样板上，通过透镜反射，并用光电池将反射光强度转变为电能，再通过精密的检流计测定。用该测定值与同样条件下光泽计内附的标准板所反射的光量值进行比较，其比值的百分数即为被测样板的光泽度。

注意： 进行光泽度检测时需要同时测量不同的几点（不少于3个点）以进行综合评定。每测定5块标准板后，应进行校对一次，标准板宜用专用镜头纸或柔软绒布擦拭，以避免损伤镜面。

二、涂膜厚度的检测方法

涂膜的厚度检测目前常采用两种方法，一种是利用千分尺来进行测量，另一种是利用磁性测厚仪测量。

1. 千分尺检测

利用千分尺进行测量不能直接测得被涂车辆的膜厚，只能测量喷涂样板。

将喷涂样板遮盖后进行喷涂，待干燥后用千分尺分别测量未喷涂部位的厚度与喷涂部位的厚度，两者之差即为涂膜厚度。

2. 磁性测厚仪检测

对于被涂车辆车身上的涂膜厚度，通常采用磁性测厚仪进行测定。

磁性测厚仪测量的缺点：它只能测量钢铁等导磁金属表面的涂膜厚度，对不导磁物体则无法测量；若汽车车身表面经过多次修复或涂有很厚的原子灰层，会影响导磁，从而导致不能测量。

磁性测厚仪测量的方法：

1) 首先要进行归零处理：取出探头，插入仪器的插座上，选用一块与被测物底材相同的材料，擦洗干净，把探头放在底板上按下电钮，再按下磁心。

2) 当磁心跳开时如指针不在"0"位，则须调整调零电位器使其归零。调零后即可以进行测量。

3) 取距样板边缘不小于1cm的被涂物面上的几个点进行测量。将探头放在被测涂膜上按下电钮，再按下磁心，使之与被测涂膜完全吸合，此时表盘上的指针缓慢下降，待磁心跳开，指针稳定时即可读出涂膜的厚度值。

4) 取测量各点厚度的算术平均值作为被测涂膜的平均厚度值。

第七章

汽车底漆的喷涂

第一节 底漆喷涂的基础知识

一、底漆的一般知识

底漆是直接涂覆于施工物体表面的涂料，它是工件表面的基础用料，既是腻子层中间的用料，又是底层涂料与面漆连接的用料。它的作用一是防止金属表面的氧化腐蚀，二是增强金属表面与腻子（或面漆）、腻子与面漆之间的附着力。

合适的底漆是面漆耐久、美观的前提。如果底漆不好，面漆的外观就会受影响，甚至出现裂纹或剥落。

底漆根据其使用目的不同可分为头道底漆、头二道合用底漆、二道底漆及表面封闭底漆等。

（1）头道底漆 颜料含量最低，填充性能较弱，具有较强的附着力，较难被砂纸打磨。由于含粘结剂较多，上层涂料容易与之牢固地结合。头道底漆施工后，只要轻轻磨去一些浮粉即可，不必仔细打磨。

（2）头二道合用底漆 颜料含量比头道底漆多，粘结剂含量较少，附着力不如头道底漆强，但具有较强的填充性能，往往被用作单独的底漆，也可充作头道底漆。应用于具有很好平整度，而不必用腻子填嵌的工作表面上。

（3）二道底漆 具有最高的颜料含量，它的功能是填塞针孔、细眼等，具有良好的打磨性。在涂装过程中，腻子经打磨后，往往在腻子表面有很多针孔、磨痕，在腻子层表面施工二道底漆，可使这些缺陷得到补救，这与封闭底漆有着相似的功能。但二道底漆的附着力较差，所以在涂二道底漆后，必须把表面的二道底漆大部分磨去，否则会影响面层涂料的附着力，造成面层涂料浮脆、气泡等现象。

（4）封闭底漆 含颜料成分较低，主要用于填平打磨的痕迹，给面层涂料提供最大的光滑度，使面层涂料丰满，并可防止产生失光、斑点等现象。

二、底漆喷涂的方法

1. 空气喷涂

（1）空气喷涂的基本原理 如图7-1所示，当扣动扳机时，压缩空气经接头进入喷枪从空气喷嘴急速喷出，在喷漆嘴的出口处形成低压区，漆壶盖上有小孔使漆壶内与大气相通，漆壶气压始终等于大气压。这样，在压力差的作用下使涂料从漆喷嘴喷出，并被压缩空气吹散而雾化，喷到工件上实现空气喷涂。空气喷涂是当前车身修补中应用最广的一种方法。

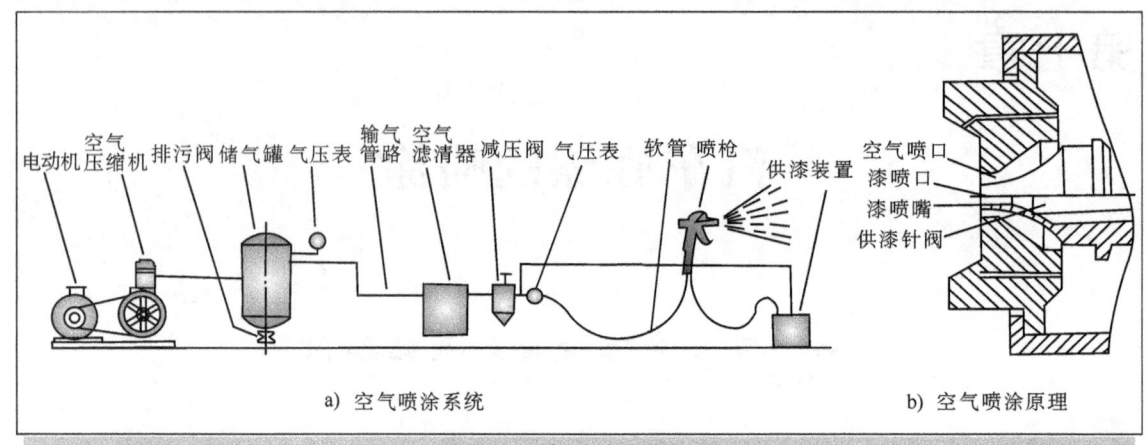

a) 空气喷涂系统　　　　　　　　b) 空气喷涂原理

图 7-1　空气喷涂基本原理

(2) 空气喷涂的特点

优点

设备简单，容易操作，能够获得厚薄均匀、光滑平整的涂膜，使有缝隙、小孔的物件，以及倾斜、弯曲的地方均能喷到。它的适应性强，大部分涂料品种都可用此法施工，对快干漆更为适用。其工效比刷涂高 5～10 倍。

缺点

涂料有效利用率低，有相当一部分的涂料随溶剂在空气中飞散，飞散的漆雾污染环境、对人体有害，且易造成火灾，甚至发生爆炸，故需要有良好的通风设备；涂膜较薄，涂料利用率低。但随着新型喷枪的出现，这些缺点在逐渐改进。

2. 电泳涂装

电泳涂装是一种特殊的涂膜形成方法，仅适用于与一般涂料不同的电泳涂装专用的（水溶性或水乳液）涂料（简称电泳涂料）。

它是将具有导电性的被涂物浸渍在装满水稀释的、浓度比较低的电泳涂料槽液中作为阳极（或阴极），在槽中另设置与其相对应的阴极（或阳极），在两极间通直流电一定时间，在被涂物上析出均一、水不溶的涂膜的一种涂装方法。

根据被涂物的极性和电泳涂料的种类，电泳涂装法可分为两种：

① 阳极电泳涂装法，被涂物为阳极，所采用的电泳涂料是阴离子型（带负电荷）。

② 阴极电泳涂装法，被涂物为阴极，所采用的电泳涂料是阳离子型（带正电荷）。

电泳涂装在英语中简称 ED(Electro Deposition)，分 AED（阳极电泳涂装）和 CED（阴极电泳涂装）。电泳涂装过程伴随电泳、电沉积、电解、电渗四种化学物理作用的组合，而形成涂膜。

(1) 电泳涂装的原理

1) **电泳**。胶体溶液中的阳极和阴极接电后，在电场的作用下带正（或负）电荷胶体粒子向阴极（或阳极）一方泳动的现象称为电泳。胶体溶液中的物质不是分子和离子形态，而是分散在液体中的溶质，该物质较大（$10^{-9} \sim 10^{-7}$m），不会沉淀，而是分散状态。

第七章 汽车底漆的喷涂

2) **电沉积凝集**。固体从液体中析出的现象称为凝集(凝聚、沉积)，一般是由于冷却或浓缩溶液而产生的，而电泳涂装中是借助于电。在阴极电泳涂装时带正电荷的粒子在阴极上凝聚，带负电荷的粒子(离子)在阳极聚集，当带正电荷的胶体粒子(树脂和颜料)到达阴极(被涂料)表面区(高碱性的介面层)，得到电子，并与氢氧离子反应变成水不溶性，沉积在阴极(被涂物)上。

3) **电解**。在具有离子导电性的溶液中的阳极和阴极接通直流电，阴离子吸往阳极，阳离子吸往阴极，并产生化学反应。在阳极产生金属溶解，电解氧化，产生氧气、氯气等，阳极是能产生氧化反应的电极。在阴极产生金属析出，并将 H^+ 电解还原为氢气。

4) **电渗**。在用半透膜间隔的浓度不同的溶液的两端(阴极和阳极)通电后，低浓度的溶媒向高浓度侧移行现象称为电渗。刚沉积到被涂物表面上的涂膜是半渗透的膜，在电场的持续作用下，涂膜内部所含的水分从涂膜中渗析出来移向槽液，使涂膜脱水，这就是电渗。电渗使亲水的涂膜变成憎水涂膜，脱水使涂膜致密化。电渗性好的电泳涂料泳涂后的湿漆用手摸也不粘手，可用水冲洗掉附着在湿漆膜上的槽液。

(2) 电泳涂装的主要特征

1) 电泳涂料在水中能完全溶解和乳化，配制成的槽液黏度很低，与水差不多。很易浸透在槽液中的车身(被涂物)的袋状构造部及缝隙中。

2) 电泳槽液具有高的导电性，涂料粒子能活泼泳动，而沉积到被涂物上湿涂膜的导电性小，随湿涂膜增厚其电阻增大，达到一定电阻值时，就不再电沉积上去。基于这两点，电泳涂装具有良好的泳透性，生成比较均一的涂膜。

3) 槽液的固体含量低，黏度低，被车身带出槽外涂料少，且可用超滤(UF)装置和反渗透(RO)装置回收利用。

4) 涂膜的附着力强，防锈力高(20μm 厚的阳极电泳涂膜的耐盐雾腐蚀性 300h 以上，阴极电泳涂膜 1000h 以上)。

5) 电泳槽液的溶剂(水溶性溶剂)含量少，用喷灯点火都烧不起来，减少现场火灾和爆炸的发生。

电泳涂装法的优点列于表 7-1 中。

表 7-1 电泳涂装法的优点

项 目	内 容
涂底漆工序可实现完全自动化、无人化	从漆前处理到电泳底漆烘干有可能实现生产线化，适用于大量流水连续生产
可得到均一的膜厚	依靠调整电量容易得到均一目标的膜厚。靠选择电泳漆的品种和调整泳涂工艺参数，膜厚可控制在 10～35μm 范围内。工件间和不同日期所沉积的涂膜(膜厚及性能)能重现。与浸法不同，在烘干时缝隙间的涂膜不产生"溶落"现象
泳透(力)性好，提高工件内腔的防腐性，尤其阴极电泳涂膜的耐蚀性好	使喷涂、浸涂等涂装法涂装不到的部位和涂料难进入的部位也能涂上漆，且缝隙间的涂膜在烘干时不会被蒸气洗掉，因而使工件的内腔、焊缝、边缘等处的耐蚀性显著提高。阴极电泳涂膜的耐盐雾性在 500h 以上，高达 1000h
涂料的利用率高	与喷涂法等相比，涂料的有效利用率可高于 95%。槽内涂料是低固体分的水稀释液，黏度低，带出槽外的少。泳涂的湿涂膜是水不溶性的，电泳后可采用 UF 液封闭水洗回收带出槽的漆液

(续)

项目	内容
安全性比较高，是低公害涂装（涂料），无火灾危险性	与其他水溶性涂料相比，溶剂含量少且因浓度低，无火灾危险。涂料回收好，溶剂含量又低，对水质和大气污染少，电泳涂料属低公害涂料。采用 UF 和 RO 装置，实现电泳后的全封闭水洗，可大大减少废水处理量
电泳涂膜的外观好，烘干时有较好的展平性	电泳涂装所得涂膜的含水量少，溶剂含量也少，在烘干过程中不会像其他涂料那样产生流痕、溶落、积漆等 电泳水洗后的涂膜是干的，甚至手摸也不粘手。晾干时间可缩短，直接进入高温烘干

（3）电泳涂装局限性

1）仅适用于具有导电性的被涂物涂底漆。如木材、塑料、布等无导电性的物件不能采用这种涂装方法。

2）由多种金属组合成的被涂物，如电泳特性不一样，也不宜采用电泳涂装工艺。

3）不能耐高温（165~185℃）的被涂物，也不能采用电泳涂装工艺。近几年在国外已开发成功在 120℃、150℃下烘干的电泳涂料。

4）对颜色有限定要求的涂装不宜采用电泳涂装，变化涂膜的颜色须分槽涂装。

5）对小批量生产场合（槽液更新期超过 6 个月）也不宜采用电泳涂装，因槽液的更新速度太慢，槽液中的树脂老化和溶剂组成的变动大，而使槽液不稳定。

第二节　喷涂前准备

一、遮盖

全涂装和局部修补涂装时，对不需喷涂的部位都应遮盖起来。对于这种遮盖作业，所用的纸和粘贴带，如图 7-2 所示，可以根据不同的场合灵活选用。

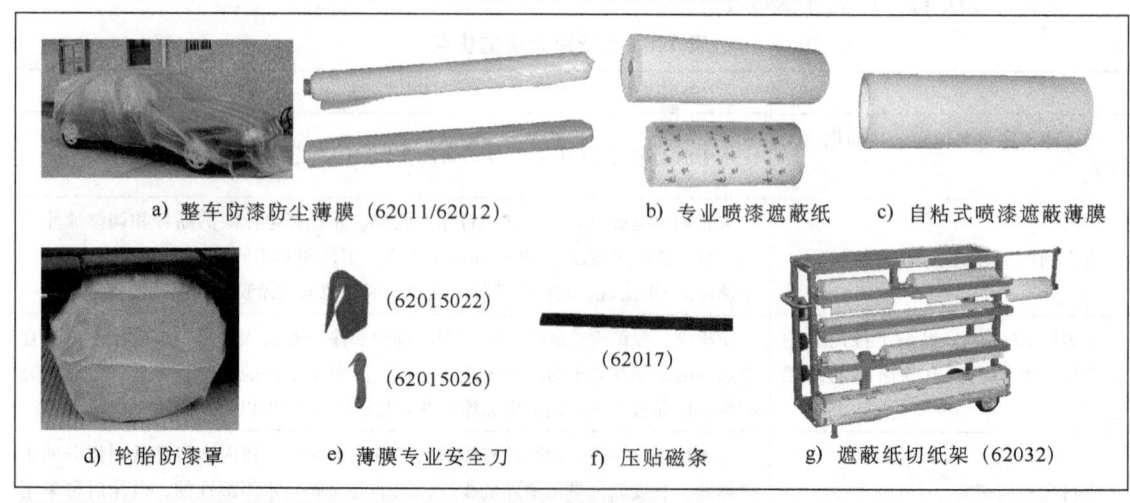

a) 整车防漆防尘薄膜（62011/62012）　　b) 专业喷漆遮蔽纸　　c) 自粘式喷漆遮蔽薄膜
d) 轮胎防漆罩　　e) 薄膜专业安全刀（62015022/62015026）　　f) 压贴磁条（62017）　　g) 遮蔽纸切纸架（62032）

图 7-2　遮盖材料及设备

第七章 汽车底漆的喷涂

1. 遮盖的诀窍

在进行遮盖作业时，要提高效率，诀窍在于应根据不同的场合使用不同宽度的带状牛皮纸。这种遮盖专用纸的宽度分别有 10cm、20cm、30cm、45cm 和 50cm 等种类。粘贴带宽度也有 9.5mm、12.7mm、25.4mm 等几种，可视情况灵活选用。

使用报纸遮盖有时也很方便，还有比较厚的纸带也可以利用。能盖住轮胎和车身侧面的专用遮盖罩，用起来最为方便。

2. 粘贴带的选择与贴法

（1）粘贴带的选择　从使用角度来考虑，粘贴带的选择，最重要的是粘贴力要强，而且不论任何季节和气候，都具有稳定的粘贴力，加热时粘贴力也不发生变化。加热就脱落或者要揭掉时粘附在被涂装面上脱不下来的粘贴带，应避免使用。除此之外，要便于揭脱，揭掉后粘贴剂不残留。另外粘贴带的纸质要好，同时要便于用手指切断。即一方面粘贴带强度不要太小，以免产生破损或产生斜向切断。另一方面又不能强度太高，以致无法用手指切断，使用起来又不方便，两者要兼顾。

（2）粘贴带的贴法　覆盖工作必须掌握要领，尤其是聚氨酯涂料，固化后用稀释剂也清除不掉，必须覆盖严实，不要让喷射的雾滴溅到不该喷涂的部位。

粘贴带应选用质量好的，若质量差，使用后会出现粘贴剂残留或其他问题，反而会增加麻烦。聚氨酯涂料需加热干燥，应使用耐热胶带纸。

粘贴带的基本贴法如图 7-3 所示。

3. 提高效率的遮盖法

如图 7-4 所示，遮盖窗玻璃时，主要使用 50cm 宽的纸，不够的部分再用 10~20cm 宽的纸补上。四周用 12~15mm 宽的粘贴带粘住。

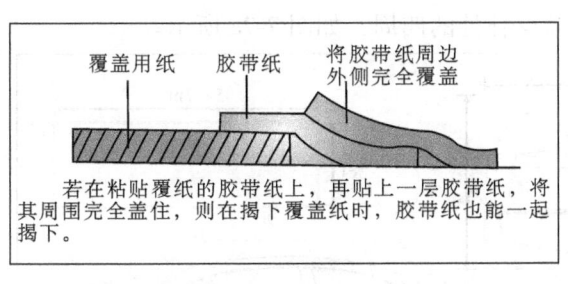

图 7-3　粘贴带的基本贴法

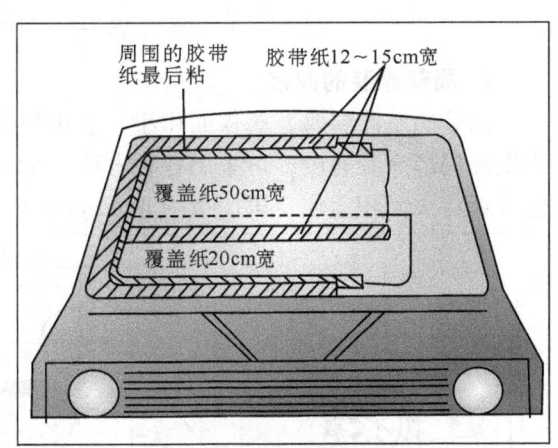

图 7-4　窗玻璃的遮盖

如图 7-5 所示，如果要将车门入口全部遮盖，先要按入口宽度准备好覆盖纸，一般是取 50cm 宽的纸 2 张，搭接成 1m 宽，对准入口，先贴住上部，在贴下边之前，要先将纸放松弛，办法是从中间折一下，这样车门才能关住。如果宽度还不够，再加 1 张 30cm 宽的纸。如果边切得不整齐，可用粘贴带补齐。纸与纸相重合的部分，要用粘贴带粘住，不能留缝隙。

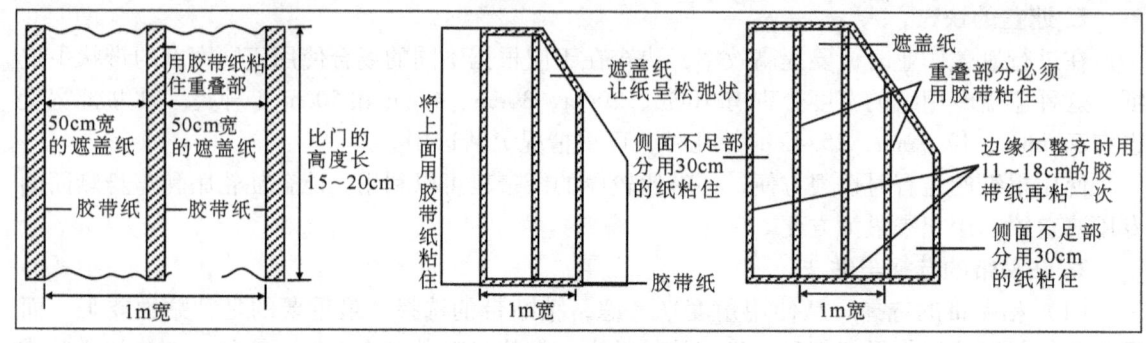

图 7-5　车门内侧的遮盖

如果用报纸遮盖，可以按图 7-6 所示，用 3 张报纸接成 110cm 宽的正方形，对准车门入口，先从便于粘贴的部位开始粘贴，边粘边将报纸多余部分按车门入口的外形曲线，或向内折，或截取掉。

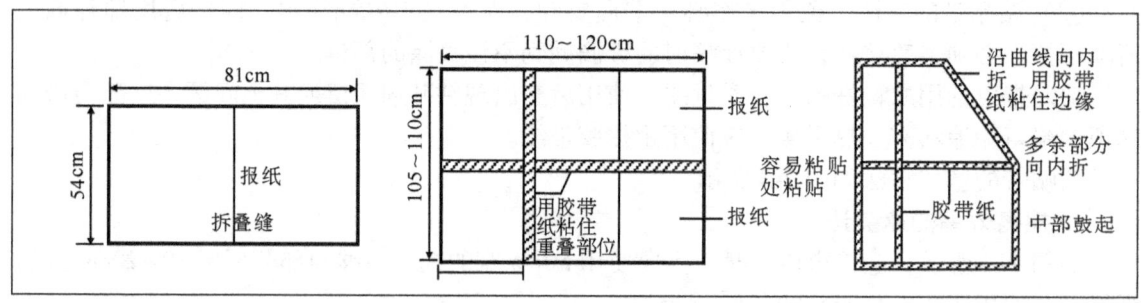

图 7-6　利用报纸进行遮盖

4. 局部涂装的遮盖

涂装硝基涂料时，遮盖面积小一点也没有多大关系，但聚氨酯涂料一定要遮盖宽一些。为提高局部涂装速度，可采用各种方法。例如可以采用市面上出售的车身遮盖板，或用大的包装纸将大面积盖住，再用 20~30cm 宽的纸遮盖修补处的四周，如图 7-7a 所示。

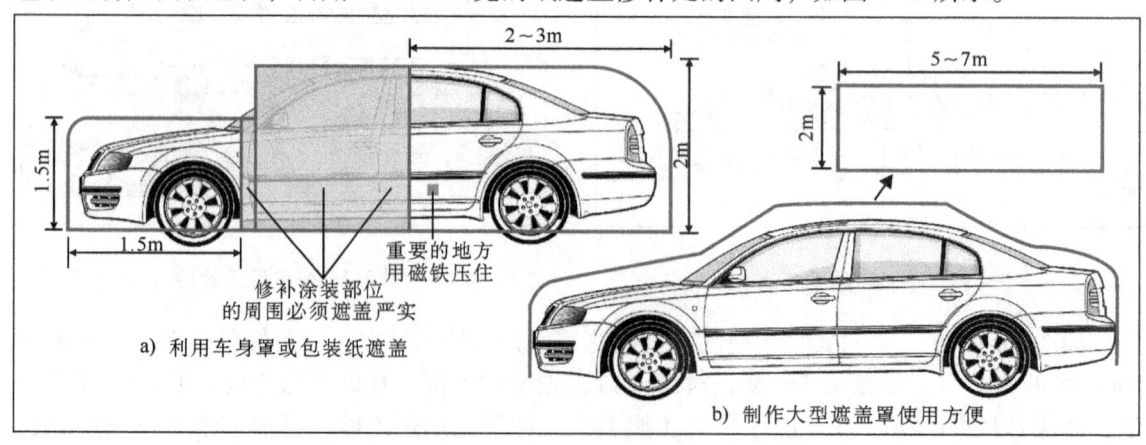

图 7-7　车身车罩的使用

如果事先用厚纸做成长 5~7m，宽 2m 左右的遮盖罩，用起来就很方便，如图 7-7b 所示。当要对侧门和挡泥板等部位进行涂装时，从发动机罩、车顶到行李舱盖，一下子就能盖住，然后用磁铁压住几个主要部位，再局部用粘贴带粘住就可以了。当然，要修补部位的四周，必须用纸仔细盖住。这种遮盖罩可以折叠起来放好，反复使用。

二、涂料选配与调制

1. 涂料的选配

搞清楚所需要修补车辆原来的涂装系统以及每一道涂层所采用的漆种，是做好汽车修补涂装非常重要的一步。这要从汽车总装厂那里得到有关信息。

汽车涂装系统由当初最原始的 2C2B(二涂二烘)发展到今天的最高达 7C5B(七涂五烘)，涂层的总厚度也由原来的 30~40μm 增加到 130~150μm，逐步实现了由低级到高级的过渡，能够初步满足汽车工业对不同档次车辆涂装的要求。

汽车总装厂通常所采用的涂装系统大体上可归纳为以下几类：

① 底漆-腻子-本色面漆。
② 底漆-腻子-中间涂料-本色面漆。
③ 底漆-腻子-中间涂料-单层金属闪光漆。
④ 底漆-腻子-中间涂料-金属闪光底色漆-罩光清漆。
⑤ 底漆-腻子-中间涂料-本色底色漆-罩光清漆。
⑥ 底漆-腻子-防石击中间涂料-中间涂料-金属闪光底色漆-罩光清漆。
⑦ 底漆-腻子-中间涂料-金属闪光底漆-底色漆-罩光清漆。
⑧ 底漆-腻子-防石击中间涂料-中间涂料-金属闪光底漆-底色漆-罩光清漆。

注意：第①类是汽车工业发展初期所采用的涂装系统，国外基本不采用了，但在我国，一些低档车辆如载货汽车、农用汽车、公共汽车等仍然采用。第②、③类在国外被用于大型车辆，如巴士、货车等中档车上，国内则用于小型面包车、各种微型车等上。第④、⑤类则用于轿车的涂装中。第⑥、⑦类是最近几年发展成功的一种新型的涂装系统，其中的金属闪光底漆不同于以往的金属闪光底漆。在这一道涂层中不含着色的透明颜料，只有铝粉、珠光粉之类的闪光颜料，在底色漆中则仅仅含有某些透明的着色颜料，不含闪光颜料。采用这类涂装系统，涂层装饰性更为优越，外观显得更加美观、豪华、别致；铝粉和珠光粉的排列更为规整，闪烁均匀，立体感强。观察这类涂层时，能明显地感受到它的不同寻常的丰满度、深度，其艺术感染力更为强烈。

如果只能得到涂装系统的有关信息，但无法了解到配套涂料的品种，就要根据各类涂料各自不同的特性和匹配要求进行选配。一般应根据被涂物面材料、使用环境、施工条件及经济效果等进行合理的选配。尤其注意底漆、腻子、面漆三者的合理配套，一般来说涂层之间采用同类涂料配套是最简单而切合实际的办法，但有时候不同品种之间的合理搭配，反而可以使整个涂装系统显示出更为优异的性能。但如果三者调配不当，会产生涂膜间附着力差、起层脱落、咬底泛色等现象，严重影响施工质量。

（1）被涂物面材料　由于各种物面材质的极性和吸附能力不同，需合理选用与物面材料性质相适应的涂料。涂料与被涂材质的适应性见表 7-2。

表 7-2 常用汽车涂料与被涂材质的适应性

涂料品种\被涂材质	钢铁	轻金属	塑料	木材	皮革	玻璃	织纤维
油脂漆	5	4	3	4	3	2	3
醇酸树脂漆	5	4	4	5	5	4	5
氨基树脂漆	5	4	4	4	2	4	4
硝基漆	5	4	4	5	5	4	5
酚醛漆	5	5	4	5	4	4	4
环氧树脂漆	5	5	4	4	3	5	—
氯化橡胶漆	5	3	3	5	4	1	4
丙烯酸酯漆	4	5	4	4	4	1	4
有机硅漆	5	5	4	3	3	5	5
聚氨酯漆	5	5	5	5	5	5	5

注：5—表示最好，1—表示最差。

（2）使用的环境条件　不同的地区不同的气候，对汽车的适应性有不同的要求。如南方湿热地区使用的汽车，要求涂料对湿热、盐雾、霉菌有良好的三防性能；在北方干寒地区使用的汽车，要求其涂料有一定的耐寒性能。涂料适应的环境条件见表 7-3。

表 7-3 各种涂料适应的环境条件

环境条件\涂料品质	酚醛漆	沥青漆	醇酸漆	氨基漆	硝基漆	过氯乙烯漆	丙烯酸漆	环氧漆	聚氨酯漆	有机硅漆
一般条件下使用，但要求耐候性及装饰性好			★		★		★		★	
一般条件下使用，但要求防潮性及耐水性好	★	★					★	★	★	
化工大气条件下使用或要求耐化学腐蚀性较好	★	★				★	★	★	★	
在湿热条件下使用，要求三防性能好	★			★		★	★	★	★	
在高温条件下使用										★

（3）涂料施工条件　不同涂料的性能各异，要求其施工方法不同，因此选用涂料要根据现有的涂装设备和涂料所适应的涂装方法进行选择。施工方法和适用涂料见表 7-4。

表 7-4 常用的施工方法和适用涂料

施工方法	刷涂	浸涂	电泳	压缩空气喷涂	高压无气喷涂	静电喷涂	静电粉末喷涂
使用涂料	油性漆 酚醛漆 醇酸漆	各种合成树脂涂料	各种水溶性电沉积涂料	各种硝基漆、氨基漆、过氯乙烯漆等	各种类型涂料，特别是厚浆料，高不挥发分涂料，但不宜于粒度大的颜料涂料	合成树脂涂料，高不挥发分涂料	粉末涂料

(4) 涂料的配套性　在汽车涂装中，各种底漆、腻子、面漆，由于其性能不相同，并不是都能搭配。如果配套不当，会产生涂膜间附着力差、起层脱落、咬底泛色等现象，严重影响施工质量。涂料的合理配套见表 7-5。

表 7-5　各种金属与常用底漆、面漆的合理配套

面漆类型	黑色金属	铝、镁及铝镁合金	锌及锌合金	铜及铜合金
酚醛漆	酚醛底漆 醇酸底漆	锌黄纯酚醛底漆 磷化底漆	锌黄环氧底漆 锌黄环氧醇酸底漆	酚醛底漆 磷化底漆
沥青漆	沥青底漆 酚醛底漆	沥青底漆	沥青底漆	沥青底漆
醇酸漆	醇酸底漆 环氧底漆	锌黄酚醛底漆 锌黄醇酸底漆	醇酸底漆 磷化底漆	酚醛底漆
氨基漆	醇酸底漆 氨基底漆 环氧底漆	锌黄环氧底漆	酚醛底漆 磷化底漆	环氧底漆
硝基漆	酚醛底漆 硝基底漆 环氧底漆 醇酸底漆	锌黄酚醛底漆 锌黄醇酸底漆 锌黄环氧底漆	酚醛底漆 醇酸底漆 环氧底漆	酚醛底漆 环氧底漆
过氯乙烯漆	酚醛底漆 醇酸底漆 过氯乙烯底漆 丙烯酸底漆 磷化底漆	锌黄酚醛底漆 锌黄醇酸底漆 锶黄、锌黄丙烯酸底漆 磷化底漆	酚醛底漆 醇酸底漆 环氧底漆 磷化底漆	酚醛底漆 过氯乙烯底漆 丙烯酸底漆 磷化底漆
丙烯酸漆	酚醛底漆 醇酸底漆 环氧底漆 丙烯酸底漆 磷化底漆	锌黄酚醛底漆 锶黄、锌黄丙烯酸底漆 磷化底漆	酚醛底漆 环氧底漆	酚醛底漆 环氧醇酸底漆
环氧漆	环氧底漆	锌黄环氧底漆	环氧底漆	环氧底漆
聚氨酯漆	聚氨酯底漆 硝基二道底漆	锌黄聚氨酯底漆	聚氨酯底漆	聚氨酯底漆

(5) 涂层的厚度　涂层的保护力一般是随涂层厚度的增加而提高的，在不同使用条件下，涂层的厚度应控制在一定的范围内。若涂层低于厚度的下限，就不会有满意的保护作用，还会出现露底，或肉眼看不见的针孔，外界的水分、化学腐蚀介质等容易侵蚀到涂层内部，降低涂层的寿命。但涂层过厚就会增加成本，还会引起回粘、起泡、皱纹等质量问题。通常涂层控制厚度见表 7-6。

表 7-6 通常涂层控制厚度表

环境条件	控制厚度范围/μm	环境条件	控制厚度范围/μm
一般性涂层	80~100	有侵蚀液体冲击的涂层	250~350
装饰性涂层	100~150	耐磨损涂层	250~350
保护性涂层	150~200	厚浆涂层	350~1000
有盐雾的海洋环境用涂层	200~250		

注意：很多中小型汽车维修厂只引进某一品牌漆（多数为硝基漆），如果做局部涂装时，原车的漆不是硝基漆，有可能出现相互干扰现象，所以一定要注意正确选漆。

2. 涂料的调制（调黏度）

对于双组分涂料应加入固化剂，然后根据涂料使用说明书的要求及环境温度的不同加入稀释剂进行稀释，以达到要求的施工黏度；对于其他涂料则直接加入稀释剂进行稀释。

涂料黏度的大小直接影响施工质量：黏度过高将会使表面粗糙不均、产生针孔和气孔等缺陷；黏度过低则会造成流挂、失光使涂膜形成得不丰满。不同的涂层对涂料的黏度要求也有所不同，所以，车身涂装作业中应根据技术要求调整黏度，并养成使用黏度计进行测量的习惯。

（1）调黏度用工具

1）**黏度计**。常用黏度计有涂-1、涂-4、落球黏度计。计量单位为"s"。在实际生产中，涂-4黏度计使用较为广泛，它能用于测定黏度在10~15s之间的各种油漆产品。

常用的国产涂-4黏度计有金属和塑料两种，其形状如图7-8所示。常用进口黏度计为美国福特4号杯(Ford cup4)，如图7-9所示。

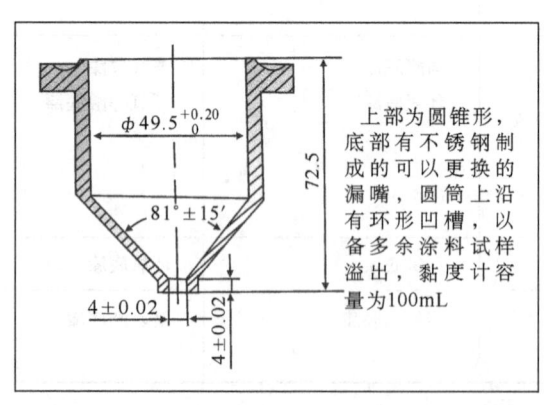

图 7-8 涂-4黏度计

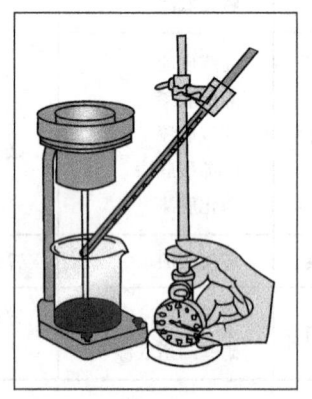

图 7-9 美国福特4号杯

2）**油漆调配比例尺**。为了避免油漆、稀释剂等的称重调配，世界各油漆生产厂商供给一批油漆调配比例尺，便于油漆工操作简化。如ICI公司提供的调配比例尺选用铝质底材，每边用不同颜色蚀上不同比例的刻度，其中黑/绿一面是为调配比例为2：1、稀释剂用量的质量分数为5%~40%的产品而设计的，而黑/红一面则是为调配比例为4：1、稀释剂用量的质量分数为5%~40%的产品设计的。

注意：2∶1 和 4∶1 是指色漆与催干剂的质量比。

例如：若要调配 ICI AUTOCOLOR P420 纯色漆，因色漆与催干剂（固化剂）的比例为 2∶1，应采用黑/绿色的一面，假设色漆的用量为 4，把色漆倒进容器至刻度 4，再将催干剂倒入容器至刻度 4，其比例是 2∶1，从尺的最上端可看到 P420 的稀释剂份量为 5%~15%，一般建议用量为 10%，再将稀释剂倒进并至稀释剂的刻度 10 为止。这样就省掉用称重或量器去量度份量的麻烦，既实用又方便。

（2）调黏度工艺

步骤 1：按工艺规定黏度分几次加入适量稀释剂，用油漆调配比例尺调配。

步骤 2：过滤。无论哪种涂料都必须过滤后使用，液态涂料的过滤，通常用铜丝网或不锈钢丝网制 120~180 目的网筛过滤；装饰性要求高的涂料品种，应用 180 目以上的筛网过滤，也可采用先粗后细的两次过滤方法，以提高过滤速度。过滤时，不要使用硬质工具在筛网内搅拌，以免损坏筛网。在采用集中输漆的场合，涂料的过滤是通过安装在供漆管路上的过滤器进行的。

步骤 3：用手指堵住黏度测量杯底的小孔，将过滤后的涂料倒入杯内至规定刻度线。

步骤 4：松开手指，同时用秒表记录时间，直到全部滴落完毕，则所记录的时间即为所调涂料的黏度。

注意：用不同的黏度计测同一涂料所得的黏度值可能是不同的。油漆供应商提供黏度标准值的同时，也提供了所用的黏度计，否则应提其所规定的黏度是用什么类型的黏度计测得的，调制时必须注意。市场供应过滤漏斗，一般为纸制，只在锥尖部分制有筛网，为一次性用品。

三、不同板件走枪顺序

无论是什么形状的板件，安装于什么位置，走枪时，基本均按照从上到下、从左到右、从内到外的原则。

1）车门的喷涂顺序如图 7-10 所示。

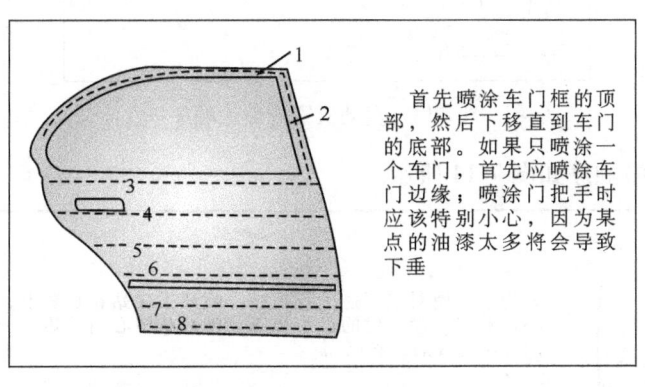

图 7-10　车门的喷涂顺序

2）前翼子板的喷涂顺序如图 7-11 所示。

3）后翼子板的喷涂顺序如图 7-12 所示。

4）发动机罩的喷涂顺序如图 7-13 所示。

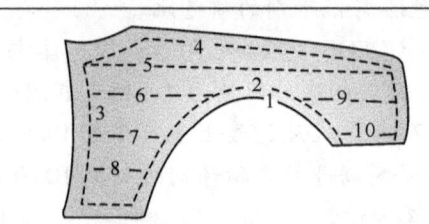

图 7-11　前翼子板的喷涂顺序

发动机罩的边缘和前翼子板的翻边应该首先喷涂，然后是前照灯周围部分、面板的凸起部分，最后是面板的底部

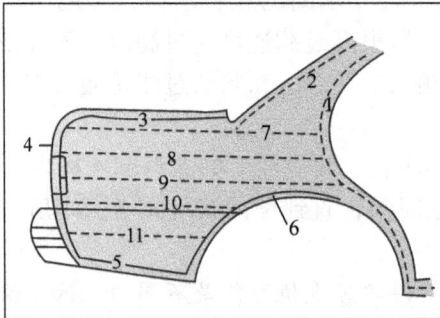

图 7-12　后翼子板的喷涂顺序

首先喷涂边缘，然后喷漆工站在面板的中间，以一个长的连续的行程喷涂面板。如果无法一次完成，就把这个区域分成两个部分。使用这种方法时，一定要特别注意中间的重叠。如果重叠的油漆太多，将会发生流挂

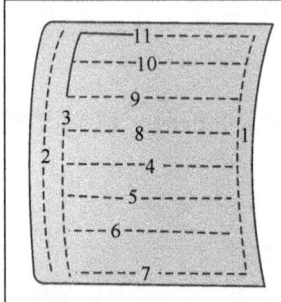

图 7-13　发动机罩的喷涂顺序

首先喷涂发动机罩的边缘，然后是发动机罩的前部，下一步是在前翼子板的侧面，从中心开始向边缘进行喷涂；另一侧也使用相同的方法喷涂

5）车顶盖的喷涂顺序如图 7-14 所示。

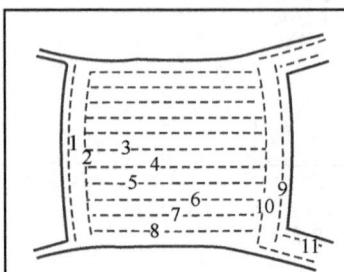

为了方便对车顶盖进行喷涂，喷漆工应站在长凳上，以便能够到车顶的中心。首先喷涂一侧的风窗边缘，然后从中心到外边，一侧完成后，再用相同的方法完成后部和侧面

图 7-14　车顶盖的喷涂顺序

第七章　汽车底漆的喷涂

6）整车喷涂的走枪顺序如图 7-15 所示。

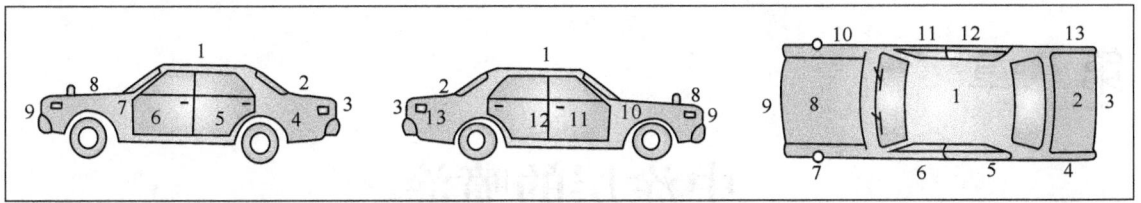

图 7-15　整车喷涂的走枪顺序

◆ **横向排风的房间**

离排风扇最远的地方首先喷涂，从而能保证附在喷漆表面的灰尘最少，使漆面更光滑。首先对车顶盖喷涂，然后是左侧或右侧车门，下一步是同侧的后翼子板，接着是行李舱盖和后围板。对汽车另一侧的喷涂是从后翼子板开始，然后是车门和前翼子板、发动机罩、前裙板、门窗框，最后对另一侧的前翼子板喷涂。

◆ **向下排风的喷涂房**

因为空气是从天花板顶向汽车底部的检修坑流动，所以喷漆工必须改变喷漆方法。为了能够保持油漆边缘的湿润，车顶盖应该首先喷漆，接着是发动机罩和行李舱盖，然后对车身右侧喷漆，再对后围板喷漆，最后是车身左侧，并逐渐向前移动直到全部完成。

第八章

中涂层的喷涂

第一节 中涂层的基础知识

中涂层是介于底漆与面漆之间的涂层，所用的涂料简称中涂。

主要功用：

提高被涂物表面的平整度和光滑度，封闭底漆层的缺陷，以提高面漆涂层的鲜映性和丰满度，提高装饰性，增加涂膜厚度，提高耐水性。对于表面平整度好、装饰性要求不太高的载货汽车和轻型汽车，几乎不喷中涂，以降低涂装成本。对于装饰性要求高的中、高级轿车，则需采用中涂。

国外汽车生产厂的中涂层涂料一般分为通用底漆、腻子、二道浆和封闭底漆，而国内汽车修补漆则根据涂料的功能分为腻子、二道浆、封闭底漆，将通用底漆并入二道浆中。

1. 通用底漆

通用底漆又称底漆二道浆，它可直接涂布在金属表面，具有底漆的功能，又具有一定的填平能力。一般用"湿碰湿"工艺涂布两道，以代替底漆和二道浆，达到简化工艺的目的。

湿碰湿的涂装工艺：

在喷涂过程中，不等上一道漆完全干透就喷涂下一道漆，这样可以提高工作效率，还可使涂层得到较好的光泽效果。

2. 腻子

腻子是由大量的填充料以各种涂料为粘结剂所组成的一种黏稠的浆状涂料，用途是填嵌工件表面的凹陷、气孔、裂纹、擦伤等缺陷，以取得均匀平整的表面。

腻子的主要组分是填充料，占腻子总重的70%~80%。为使腻子在施工中易标识，在腻子中加入极少量的氧化铁红、炭黑、铬黄等颜料，使其呈浅灰色或棕红色。腻子中要包含大量的固体成分，包括颜料等物质，涂抹在板件表面上后，能够快速固结，形成有一定厚度的涂层。

腻子的品种很多，有造漆厂制造的成品腻子，也有自行调制的油性腻子。在成品腻子中，有常温干燥型、烘干型、快干型及单组分、双组分型等。使用时，要结合具体施工对象，即修复汽车的档次、损坏程度以及对表面漆的要求灵活选用。

3. 二道浆

二道浆又称喷涂腻子或二道底漆。它的功用介于通用底漆和腻子之间，对被涂工件表面

第八章 中涂层的喷涂

的微小缺陷(不平之处)有一定的填平能力,颜料和填料含量比底漆多,比腻子少,颜色一般为灰色。采用手工喷涂和自动静电喷涂,具有良好的湿打磨性,打磨后可得到非常平滑的表面。

4. 封闭底漆

封闭底漆是涂面涂层前的最后一道中间层涂料。其漆基含量在底漆和面漆之间,涂膜光亮。漆基一般由底漆所用的树脂配成。

第二节 腻子与打磨

一、刮腻子一般知识

刮腻子又称打腻子,是一项手工作业方式。常用工具有调拌腻子盒(木制或金属制作)、托腻子板、腻子铲刀、腻子刮刀(又分为牛角刮刀、橡胶刮刀和钢片刮刀)等,如图 8-1 所示。刮腻子时,以左手握平腻子板,右手拿刮刀。

刮刀有三种拿法:

1) 三指法,即用拇指、食指和中指握住刮刀,这种拿法适合拿牛角刮刀、橡胶刮刀与钢片刮刀。

2) 五指法,适宜于握持较大的刮具。

3) 拿法为握拳式,适合于拿腻子铲刀。

图 8-1 刮腻子的常用工具

二、刮腻子

1. 检查腻子覆盖面积

为了确定需要准备多少腻子,需再次估计损坏的程度,如图 8-2 所示。但是,此时不能触及有关的区域,以防止在有关部位沾上油迹。

2. 腻子的调和

(1) 取腻子

1) 腻子装在罐中的时候,其各种成分如溶剂、树脂及颜料分离。由于腻子不可以在这种分离的形态使用,在倒出罐子以前,必须彻底混合。装在袋子中的固化剂也是如此,充分挤压装固化剂的袋子,使袋中的固化剂在使用前充分混合。腻子罐每次用后必须盖好,以防溶剂挥发。如果溶剂挥发了,要向罐中倒入专用的溶剂。腻子与固化剂如图 8-3 所示。

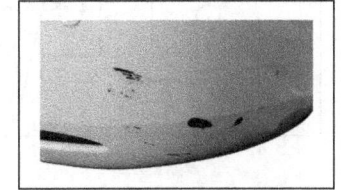

图 8-2 检查腻子需覆盖的面积

2) 将适量的腻子基料放在混合板上,然后按规定的混合比添加一定量的固化剂,如图 8-4 所示。

图 8-3 腻子与固化剂

图 8-4 添加固化剂

腻子与固化剂一般是以 100∶2～100∶3 的比例拌和。若固化剂过多，干燥后就会开裂；如果固化剂过少，就难以固化干燥。近来有一种方法将主剂和固化剂采用不同的颜色相区别，通过混合后的颜色来判断其混合比。腻子主剂与固化剂拌和时，固化剂的使用量有一定范围，可以随气温的变化给予适当调整，具体数值应以产品说明书为准。

注意：一次不要取出太多的腻子调和，因为调和后的腻子会很快固化，如果还没抹到规定部位即固化，则调和的腻子便不能再用，造成浪费。

（2）拌和腻子　拌和腻子如图 8-5 所示，其步骤如图 8-6 所示。

步骤 1：用刮刀的尖端舀起固化剂，将其

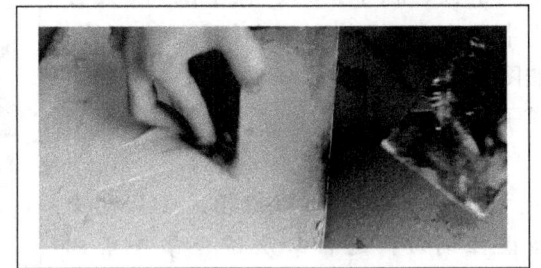

图 8-5 拌和腻子

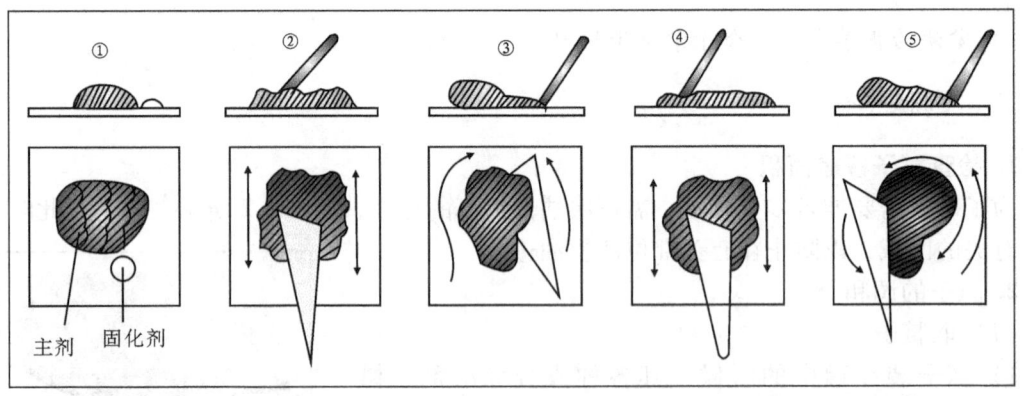

图 8-6 腻子的拌和

均匀散布在腻子基料的整个表面上。

步骤 2：抓住刮刀，轻轻提起其端头，再将它滑入腻子下面，然后向混合板的左侧提起。

步骤 3：在刮刀舀起大约 1/3 腻子以后，利用刮刀右边为支点，将刮刀翻转。

步骤 4：将刮刀基本上与混合板持平，并将它向下压。一定要将刮刀在混合板上刮削，不要让腻子留在刮刀上。

步骤 5：拿住刮刀，稍稍提起其端头，并且将上述在混合板上混合的腻子全部舀起。

步骤 6：将腻子翻身，翻的方向与步骤 3 中的相反。

步骤 7：与步骤 4 相同，将刮刀基本上与混合板持平，并将它向下压，从步骤 2 重复。

步骤 8：在进行步骤 2 到步骤 7 时，腻子往往向上朝混合板的顶部移动。在腻子延展至混合板的边缘时，舀起全部腻子，并且将它向混合板的底部翻转。重复步骤 2 到步骤 7，直到腻子充分混合。

注意：腻子有可用时间的限制。所谓可用时间是指主剂和固化剂混合后，保持不硬化，能进行刮涂的时间。通常在20℃条件下，可以保持5min左右。因此应根据拌和所需时间和刮涂所需时间，决定一次拌和的量。如果总是拌和不好，反复长时间拌和，超过可用时间（或留给涂刮的时间过短），就会使其固化而不能使用，因此拌和的关键是速度要快，动作要熟练。

3. 刮腻子方法

（1）往返刮涂法　往返刮涂法是先把腻子敷在平面的边缘成一条线，刮刀尖成30°~40°向外推向前方，将腻子刮涂于低陷处，多余腻子挤压在刮刀口的右面成一条线。这种方法适合于刮涂平面物体。

（2）一边倒刮涂法　如图8-7所示，一边倒刮涂法就是刮刀只向一面刮涂。汽车车身刮涂腻子，就是从上往下刮，或从前往后刮。

手持刮刀的方法有两种：

1）拇指与中指等握住刮刀，食指压在刮刀的一面，腻子打在托板上，刮刀将腻子刮涂于物面，即从上往下刮涂，依次进行，最后将多余腻子刮回到托板上。

2）拇指与食指握住刮刀，腻子粘附在刮刀口内面，从外向里刮涂，依次进行。这种方法适合于刮涂汽车翼子板、发动机罩等。

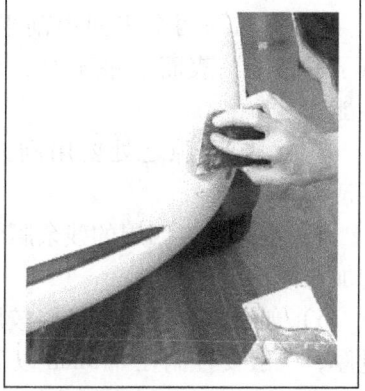

图8-7　刮腻子的一边倒刮涂法

4. 刮腻子的操作

拌和结束后，用刮刀刮涂，腻子和复合油灰的刮涂要领是相同的，关键在于要仔细地刮出平面，同时尽量避免出现气孔。

（1）局部修补时腻子的刮涂方法

第一步：先将腻子往金属表面上薄薄地抹一层，刮刀上要加一定的力，以提高腻子与金属表面的附着力。

第二步：逐渐用腻子填满修补的凹坑，刮涂时刮刀的倾斜角度，随作业者的习惯而存差异，通常以35°~45°为好。要注意腻子中不要混入空气，否则会产生气孔和开裂。

第三步：用刮刀轻轻刮平修补表面。

（2）大面积刮腻子　使用宽刮刀比较方便。比如车顶、发动机罩、行李舱盖、车门等，使用宽的橡胶刮板，可以提高刮涂速度。另外根据被刮涂面的形状，使用弹性不同的刮刀，可以促使作业合理化。

（3）冲压面刮腻子　对于冲压形成按一定角度交接的两个面，若需在冲压线部位进行刮腻子修实，其方法如图8-8所示。沿交接线贴上胶带纸遮盖住一侧，刮好另一侧的腻子；

稍隔片刻待腻子干了,揭下胶带,再在已刮好的一侧贴上胶带纸遮盖,接着刮涂好余下的一侧。如此进行,修补后的冲压线清爽如初。

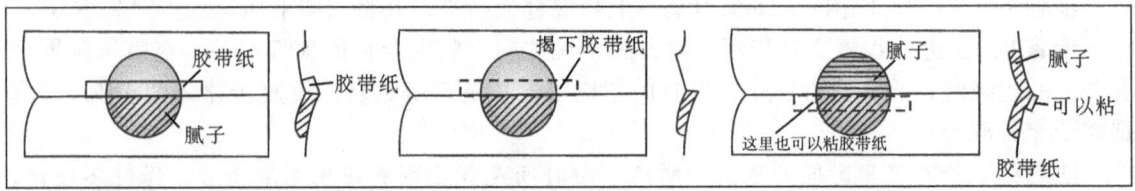

图8-8　冲压线部位的腻子修补

注意: 一定要掌握好揭去胶带的时机,如果过早,则会带下大量腻子;如果过晚,则腻子干透,胶带难以揭下,即使强行揭下,也可能破坏刮好的腻子。

5. 刮腻子注意事项

1)刮涂前被涂装表面必须干透,以防产生气泡或龟裂,若被涂装表面过于光滑,可先用砂纸打磨,以使腻子与底面结合良好。

2)应在一两个来回中刮平,手法要快要稳,且不可来回拖拉。拖拉刮涂次数太多,腻子易拖毛,表面不平不亮,还会将腻子里的涂料挤到表面,造成表干内不干,影响性能。

3)洞眼缝隙之处要用刮刀尖将腻子挤压填满,但一次不宜刮涂太多太厚,防止干不透。

4)刮涂时,四周的残余腻子要及时收刮干净,否则表面留下残余腻子块粒,干燥后会增加打磨的工作量。

5)如果需刮涂的腻子层较厚,要多层刮涂时,每刮一道都要充分干燥,每道腻子不宜过厚,一般要控制在0.5mm以下,否则容易收缩开裂或干不透。

6)自配的桐油厚漆石膏腻子不宜加水过多,加入的熟桐油不能过少,以防止腻子变粉,刮涂后易起泡和开裂脱落。

7)腻子刮涂工具用完后,要清洗干净再保存。刮刀口及平面应平整无缺口,以保障刮涂腻子的质量。

8)夏季天气炎热,温度较高,腻子容易干燥,成品腻子可用稀料盖在上面,自配的石膏腻子可用湿布或湿纸盖住。冬季放在暖处,以防结冻,用时可加些清漆和溶剂,但不宜久放。

9)腻子不能长期存放于敞口的容器中,以免粘结剂变质,溶剂挥发,造成粘挂不住,出现脱落或不易涂刮等问题。

三、打磨腻子

1. 使用砂纸、砂布打磨

砂布一般不用裁开,而水砂纸一般都裁成1/2张使用。打磨时用拇指和食指拿住砂纸,拇指将砂纸(布)夹在无名指之间,拇指在前下侧,食指和中指在上,往下压住打磨。打磨边角等细小部位时,用拇指压住砂纸,其余四指弯缩,来回往返摩擦即可。腻子表面如有干结的残余渣块(隆起),要使用铲刀削平,再用浮石带水进行粗磨。如发现磨处有摩擦的痕

第八章 中涂层的喷涂

迹，应查看磨石中有无较硬的砂粒，如有则应将硬砂粒剔除掉。

带水磨腻子的水，可用小桶盛装，以棉纱或布块沾水来磨。磨出的白浆要经常擦净，最好的方法是左手拿胶管，右手拿水砂纸，边磨边冲洗，这样作业速度较快。打磨时应不时用手触摸，检查腻子表面的平坦、光滑程度，使腻子表面达到平润光滑细腻为止。

2. 使用腻子锉刀锉削

腻子的粗锉削，要用专用的腻子锉刀进行（图 8-9）。腻子层刮涂厚度一般都超过实际需要，所以应该先用锉刀初步锉削打磨后，再使用打磨机进一步打磨，以提高作业效率。

第一步：要先用半圆锉锉削。锉削中要注意不能施力过大，否则会在表面留下深深的锉痕。另外锉削方向始终要保持平行，既可全部后方向，也可倾斜或沿上下方向，总之要锉削出平整的表面。

第二步：为消除半圆锉锉痕，使用平锉进行第二次锉削。如果最初腻子表面比较平整，可以开始就用平锉。

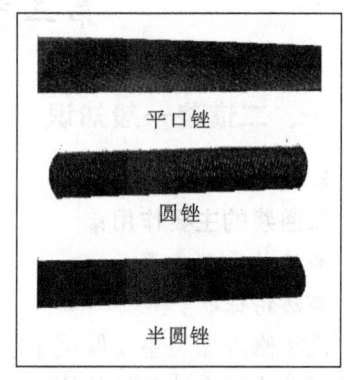

图 8-9 腻子锉刀的种类

如果腻子过于干燥，锉起来就很困难，应在刮腻子后 7～10min 内进行锉削作业，超过 20min，腻子就变硬了，应争取在这段时间内完成锉削作业。如果锉削下来的腻子呈较长的粗线状，说明腻子质量好，锉削的时机也掌握得较适宜。

3. 打磨机打磨平面

腻子表面锉削完毕后，再用"直行式"或"往复式"气动打磨机进一步打磨，所用砂纸粒度一般为 60 号。当腻子打磨性能差时，可先用 40 号砂纸打磨，然后依次更换 60 号和 100 号砂纸打磨。

打磨的要领是：将打磨机轻压在腻子层表面，左右轻轻移动打磨机，切忌使劲重压。

如果填补面积很宽，而且填补的是复合油灰，可以免去锉刀锉削工序，直接用打磨机打磨。打磨时应注意，打磨头的工作面应保持与腻子表面平行，如图 8-10 所示。打磨时不能施力过大，应将打磨机轻轻压住，靠旋转力进行打磨。若施力过大，就不能形成平整表面。打磨机的移动方向如图 8-11 所示。

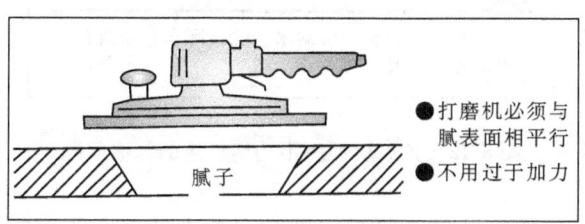

图 8-10 打磨机打磨腻子

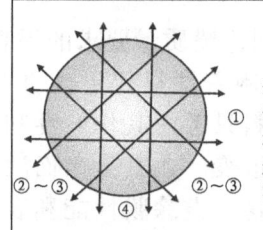

图 8-11 打磨机的移动方向

在这之后，再换用80~100号砂纸，重复上述作业。最后应使用手工打磨板和橡胶模块，由手工打磨修整，彻底清除细小的凹凸不平。手工打磨所用砂纸粒度为150~180号。气动打磨机不可能完全消除变形，因而手工修整是必不可少的环节。

复合油灰在进行湿打磨时，要使用180号耐水砂纸。为形成完整的平面，一定要使用木制靠模块和橡胶制靠模块。

第三节　二道浆的喷涂与打磨

一、二道浆一般知识

1. 二道浆功用

二道浆的主要作用：

◆填补平整表面。

◆防锈保护。

汽车修理涂装主要偏重于前者，而且一直是以作业性为中心来选择使用。在钣金修整后填补腻子或复合油灰的部位，除锈后的金属表面，经修整的小伤痕，以及旧涂膜起细微皱的部位等处，喷涂上二道浆，可填平微小的凹凸，然后可通过打磨，使表面平整，最后再喷涂面漆。这样既可以提高面漆的附着力，减少溶剂向底层的渗透，又能提高涂膜的表面平整度和色泽。因此，对于二道浆，一直是重视提高厚涂性、干燥性、打磨性、防渗透能力等施工性能，对涂层自身的质量性能要求居于其次。

但是近年来，随着合成纤维素丙烯酸硝基漆涂料和丙烯酸聚氯酯、聚酯-聚氨酯等各种面漆涂料的采用，出现了更加强调涂膜质量的倾向。为此，要求使用打磨性、耐水性优良的腻子和与之相匹配的厚涂性好、不吸水的二道浆。

比如起泡问题，当各涂层耐水性不均衡，水分就会集中到耐水性差的部位，使涂膜膨胀起泡。

如图8-12所示，二道浆层被夹在耐水性能较好的复合油灰层和水难以透过的面漆涂膜之间，因此水分将会聚集在耐水性差的二道浆层。

由此可见，随着对涂膜质量要求的提高，二道浆层的耐水性和附着性显得更为重要。以前那种对中间层涂料只考虑其作业性和价格的观点，必须彻底改变。尤其是当面漆涂料使用丙烯酸聚氯酯这一类涂膜性能和表面质量都好的涂料时，就要求必须使用与此相匹配的、具有良好耐水性和附着力的高性能二道浆涂料。

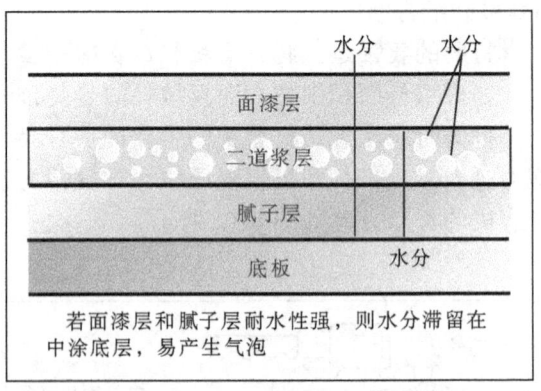

图8-12　各涂层性能不均衡产生的起泡问题

除上述功能之外，二道浆还有覆盖作用。有皱纹的旧涂膜，如果直接喷涂面漆，会使旧涂膜溶解，打磨痕会渗到表面，或引起开裂、气孔等质量问题。先喷涂二道浆，形成涂膜

第八章 中涂层的喷涂

层,可以抑制面漆溶剂向旧涂膜的渗透,防止质量事故的出现。另外,如果待二道浆涂膜硬化后再喷面漆,防止溶剂的渗透效果会更好。

由于上述原因,在国外汽车修理业,双组分的聚氨酯类二道浆很受欢迎。

2. 二道浆性能

(1) 层间粘着力　层间粘着力,就是涂层与涂层之间的粘着力。对二道浆层而言,就是与油灰层或旧涂膜的粘着力,以及与面漆层的粘着力。

粘着性能好坏的判定如图8-13所示。

可分别在金属表面、复合油灰的表面、旧涂膜的表面涂装上二道浆涂料,待其干燥后,用小刀刻划出棋盘状。与原子灰的粘着力试验相同,划痕要刻透二道浆层,划痕线与线间隔视涂层厚度而定,只涂装一层时,间隔为1mm左右。然后贴上胶带纸,用力撕下,根据其剥离状况判定粘着性能的优劣。

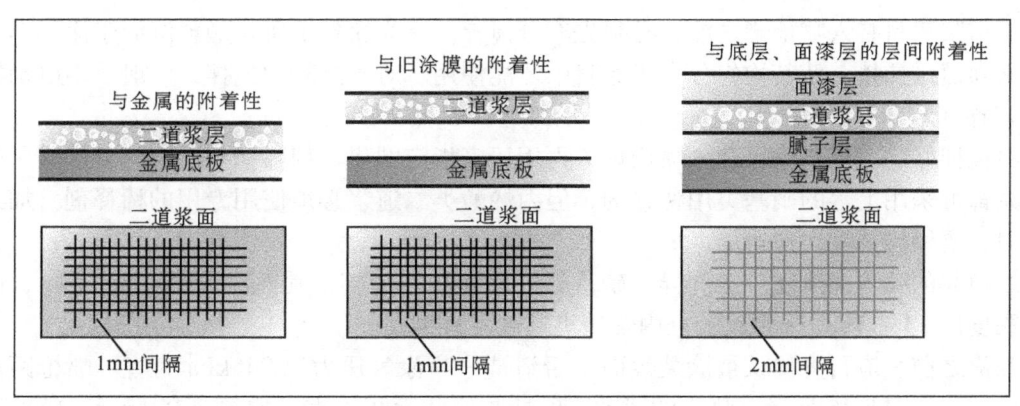

图8-13　二道浆的层间粘着力试验

(2) 耐水性　二道浆涂层是否易通过水分,是否易起泡,是判定其耐水性的关键。

具体的判定方法:可以调查各涂料厂提供的数据,也可以通过下述简单方法进行判定。

如图8-14所示,先做几个试件,不改变面漆和油灰涂料。只改变二道浆的种类,进行对比试验。待试件干燥后,覆盖上湿毛巾,放置一夜,观察其起泡的程度并进行对比。这一试验最好在夏季炎热的日子进行。

(3) 耐热性　二道浆涂层应能承受在120℃条件下加热30min。

具体试验方法前面已讲过几种,但这类试验并不总是必须做。涂料制造厂家在生产涂料时,要进行更加复杂、严密的试验。所以只要按厂家指定的搭配使用,就是安全的。以前各修理厂常常组合使用不同厂家的面漆和底漆,今后要求以面漆涂料性能为主,各层涂料的性能都要与之相匹配。

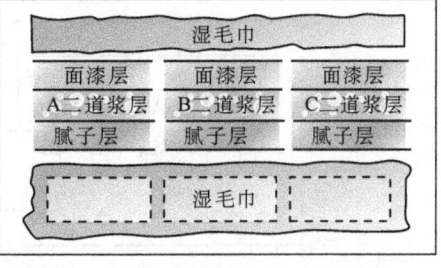

图8-14　二道浆耐水性对比试验

二、二道浆喷涂

1. 喷涂前的准备

先用压缩空气清除表面粉尘，若进行过湿打磨，应做去湿处理，使被喷涂表面干燥。粉尘清除干净后，再用脱脂剂做脱脂处理。

对于不需喷涂的部位，可用纸覆盖，重点应注意喷涂时可能产生飞溅的部位。另外腻子填补区的四周，要用砂纸打磨旧涂膜，以提高二道浆层的粘着力。

湿度高的季节和雨天，即使底层未做湿打磨，亦应注意做去湿处理。

2. 二道浆喷涂作业

随二道浆涂料的不同，其作业方式有一定差异。

（1）硝基类和丙烯酸类二道浆　喷枪口径一般在 1.3~1.8mm，上吸式和重力式都可以。

二道浆漆料装入喷枪罐之前，必须先充分搅拌。因为涂料中所含颜料沉淀于涂料容器底部，必须通过搅拌，使其均匀分布于涂料中才能使用。对于涂料的搅拌，一般使用电动搅拌器比较省事。

将搅拌好的二道浆涂料装入喷枪罐，再用厂家指定的稀释剂稀释到适合的黏度。一般的二道浆都可采用上等的硝基类用稀释剂，但丙烯酸类二道浆必须使用专用的稀释剂。加入稀释剂时，要用搅拌棒边搅边加。

二道浆的喷涂黏度随厂家而异。硝基类采用 4 号福特杯，其黏度为 16~20Pa·s，丙烯酸类黏度以 13~15Pa·s 为宜，且丙烯酸类黏度不宜过高。

喷涂之前，应再度确认被涂装表面是否清洁。喷涂气压力以 245kPa 为宜。喷枪距离为 15~25cm。如图 8-15 所示，喷枪的运动应保持与涂装面相垂直。如图 8-16 所示，喷枪距离以 20cm 为最佳，过近则易引起流挂，过远则喷涂后表面显得粗糙。喷束直径和喷射流量应根据喷涂面积大小来调整。喷涂时，应如图 8-17 所示那样，先在修补涂膜边缘交接部位进行薄薄的喷涂，使旧涂膜与油灰的交界面溶接。待其稍干之后，接着对整个油灰表面薄薄地喷一层，喷涂后形成的表面应平整光滑，取适当的时间间隔，分几次薄薄地喷涂。一般要喷三四次。

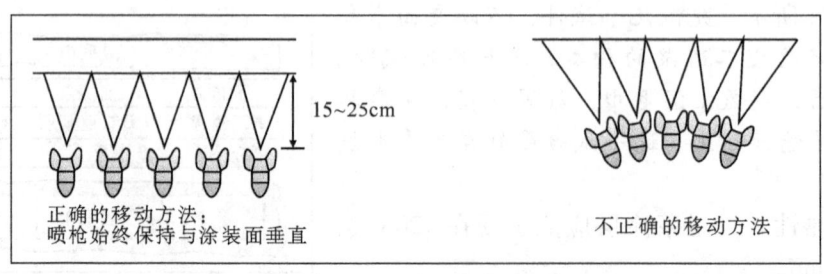

图 8-15　喷枪的移动方法

二道浆涂料的喷涂面积如图 8-18 所示，应比修补的油灰面宽，而且要达到一定程度。喷第 2 遍比第 1 遍宽，第 3 遍比第 2 遍宽，并逐渐加大喷涂面积。如图 8-19 所示，相邻较近的几小块油灰修补块，可先分别预喷两遍，然后再整体喷涂两三遍，连成一大块，这样处

第八章　中涂层的喷涂

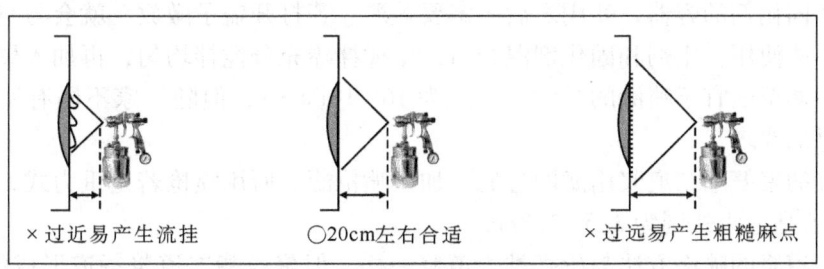

图 8-16　喷枪与被涂装面的距离

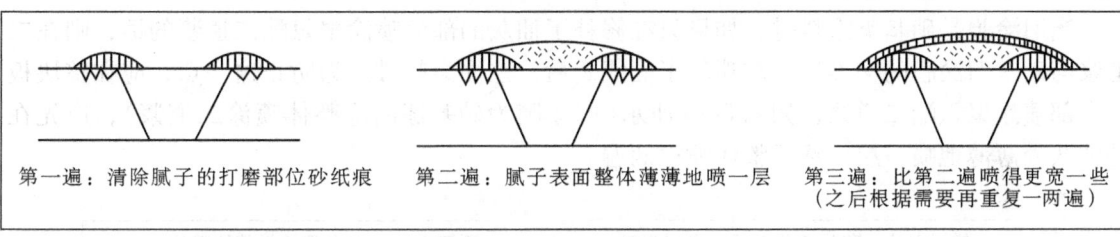

图 8-17　二道浆喷涂顺序

理,可以取得良好的效果。这种情况也不宜一次喷得过厚,而应取适当的时间间隔,分几次喷涂。

当旧涂膜是改性丙烯酸硝基涂料等易溶性涂料时,对黏度和喷涂时间间隔应十分注意。若采用硝基类二道浆涂料,黏度应取 18~20Pa·s,要反复薄薄地喷涂,以免喷涂后表面显得粗糙。如果用丙烯酸类二道浆,黏度可取 14~15Pa·s。

（2）聚氨酯类二道浆　在调制涂料之前,应先将主剂搅拌均匀,然后将主剂加入调漆罐中,再按规定加入专用固化剂（其比例是质量比）,应使用计量工具按正确的比例调配。不同的厂家配制比例有差异,注意不要弄混。

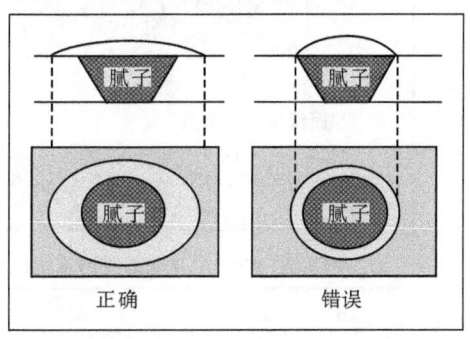

图 8-18　二道浆喷涂面积

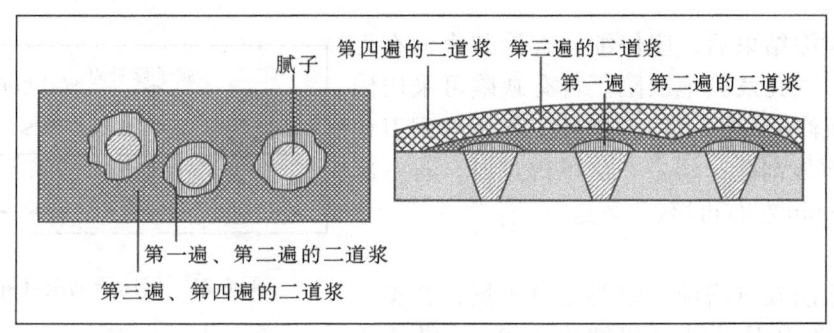

图 8-19　相邻油灰修补块的二道浆喷涂

盛主剂和固化剂的容器，使用之后一定要盖严。若打开盖子敞放，就会与空气中的水起反应，最终不能使用。主剂和固化剂混合后，用搅拌棒充分搅拌均匀，再加入聚氨酯二道浆专用稀释剂，调至适宜于喷涂的黏度，一般为 16～18Pa·s，但随厂家不同有所差异，应注意使用说明书的要求。

将调制好的聚氨酯二道浆用滤网过滤，加入喷枪罐。所用喷枪若是重力式，喷孔直径应为 1～3mm；若是上吸式则为 1.5～1.8mm。

聚氨酯二道浆的喷涂方法与硝基类二道浆一样，但聚氨酯二道浆每道形成的涂膜较厚，一般喷涂 2 遍就够了。若需更厚可喷涂 3 遍，比如旧涂膜剥离后的金属表面，如果直接喷涂二道浆，就需喷涂 3 遍。

当旧涂膜是硝基类涂料时，如果只在修补了油灰的部分喷涂聚氨酯二道浆的话，则在二道浆与硝基旧涂膜的交界处，在喷涂了面漆之后，往往会起皱。为防止这一点，应在整块板上全部喷涂聚氨酯二道浆，如图 8-20 所示（旧涂膜为硝基漆时应整体喷涂二道浆），应先在补油灰处薄薄地喷一层，然后整体喷涂两遍。

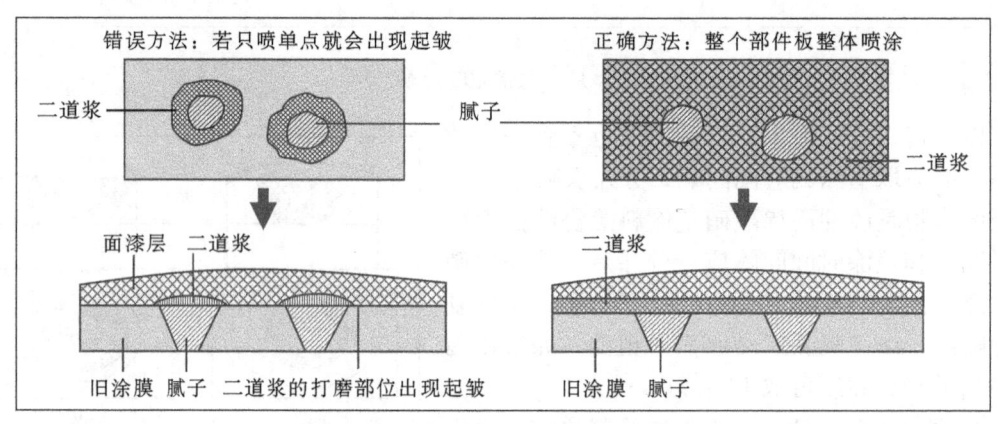

图 8-20　旧涂膜为硝基漆时应整体喷涂二道浆

三、二道浆涂层的修整、干燥与打磨

1. 修整

二道浆喷涂结束后，应仔细检查涂装表面有无砂纸打磨痕、气孔及其他缺陷。若有缺陷可采用硝基类速干油灰修补（图 8-21）。修补工作用木刮刀或塑料刮刀薄薄地刮涂，切忌一次填得过厚。若一次填不满间隔 5min 左右再填。

2. 干燥

二道浆涂层在打磨前一定要充分干燥，各类二道浆涂料的平均干燥时间归纳于表 8-1，供使用参考。

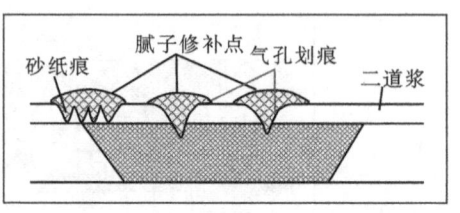

图 8-21　用速干油灰修补缺陷

第八章 中涂层的喷涂

表 8-1 二道浆涂料平均干燥时间

二道浆涂料种类	自然干燥（20℃）	强制干燥（60℃）
硝基类	30min 以上	10~15min
聚氨酯	60h 以上	20~30min
合成树脂	3h 以上	20min 以上

如果干燥不充分，不仅打磨时涂料会填满砂纸，使作业难以进行，而且喷涂面漆之后，往往出现涂膜缺陷。

气温寒冷的冬天，需采用红外线灯和热风加热器进行强制干燥。这不仅能加速干燥，提高作业效率，还能提高涂膜质量。但不能骤然提高温度，应渐渐升温，到 60℃ 左右保温。如果旧涂膜有起皱现象时，则升温到 50℃ 左右为宜。

3. 打磨

（1）干打磨　若采用双动式打磨机进行打磨，所用砂纸粒度以 240~280 号为宜，打磨先采用软的。若采用往复式打磨机，砂纸粒度以 280~320 号为宜。往复式打磨机打磨比双动式速度慢，但操作比较简单。

不论使用哪种打磨机打磨，都不能用太大的力压在涂膜上，只能稍用力沿车身表面移动。若用力过大，砂纸磨痕就会过深。

打磨时不能只打磨喷涂了二道浆的部位，对于旧涂膜与二道浆的交界区域也应打磨。

用手工打磨板干打磨时，也应使用软磨头或橡胶块，砂纸粒度为 280~400 号，应均匀地横向打磨，打磨运行方向如图 8-22 所示。

图 8-22　二道浆的打磨方向

（2）湿打磨　湿打磨一般采用 320~600 号耐水砂纸。当面漆为金属闪光涂料时，可以用 400 号砂纸；如果面漆是硝基涂料时，要用 600 号砂纸，若用 400 号砂纸，砂纸磨痕往往会显现到涂膜表面。

当面漆为单色时，可以用 320 号砂纸，但如果是单色的硝基涂料，应用 400 号以上砂纸打磨。打磨方向与二道浆的打磨方向相同，如图 8-22 所示，按此方向打磨，砂纸磨痕和表面不平不易显现到涂膜表面。

打磨时使用的垫块应柔软。手工打磨时应避免手指接触被打磨表面。打磨要仔细，不能有遗漏。边缘部位的清扫打磨如图 8-23 所示。

图 8-23　边缘部位的清扫打磨

第九章

面漆的喷涂

第一节 面漆的基础知识

一、面漆涂装的目的

面漆涂装的目的是对车体外板进行装饰和保护。

1. 装饰

通过面漆涂装来装饰汽车,最大限度地表现车体的设计构思,实现各种各样的色彩和图案,大幅度地提高汽车的商品价值。

面漆涂装不仅给予汽车车身色彩,还大幅度提高其外观装饰性,将汽车打扮得更漂亮、更豪华、更庄重。在平整光滑的底涂层上,使汽车涂层具有更亮的光泽,更高的丰满度,更高的鲜映性(反映镜物的清晰度),使漆面光亮如镜。

制定汽车涂层的外观评价基准很难。它与汽车车体设计相同,靠人的目视感观评价。现今,已开发且普及了目视评价数据化的测定仪器,可是很难与用户的要求一致。

以下三方面是用户的主要要求:

① 平滑性高(涂装的桔皮少)。

② 丰满度好(目视有深的、透明的感觉和舒适感)。

③ 光泽高(色泽艳)。

2. 保护

面漆涂装兼有对底涂层(中涂层和电泳涂膜)和面漆涂层自身的保护作用。

对底层涂膜的保护是指防止紫外线和水透过,而现今随着中涂涂膜的功能提高,分担了面漆涂层的部分保护作用,面漆涂膜自身的保护成为主题。面漆涂膜需要具有"保色性""耐候性""耐污染性""耐酸雨性"和"抗划伤性"等高功能性,才能保护自身。只有开发时采用具有上述功能的面漆涂料,才能获得涂膜的高耐久性(耐褪色性、耐涂膜老化性等)。

二、面漆的种类

1. 常用的国产面漆

(1) 醇酸磁漆 常用的品种主要有 C04-2 各色醇酸磁漆、C04-37 各色醇酸划线磁漆和 C04-42 各色醇酸磁漆等,见表 9-1。

（2）硝基磁漆　常用的品种主要有 Q04-2 各色硝基外用磁漆、Q04-17 各色硝基醇酸磁漆和 Q04-31 各色硝基磁漆等，见表 9-2。

表 9-1　醇酸磁漆

品　种	特　性	用　途
C04-2 各色醇酸磁漆	具有较好的涂膜光泽和机械强度，附着力强，耐候性好，耐水性差（烘烤至 60~70℃耐水性可获改善）。自干、低温烘干均可。该漆有红色、黄色、绿色、蓝色、灰色、白色、黑色等多种颜色，表干时间 60~90min，实干时间 15~18h，烘干时间（60~70℃）2~3h	主要用于普通载货汽车、客车等表面的面漆涂装
C04-37 各色醇酸划线磁漆	色彩鲜艳，附着力强，自干、烘干均可	主要用于汽车、摩托车等面漆表面的标线
C04-42 各色醇酸磁漆	与 C04-2 各色醇酸磁漆基本相同	用于一般载货汽车、工程车、普通客运汽车等面漆涂装，可降低涂装成本

表 9-2　硝基磁漆

品　种	特　性	用　途
Q04-2 各色硝基外用磁漆	干燥快，涂膜坚硬，平整光亮，户外耐候性好，可上蜡抛光维护	可用于各种汽车表面涂装
Q04-17 各色硝基醇酸磁漆	涂膜坚韧，光泽好。但干燥慢，耐磨性差，不宜打磨抛光，涂膜三个月后硬度提高，此时用上光蜡擦涂，可保持涂膜光亮	可用于一般汽车翻修涂装
Q04-31 各色硝基磁漆	涂膜光亮平滑，耐候性好，耐温变性及机械强度较好，户外耐久性优于其他硝基磁漆	主要用于高级轿车表面涂装

（3）过氯乙烯磁漆　常用的品种主要有 G04-8 各色过氯乙烯磁漆、G04-9 各色过氯乙烯外用磁漆、G04-18 各色过氯乙烯磁漆等，见表 9-3。

表 9-3　过氯乙烯磁漆

品　种	特　性	用　途
G04-8 各色过氯乙烯磁漆	涂膜平整光亮，干燥速度快，打磨性、耐候性、耐水性、耐湿热性、耐盐雾、耐化学腐蚀性和防霉性良好。颜色有白色、军绿色、蓝灰色等	适于湿热及海洋性气候条件下的汽车面漆涂装
G04-9 各色过氯乙烯外用磁漆	干燥速度快（表干时间 20min，实干时间 60min），涂膜平整光亮（黑色光泽大于 90%，其他色大于 80%），能打磨，耐候性、柔韧性、耐化学腐蚀性和抗老化性优良，耐汽油性能较差。颜色有黑色、白色、红色、黄色、蓝色、紫红色、柠檬黄色等	适于各种车辆面漆涂装
G04-18 各色过氯乙烯磁漆	色彩鲜艳，涂膜平整光亮，耐酸性、耐水性、耐油性优良	主要用于各种车辆表面涂装

第九章 面漆的喷涂

(4) 丙烯酸漆　常用品种主要有 B04-68 各色丙烯酸磁漆、B01-8 丙烯酸清漆、JB-I 丙烯酸聚氨脂磁漆等，见表 9-4。

表 9-4　丙烯酸漆

品　种	特　性	用　途
B04-68 各色丙烯酸磁漆	干燥速度快（表干时间 3~5min；实干时间 25~30min），丰满度好，平滑光亮，附着力好，硬度高，柔韧性、力学性能优良，防腐性和施工性良好	可用于中高档汽车、摩托车等面漆涂装
B01-8 丙烯酸清漆	涂膜干燥快，平滑光亮，保色性、保光性、防湿热性、防盐雾性、防霉菌性优良	主要用于各色丙烯酸磁漆表面的罩光，以进一步提高面漆的光泽
JB-I 丙烯酸聚氨脂磁漆	涂膜附着力强，色彩鲜艳，丰满光亮（光泽高达 96%），装饰效果极佳，力学性能优良，保色性、保光性、耐候性、耐湿热性、耐盐雾性优异。表干时间 20~30min，实干时间 24h，烘干时间（60~70℃）40~50min	适于轿车和中高档客车等面漆涂装

(5) 聚氨酯磁漆　常用品种有 7650 各色聚氨酯磁漆、7182 各色聚氨酯磁漆、7182 各色聚氨酯清漆等，见表 9-5。

表 9-5　聚氨酯磁漆

品　种	特　性	用　途
7650 各色聚氨酯磁漆	涂膜平整丰满、光泽好，耐候性、耐磨性、耐油性、耐水性与耐化学腐蚀性良好	主要用于轿车等表面涂装
7182 各色聚氨酯磁漆	涂膜丰满光亮，附着力强，硬度高，耐油性、保光性好	常用于 7182 各色磁漆配套罩光使用，以增加其光亮度和硬度
7182 各色聚氨酯清漆	涂膜丰满光亮，附着力强，硬度高，保光、保色、耐磨性优良	主要用于高档轿车、高档豪华客车的面漆涂装

2. 常用的进口汽车面漆

进口汽车面漆具有涂膜光泽度高、保持性好、便于施工等优点，但价格较高，主要适于作为进口轿车配套面漆（即指定专用漆种）或国产中高档轿车的维修翻新涂装。

常见的进口汽车面漆主要有美国杜邦汽车漆、英国 ICI 汽车漆、德国巴斯夫汽车漆、荷兰新劲汽车漆及日本关西汽车漆等。

现将部分品种介绍如下，这里以美国杜邦公司汽车喷漆系列为例，见表 9-6。

表 9-6　常用的进口汽车面漆

品　种	特　性	施 工 方 法
先达利 600	用量少，施工周期短，光泽极佳。可作为色漆层（银粉漆）、清漆层和双层烘漆修补使用，也可作为银粉漆或素漆使用。可喷涂在所有经过清洁和砂磨的旧油漆上，以及 1020R 积组分底漆、810R 侵蚀底漆、150/40s 多用途底漆上	喷涂 2 层，每层间隔 10min，如果需要可在最后涂层后间隔 1~2min，再细喷 1 次

(续)

品　种	特　性	施　工　方　法
先达利 120S 清漆	表面光泽好，施工工艺简单易行。含有紫外线防护剂，可保持车身颜色持久不变	喷涂黏度 15~16S，涂料可使用 6h，喷涂压力 0.35~0.4MPa，喷涂 2 层，每层间隔 10min。喷涂完毕后静置干燥 5~10min 后，60℃烘烤 45min（自干 9h,20℃）
690S 高固组分清漆	使用性能好，干燥速度快，涂膜平滑、光泽度高且保持长久	黏度 16~18S，涂料可使用 3h（AK260）、2h（250S），喷涂压力 0.3~0.4MPa（板面修补）、0.25~0.3MPa（局部修补），喷涂 2 层，每层间隔 5min。干燥时间：60℃烘烤 30min（AK260），自干 6h（20℃）；60℃烘烤 10min（250S），自干 2h（20℃）后即可
先达利 AX1060 双组分清漆	便于施工，节省材料，涂膜光泽好，耐候性和抗化学性优良	喷涂黏度 16~18S，涂料可使用时间为 4h（20℃），喷涂压力 0.4~0.5MPa，喷涂 3/4 重叠一层涂装，喷涂后静置干燥 5~10min，60℃烘烤 35min，自干 12h（20℃）
先达利 7N10S 速干性超级烘漆清漆	干燥速度快，光泽度极高，涂膜表面平滑	喷涂黏度 15~16S，涂料可使用时间为 3h。施工时对小面积、工作环境温度较低的修补作业，应将 7600S 与 7655S 快干性固化剂共同使用；在普通正常温度下可选用 7675S 普通固化剂；而对大面积、环境温度较高时，则应使用 7695S 慢干性固化剂以得到最佳效果。由于 7600S 具有速干的特性，在做小修补或整片重喷时，不必做整车防涂贴纸。只要用 457mm 宽的防涂贴纸就足够了。因 7600S 光泽度极高，所以不必用抛光粗蜡加以抛光，但若漆面有微尘、异物或垂流时，可等 4~6h 后用烘漆粗蜡加以抛光处理，如要快速干燥，可在 60℃烘烤 30min，再放 2h，即可进行抛光作业

第二节　面漆的配色

一、颜料及色母

1. 颜料

颜料分为有遮盖力的颜料、半通透的颜料、通透颜料、金属色颜料（铝粉颜料）和云母颜料（珍珠色母）。

1）有遮盖力的颜料主要用于素色；通透性的颜料和铝粉或云母一起被用于金属色、珠光效果色彩、珍珠幻彩中。

2）在素色漆中颜料自身提供遮盖力；在金属色中，主要是铝粉粒子提供遮盖力。

第九章 面漆的喷涂

3) 铝粉颜料中含有一层一层像瓦片那样重叠排列的铝粉颗粒，通透的颜料仅使穿透它的光轻微带上某种色光，色光被铝粉颗粒反射出去，铝粉充当的角色就好像是一面面微小镜子，如图 9-1 所示。这样，通透的颜料和铝粉颜料共同作用，在提供颜色深度的同时，又提供了高遮盖力。

4) 云母颜料的机理则不同。云母颜料含有大约 0.4mm 厚的云母薄片，如图 9-2 所示。在它的表面上包覆着二氧化钛或氧化铁的薄层。云母粒子表面上二氧化钛层的厚度使入射光束按一定的角度折射，因而可以造成不同的颜色效果。为了得到理想效果，云母颜料总是和通透或半通透的颜料混用。由于单独使用通透的颜料就会露出底材，要事先喷上一层具有遮盖力的底层涂膜，再加上珍珠云母色层上面的清漆，这种涂层系统被称为三层面系统，即底层色漆（遮盖层）、珍珠色漆层（通透层）和清漆层。

2. 色母

当制造涂料时，颜料被粉碎后和色浆混合均匀，加入适量的溶剂，这个过程称为分散。通过此种方法可以使每个颜料颗粒外面包覆一层薄薄的色浆薄膜，形成胶囊状的结构。分散的结果是可以得到高浓度的色浆。接下来，透明色浆、溶剂、添加剂加到涂料中，使其得到保护性能。通过这种方式得到的是只含有一种颜料的涂料，称为色母。

色母是按其中所含有的颜料分类的，可分成通透的色母、半通透的色母、有遮盖力的色母、铝粉色母、珍珠效果色母及珍珠幻彩色母，如图 9-3 所示。

图 9-1 铝粉颜料

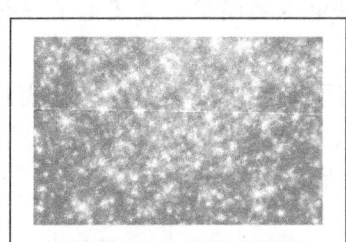
图 9-2 云母珠光粉

图 9-3 西湖绿色母

很多汽车制造商为特约维修站提供所生产汽车的原厂漆，这种漆经调整黏度后即可进行涂装，所以维修厂买来的漆并不一定都是色母。

厂商供应金属漆和珍珠漆有加粉和不加粉两种。所谓加粉，即已经在色母中加入了金属粉或珍珠粉；而不加粉的色母，厂商要同时供应粉沫状的金属粉或珍珠粉，调漆时自己按比例要求选择加入。

二、调色设备

随着我国进口汽车的增多，汽车漆的色彩日渐繁多和复杂，巴斯夫、杜邦、阿苏和 PPG 等世界知名油漆公司也相继进入我国，这些公司都有专门的色彩研究调制机构。一旦新款车上市，这些公司马上就会根据自己公司的漆料将修补漆颜色配方研制出来，随同色卡提供给油漆经销商，送给调色中心。

在进行调色时用到的主要设备有调漆机、阅读机、调色计算机、电子秤、配方微缩胶片、比色卡和比例尺等。

1. 调漆机

调漆机又称油漆搅拌机，各大油漆公司都有调漆机和其配套产品，有 32、38、59、108 等各种规格的调漆机。调漆机配有电动机、搅拌浆，利用这种工具很容易混合倒出涂料。涂料中的树脂、溶剂及颜料经过一段时间就会分离，这是因为它们的密度不同所致。因此，涂料在使用以前需要充分混合。油漆搅拌工具如图 9-4 所示。

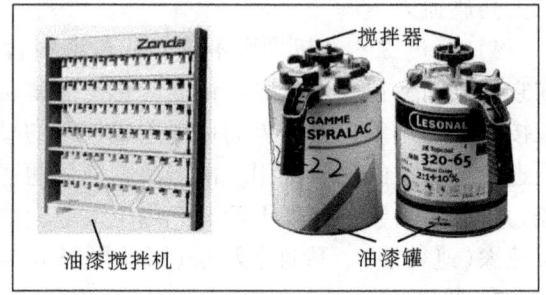

图 9-4　油漆搅拌工具

2. 电子秤

电子秤又称配色天平，是一种称涂料用的专用天平，帮助计算适当的混合比，由托盘秤、电子显示器和集成电路板组成，如图 9-5 所示。常用的电子秤量程可达 7500g，精确度为 0.1g，由明亮的发光二极管作为显示器，安装在托盘上方，使用方便，属于专为汽车修补漆称量用的配套产品。

电子秤的操作程序：

① 水平放置电子秤，避免高温、振动。

② 打开电子秤总电源开关，按下电子秤电源，暖机 5min。

③ 按下归零键，将被称物轻置于秤板中心，依序操作。

④ 使用完毕后，按下电子秤电源关闭键，关闭电子秤电源总开关。

3. 调色计算机

计算机调色即计算机中存有所有色卡配方，用户只需将自己所需漆号和份量输入计算机，就可以直接计算出配方数据，快捷、方便、准确，而且数据更新容易，是一种先进的调色方法。计算机调色机如图 9-6 所示。

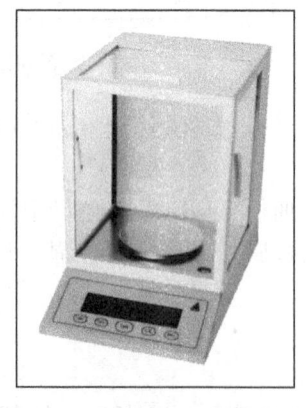

图 9-5　电子秤

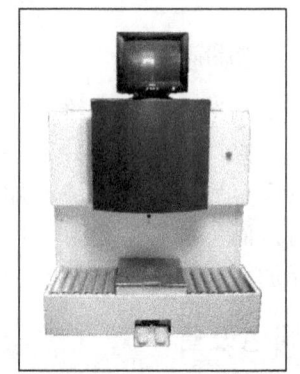

图 9-6　计算机调色机

计算机调漆就是利用计算机中的程序查阅配方，计算配比量。目前市场使用的调漆软件较多，但基本功能没有多大差别。某些计算机调漆系统，将电子秤与计算机相连，这样在调漆时，一旦某一色母漆过多，计算机则自动重新计算配比量，从而保证调漆的精度。

第九章 面漆的喷涂

4. 胶片调色

胶片调色即通过阅读机阅读微缩胶片查配方，因这种方式成本低、操作简单，所以目前采用较多。胶片阅读机如图9-7所示。

胶片阅读机操作程序：

① 打开阅读机总电源开关。

② 拉开置片板，将微缩胶片依正确方向置入置片板上。

③ 推回置片板，打开机座底部电源开关。

④ 检视微缩胶片，查出颜色配方。

⑤ 使用完成后，关闭机座底部白色开关，拉出置片板，取出微缩胶片，推回置片板。

⑥ 关闭阅读机总电源开关。

图9-7 胶片阅读机

不同汽车车身上的涂层是不相同的，为了使修补层能与原涂层完全一样，涂层性质和结构的确定就显得特别重要，这不仅涉及涂装工艺，而且也是选择涂料的依据。

对于大部分车型，特别是进口车型，车身铭牌上都标有涂层的代码。涂层代码标明了该车这部分的涂层代码。根据这一代码通过胶片或计算机资料即可找到涂层信息。所以通常在进行调漆之前，都要在车中找到所需颜色的编号。

各汽车公司生产的不同型号汽车，其油漆代码标志的位置也不相同，如图9-8所示。

1) 如果能找到颜色代码，按图9-9所示程序进行。

2) 如未能找到颜色代码，按图9-10所示程序进行。

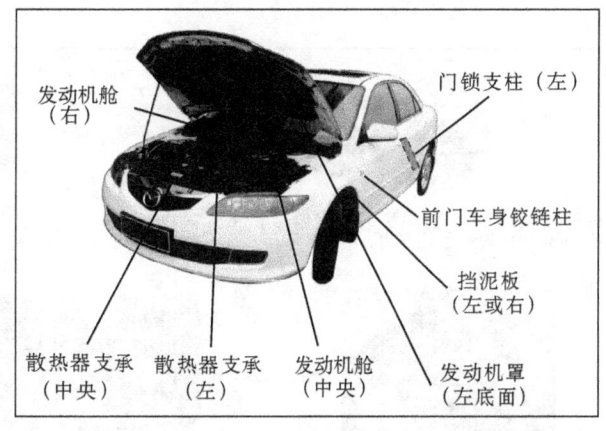

图9-8 汽车上部分油漆编号的位置

提示：

① 在用色卡试样板与车身颜色进行对比时，一定要认真仔细，并最好在自然光下进行。

② 选择有差异色的色扇可以为对比找色提供更多的机会。

③ 一定要等喷涂的样板干燥后再进行对照，从不同的方向观察对比。

④ 维修厂施工中，由于考虑施工进度，往往在样板还没有干燥时就进行对比，由于样板上实际为湿色，而车身上为干色，以此对比的结果是不准确的。

⑤ 漆由湿变干后，颜色会变深。

⑥ 样板最好采用车身用铁板，某些喷漆师用硬纸片(扑克牌)做样板浸涂漆进行对比调色会有很大的误差。

5. 涂料的调制(调黏度)

调色工作完成后，对于双组分涂料下一步的工作就是加入固化剂，然后根据涂料使用说

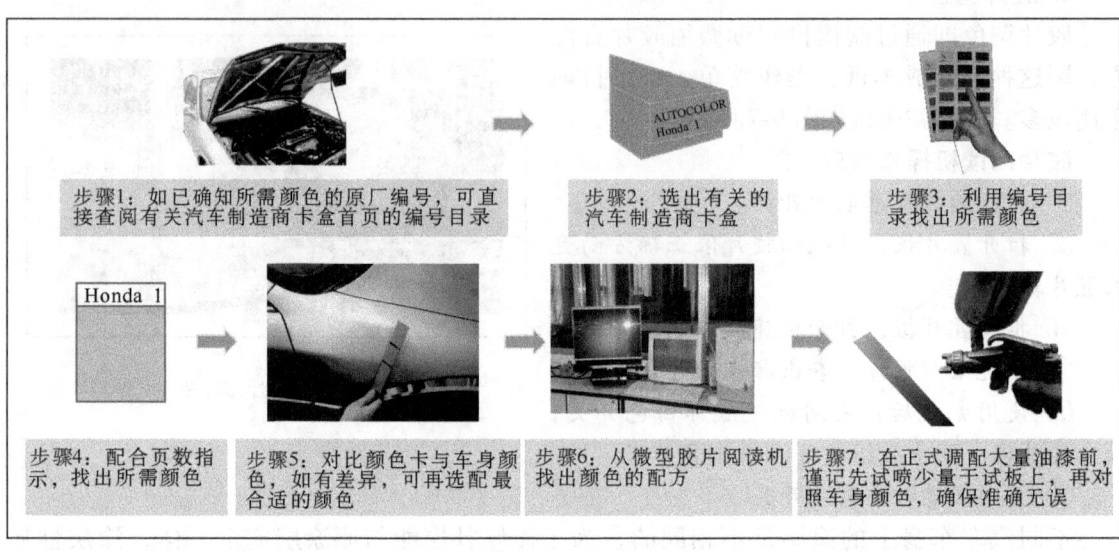

图 9-9　胶片调色程序步骤示意图（能找到颜色代码）

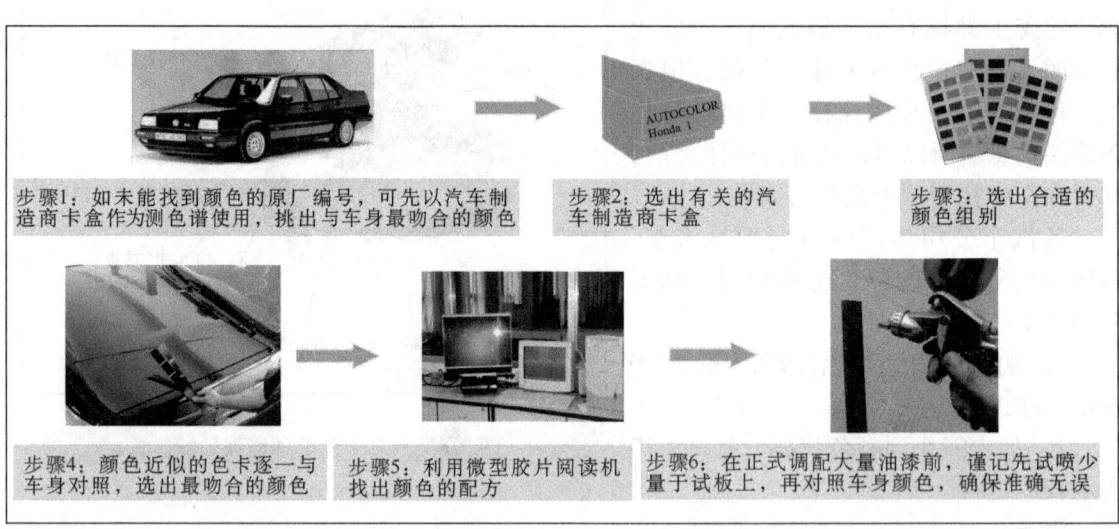

图 9-10　胶片调色程序步骤示意图（未能找到颜色代码）

明书的要求及环境温度的不同加入稀释剂进行稀释，以达到要求的施工黏度；对于其他涂料则直接加入稀释剂进行稀释。

三、配色程序

1）当有一种以上的面漆可供选用时，首先要选择正确的微缩胶片配色表，并需确定该胶片是最近期的。

2）配色之前，搅拌机应先运转一段时间，15min 左右。

3）所有的配色表上所列的数字均为累积数值，调配时无须计算。

4)除了第一个倒入的色母外,如果倒入了过量的某色涂料,不要试图去加减其他色母作为调整以求挽回,应重新调配。

5)当配方表上所列各项成分加定后,使用前仍需彻底搅拌。

为保证得到优质的调配涂料,还必须做到:

① 所有的基本色母在放到搅拌机前,必须先用手搅拌,然后靠机器定时搅拌,以免颜料的沉淀造成罐口漆的浓度不足,而罐底漆的浓度过高,造成配色不良的后果。

② 必须保持搅拌倒出口的清洁,不要让涂料堆积于倒出口,以免影响倾倒涂料的精确性,因而每次倾倒后要擦净罐口。

③ 用遮盖纸盖住电子称盘面,以利于清除溅滴的涂料。

④ 当换用一罐新的色母时,把带有倒出口的搅拌头对向漆罐背面,以免漆滴脏罐上的色号资料。

⑤ 不可把不同制造厂的产品用来配色,即使是白色,不同厂牌的产品其浓度也有差异,故混用会使配色不准。

⑥ 空罐应倒置放置,以免灰尘或其他污染物积聚到罐内。

⑦ 特别注意保持所有的装配机具处于最佳状态是确保配色精确的重要因素,度量设备和配色表也是很重要的,应置于最有利的操作位置,并使温差、振动等的影响降到最低程度。

第三节 面漆修复选择

一、新喷面漆选择

1. 待喷漆表面涂层结构类型

新喷面漆选用哪种类型,主要取决于待喷表面原有涂层的性质和结构。待喷表面漆面可能是原出厂涂层,也可能是经过一次(或多次)重新喷漆的涂层。不同类型的表面重新喷漆时,应采用不同的操作工艺。

判断一辆汽车过去是否经过重新喷漆,一般采用打磨法或测量法。

(1)打磨法 选择修理部位的边缘用砂纸打磨涂层,直至露出金属。通过涂层的结构可以判断该车过去是否经过重新喷漆。图9-11所示的断面属于未重新喷漆的情形。如果在断面图中面漆部分有明显分界线或颜色有差异,说明该车是经过重新喷漆的。

(2)测量法 利用电磁式厚度量规测量涂层的厚度。如测得的厚度大于新车涂层的标准厚度,说明曾经重新喷过漆。各种新车涂层标准厚度参考值为:美国车辆80~130μm,欧洲车辆130~200μm,日本车辆80~130μm。

如果有汽车修理记录,则从修理记录中可以准确地查到该车是否曾经重新喷漆。

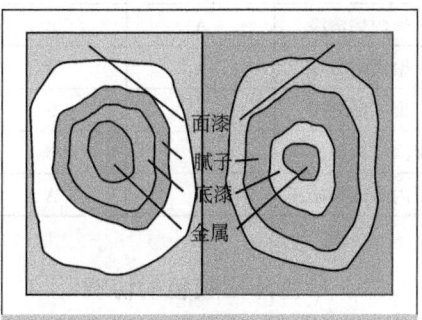

图9-11 采用打磨的方法确定原有涂层的类型

2. 原有涂层类型的判断

若一辆汽车从未经过重新喷漆，很容易根据出厂资料或手册确定涂层的类型。如果已经对车辆重新喷过漆，就要设法判断车上涂的是何种类型的油漆。判断的方法有三种，见表9-7。

表9-7 原有涂层的分类标准

原有的涂层	分类的方法		
	目视检查法	涂抹溶剂法	加热检查法
醇酸磁漆	表面被填实	不溶解	发生一定程度的软化
聚丙烯清漆	—	溶解	软化
聚丙烯磁漆	—	—	发生一定程度的软化
聚氨酯磁漆	抛光的表面	—	—
聚丙烯尿烷清漆	抛光的表面	难溶解	发生一定程度的软化
聚丙烯尿烷磁漆	出现光泽并伴有一些桔皮形缺陷	—	—

（1）目视检查法　用手摩擦时，表面出现"抛光纹理"的，说明原有漆面为丙烯酸尿烷漆。

（2）涂抹溶剂法　涂抹溶剂法是用白布蘸上油漆稀释剂擦拭涂层。如果涂层溶解，并在擦布上留有痕迹，则原有涂层属于空气干燥清漆型，如聚丙烯清漆；如果涂层不溶解，原涂层属于烘干型，如醇酸磁漆。

（3）加热检查法　加热法检查先用800～1000号砂纸湿磨，消除漆面的光泽，然后用红外线灯加热表面，如光泽重新出现，证明是树脂磁漆；反之，光泽暗淡者为清漆。

3. 重新喷涂层与原有涂层的匹配

表9-8列出了各种新旧涂层的匹配对照关系。表格中A表示能在旧漆面上重新喷漆，B表示应在旧漆面上按新漆使用要求先用腻子或密封剂涂抹后才能喷新漆。

表9-8 原有涂层和重新喷涂层的对照

新喷涂面漆	原有的涂层					
	醇酸磁漆	聚丙烯清漆	聚丙烯磁漆	聚氨酯磁漆	聚丙烯尿烷清漆	聚丙烯尿烷磁漆
醇酸磁漆	A	B	A	A	B	A
聚丙烯清漆	A	B	B	A	A	A
聚丙烯磁漆	A	B	B	A	A	A
聚氨酯磁漆	B	B	B	A	A	A
聚丙烯尿烷清漆	B	B	B	A	A	A
聚丙烯尿烷磁漆	A	A	A	A	A	A

二、单色漆面颜色的协调

仅由颜料与油漆均匀混合后喷涂的漆面称为单色漆面。加有金属铝颗粒在内的漆面称为多色漆面，又称为金属漆面。

选定了重新喷漆的油漆后，就需要对所喷涂的漆面与原有漆面的颜色进行协调。协调最

第九章 面漆的喷涂

核心的内容是调色,其次是选用适当的工艺,使新漆面与原有漆面颜色相一致。

1. 新旧涂层颜色不协调的原因

(1) 旧涂层已褪色造成不协调　按照汽车编码找出制造厂的油漆编号就知道原来的颜色和组分。以这种组分配制的油漆喷涂的颜色理论上应与原来的相协调。但由于旧涂层经光线照射时间长,颜色会褪化,造成新旧颜色不协调。此时,应将修理部位原有漆面磨光,再涂敷新漆方能协调一致。

(2) 使用颜色不同的油漆造成不协调　应检查制造厂的油漆编号与重新喷漆时所使用的油漆编号是否一致。汽车出厂编码(VIN)和油漆编码既可从手册查到,也可从互联网上查到。

(3) 稀释剂用量不适当造成不协调　过量的稀释剂必然会冲淡颜色,应严格按比例用量。

(4) 车间内照明灯改变颜色造成不协调　在车间照明条件下,重新涂敷面漆与原有面漆层颜色一致,但在日光照射下,两种层面的颜色就不一致,这称为条件配色。不同类型的照明灯对颜色协调会产生不同的影响。白炽灯照射会使漆面发红,荧光灯照射会使漆面发黄或发蓝等。

(5) 喷嘴离板面距离不同造成不协调　如图 9-12 所示(见彩色插图),三种距离之下,同一种油漆喷涂后,颜色有差异。

操作时,局部修理的第一层涂料直接涂敷在修理部位,随后的涂层逐渐向外延伸,最后一层和面漆层混合在一起,其协调性就非常好。

(6) 其他原因造成不协调

1) 颜料、漆片未充分混合造成不协调,则应充分搅拌均匀。

2) 未清除表面灰尘和氧化物,则应清理干净。

2. 调色方法

(1) 调节颜色的深浅　判断漆面颜色较深还是较浅需要从正面和侧面两个方向对两块车身板相比较,其中一块为标准色,另一块颜色的深浅即可由比较得知。

影响颜色深浅的因素很多,调节这些因素即可以调节颜色的深浅程度(表 9-9)。

表 9-9　调节颜色的深浅

可调节的变量		将颜色调节为		可调节的变量		将颜色调节为	
		更浅	更深			更浅	更深
车间的条件	温度	增加	减小	喷涂方法	喷枪的距离	增大	减小
	湿度	减小	增大		喷枪移动的速度	加快	减慢
	通风	增大	减小		两个涂层之间的快速干燥时间	延长	缩短
溶剂	溶剂的类型	使用挥发快的溶剂	使用挥发慢的溶剂				
	减少颜料	增加溶剂量	减少溶剂量		涂层的湿度	不能使颜色变浅	增加湿度
	使用抑制剂	不使用抑制剂	在溶剂中加入抑制剂				

(2) 调制面漆的色调　与原来面漆相比是偏红、偏蓝、偏绿还是偏黄,可以用特定的灯光照射来判断。前面提到过白炽灯会使漆面发红。如果两块漆面,其中一块为原有漆面,另一块是新喷的漆面,在白炽灯照射下,新漆面更红,即可判定新喷漆面比原来的偏红。冷

155

色的白光和柔和的白光都会改变漆面的颜色，它们照射在不同颜色的漆面上，会出现不同的颜色偏差。加入适当的颜料，可以改变色调。

改变色调的方法见表9-10。如在蓝色中加入绿色，起抑制蓝色作用，使色调偏红，其余类推。

表9-10 改变色调的方法

颜色	加入	作用	色调	颜色	加入	作用	色调	颜色	加入	作用	色调
蓝色	绿色	抑制	红色	栗色	黄色	抑制	蓝色	白色	黄色	抑制	蓝色
蓝色	红色	抑制	绿色	栗色	蓝色	抑制	黄色	白色	蓝色	抑制	黄色
绿色	黄色	抑制	蓝色	青铜色	黄色	抑制	红色	米色	绿色	抑制	红色
绿色	蓝色	抑制	黄色	青铜色	红色	抑制	黄色	米色	红色	抑制	绿色
红色	黄色	抑制	蓝色	橙色	黄色	抑制	黄色	紫色	蓝色	抑制	红色
红色	蓝色	抑制	黄色	橙色	红色	抑制	黄色	紫色	红色	抑制	蓝色
金色	黄色	抑制	红色	黄色	绿色	抑制	红色	蓝绿色	蓝色	抑制	绿色
金色	红色	抑制	黄色	黄色	红色	抑制	绿色	蓝绿色	绿色	抑制	蓝色

（3）调节面漆的暗或亮 调节面漆的暗或亮也是将新喷的面漆与原有面漆相比较之后才得知。如果新面漆太亮，要使其变暗，可以喷涂一层湿涂层。这种湿涂层以少量的白颜料和极少量的黑颜料混合，喷枪处于半开启状态远距离喷涂而得。

判断是否需要进行颜色调节应从正面、侧面和45°角斜面方向观察被修理处的漆面情况。如果新漆面与其他部位原有漆面在三个方向颜色都相同，就不必再调色了。

3. 调色注意事项

1）检查颜色应分别在日光和人造光线下进行。在两种情况之下，重新喷涂层与原有涂层颜色不一致，可能是由于颜料使用不同所致。应选用与原有涂层相同的颜料重新喷涂。

2）检查之前对漆面彻底清洁和磨光，才能看清它们的颜色。

3）判断出颜色有误差，参照表9-9选择合适的颜色进行调色。通过调色，使色调更红、更绿、更蓝或更黄。

4）进行调色时，应参考原来的颜料配方，掌握原有各种基色的情况，便于判断何种颜色已褪色，确定调整颜色的范围。调色时，应将各种颜料充分混合搅拌均匀。需要加入某种颜料时，要一点一点增加，切忌一次加入过多，造成调色过度。开始时，应取少量油漆进行调色，经试调合格后再按比例进行足够喷漆用量的调色。

5）为了确切地知道颜色，应先喷涂一小块板，待干燥后与车身板的颜色对比，确定一致后，才允许在车身上喷涂。否则，应重新调色，直至满意为止。

6）一般情况下，油漆厂商都会提供一套基本的调色用品、一套说明书和调色指南。油漆工熟悉了有关调色知识之后，都能使用调色用品进行局部调色，完成局部修理的喷漆调色工作。

三、多色面漆的配色

1. 金属面漆的色调

一般情况下，单色的面漆经过适当的修理、稀释和喷涂后，都可以使颜色与周围协调。

第九章 面漆的喷涂

多色面漆（金属面漆）颜色的协调则需要掌握更熟练的操作技术才能做到。由于金属面漆的轿车数量不断增多，金属漆面的颜色协调将越来越多。

金属面漆颜色难以协调的原因，在于此种油漆的特殊构成。金属漆由颜料、铝粉和粘结剂组成，光线能够透入涂层，经铝粉表面的反射后，从不同角度观察时看到的颜色是不同的（多色的），如图9-13所示（见彩色插图）。在不同光源照射之下，金属漆也会显示不同的颜色。

在一般金属漆中，铝粉和颜料微粒是均匀分布的，由于金属微粒分别指向不同方向，照射到金属表面上的反射光线沿各个方向都有，而呈多色性，由此而产生的色调为标准色调。

2. 金属漆色调的调节

(1) 标准色调 如图9-14所示（见彩色插图），获得标准色调漆面的操作要点如下。

1) 严格按照说明稀释颜料。

2) 在20~30℃条件下，使用慢速挥发溶剂，将油漆充分搅拌均匀。

3) 喷涂树脂清漆时，喷枪压力为210~280kPa；喷涂磁漆时，喷枪压力为350~400kPa。

4) 面漆应喷成中等温度型，每两层之间要留有足够的干燥时间。

(2) 浅色调的调节 油漆中上层铝粉的排列几乎呈水平状态时会出现浅色调（图9-15，见彩色插图）。这些水平排列的微小镜面反射出来的光线强，使金属漆面呈现较浅的色调。

采取下述任一种措施都可以使色调变浅。

1) 溶剂的用量比规定用量多。

2) 用快速干燥的稀释剂冲淡树脂漆。

3) 将喷枪的气压调到高于规定值。

4) 各涂层厚度较薄。

5) 喷枪远离表面。

6) 加快喷涂速度。

(3) 深色调的调节 深色调是由于大多数颜料微粒漂浮在涂层表面附近造成的。此时，油漆层中的铝粉位置几乎与表面垂直（图9-16，见彩色插图）。轿车侧面板上常会出现色调变深的情形。

使用干燥速度非常慢的溶剂和特别湿的涂层可以产生深色调。

采用下述任一种措施都可以得到深色调。

1) 使用比规定量少10%~15%的溶剂来稀释颜料。

2) 在20~30℃条件下，取9份干燥速度最慢的溶剂和1份延迟干燥的稀释剂对颜料稀释。

3) 使用低于标准值的气压进行喷涂。

3. 颜色协调的因素

(1) 有助于颜色协调的因素

1) 溶剂挥发缓慢。

2) 喷涂潮湿的涂层。

3) 正确的喷涂方法和气压值。

(2) 能引起颜色不协调的因素

1) 稀释不正确。
2) 搅拌不正确。
3) 喷涂气压太高或太低。

为了防止金属漆面颜色突变，必须正确选用溶剂、严格掌握稀释量、喷漆气压保持规定值、涂层湿度合理和采用正确的喷涂方法，使金属粉粒分布均匀，排列无序，深度合适，就可以避免颜色突变。

第四节　面漆的喷涂与打磨

一、面漆喷涂前准备

1. 粉尘的清除

打磨工作结束以后，使用气枪，用压缩空气彻底清除打磨粉尘。清除工作应按顺序进行，不能有遗漏。以全涂装为例，粉尘清除工作可以先从车顶开始，然后到发动机罩、行李舱盖的表面等，接下来是车门和翼子板的间隙、行李舱盖和发动机罩的边缘等。

2. 涂装前进行脱脂处理

如图 9-17 所示，清扫和覆盖结束后，用干净的布蘸上脱脂剂，擦拭被涂装表面，除去油分、污物和石蜡等。在进行遮盖作业时，不管怎样注意，也难免有胶带纸和手上的污物等粘附到被涂装表面，用研磨膏打磨后也会留下粉屑和油，这些都必须清除干净。

先用干净布浸透脱脂剂，仔细无遗漏地擦拭被涂装表面。可以一块一块地擦，擦拭完后一定要用干净布再擦拭一遍。门把手和滑槽附近、门的内侧和行李舱盖、发动机罩四周内侧应仔细清洁，去除石蜡和硅酸，挡风条和挡泥板的安装螺钉附近也要仔细清洁。操作时，一只手拿蘸了脱脂剂的布，另一只手拿干布，交替进行，以提高速度。

图 9-17　脱脂处理

局部修补涂装时的晕色部位，要采用研磨膏或 1000～2000 号砂纸湿打磨。对于打磨的残留物，要用脱脂剂清除干净。脱脂剂不单能清洁表面，还具有提高粘附力的作用。

打了蜡的旧涂膜，在进行提高粘附力的打磨时，往往打滑而难以进行，此时也可以用脱脂剂先去掉蜡，再进行打磨。

3. 用粘胶布进行最后除尘

如图 9-18 所示，脱脂结束以后，再一次用压缩空气吹去残留的粉尘，最后用粘胶布擦去粘在涂层面上的线头和灰尘。最后一次用压缩空气吹拂时，对发动机罩的内侧、门的内侧和滑槽的角落应特别仔细清除。如果清除不彻底，喷涂面漆时，喷气的气压会将粉尘等带到涂层面上，无论喷涂得怎样

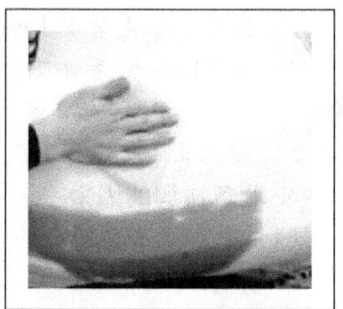

图 9-18　用粘胶布除尘

第九章　面漆的喷涂

好也无济于事。

因鹿皮质地柔软，吸尘效果好，修理厂多用鹿皮取代粘胶布做最后的除尘。

二、面漆涂料准备

1. 涂料的准备

将调好色的涂料按所需要的量取出，视需要加入固化剂，调整好黏度。通常的做法是将主剂和固化剂调配好之后，再加入稀释剂调整黏度。也可以先用稀释剂稀释主剂并过滤，注入喷枪的油漆罐中，再加入适量的固化剂搅拌均匀。

2. 涂料处理

（1）搅拌涂料（油漆）　涂层缺陷的一个主要原因是颜料的沉淀，只有充分搅拌才能避免这种现象的发生。

油漆中的沉淀物是颜料。各种颜料的密度是不相同的，有的颜料的密度是油漆中液体密度的7~8倍，静止状态下，颜料会沉积在容器底部附近；另一些颜料的密度比较小，很难下沉。于是，调好颜色的油漆放置一段时间，必然出现颜色不均匀的现象，使用之前，必须将它充分搅拌均匀。常用的颜料能快速下沉的（密度大）有白色、铬黄色、铬橙色、铬绿色、红色或黄色的铁氧化物。

一般情况下，取一罐油漆加入颜料之后进行充分搅拌，然后倒入另一个容器或喷枪罐中即可喷涂。如果油漆中已经出现很硬的沉淀物，应将液体部分倒出，加入稀释剂或溶剂使硬化物溶化，然后再将已倒出的液体倒回罐中用力搅拌，消除沉积物后再用。使用搅拌器搅拌时，则要求每加入一种成分至少搅拌15min之后，再加另一种成分进行搅拌，以此类推，直至所有加入成分都被充分搅拌混合均匀为止。

（2）加溶剂稀释涂料　厂商所提供的油漆都具有较高的黏度。这种油漆中颜料的沉淀速度缓慢或者基本不沉淀，但无法用于喷涂。在喷漆之前，必须用稀释剂来降低它们的黏度，以便能用喷枪喷涂。调节之后油漆的黏度可用黏度计测定，符合要求之后再投入使用。在实际喷涂中，因具体情况不同，漆面的黏度还会发生变化，应注意操作方法。

空气干燥型漆面，由于挥发快、不易流动、黏度高，常会使漆面出现缺陷。此类油漆喷涂时，喷枪与表面的距离要适当缩小，增加喷涂量。增加涂层数量并加快喷涂速度，可以弥补由于挥发快而带来的缺陷。

两种成分经化学反应而形成的涂层（如磁漆）可以用较少的溶剂。但由于丙烯酸尿烷漆干燥较快，在这种漆中应加入较多的稀释剂。

使用金属漆有利于防止涂层不均匀，因为它们的黏度都比较低，有利于漆面流动。使用金属漆时，喷枪与漆面之间应保持较大的距离，使喷涂直径有较多重叠。

（3）温度　与重新喷涂有关的温度包括室温、车辆表面温度和油漆温度。一般应在车辆温度达到油漆制造厂家的规定值时才能开始喷涂。因此，测量表面温度是准备工作中不可缺少的环节。

3. 涂料过滤

调好色的涂料，难免混有灰尘和杂质，必须过滤之后才能使用，如图9-19所示。

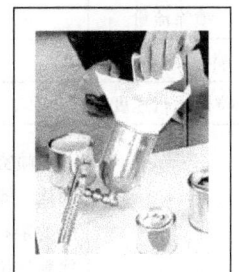

图9-19　涂料的过滤

三、面漆的喷涂与抛光、打蜡

1. 面漆的喷涂

(1) 全车喷涂

1) 素色漆的喷涂见表 9-11。

素色漆的喷涂一般喷涂三次，就能形成所需膜厚、光泽和色调。如果色调还不满意的话，可将涂料稀释到 14s，再喷涂修正一次。

2) 金属闪光漆的喷涂见表 9-12。

表 9-11 素色漆的喷涂

次数 内容	第一次喷涂（中湿喷）	第二次喷涂（湿喷）	第三次喷涂（虚枪喷涂）
目的	预喷涂	形成涂膜层	表面色调和平整度的调整
涂料黏度/Pa·s	16~20（20℃）	16~20	14~18
空气压力/kPa	343	343	294~343
喷涂流量	1/2~2/3 开度	全开	全开
喷枪距离/cm	25~30	20~25	20~25
喷枪运行速度	快	适当	速度适当（同第二次）
要求	以车身整体喷上一层雾的感觉，薄薄地预喷一层。喷这一层的目的，一是提高涂料与旧涂膜的亲和力，同时确认有无排斥涂料的部位，如果有就在该部位稍加大气压喷涂，覆盖住涂料排斥部位	在该工序基本形成涂膜层，要达到一定的膜厚。该工序要注意尽可能喷厚一些，这是最终获得良好表面质量的基础，但同时要注意不能产生垂挂和流动，以此作为标准	第二次喷涂已形成了一定膜厚，第三次喷涂主要目的是调整涂膜色调，同时要形成光泽，此时要加入透明涂料，有时为调整色调，要加入干燥速度慢的稀释剂

表 9-12 金属闪光漆的喷涂

次数 内容	第一次喷涂（雾化喷涂）	第二次喷涂（中湿喷）	第三次喷涂（雾化喷涂）
目的	预喷涂（金属闪光漆）	决定色调（金属闪光漆）	消除斑纹（过滤层喷涂）
涂料黏度/Pa·s	14~18（20℃）	14~16	11~13
空气压力/kPa	392~490	392~490	392~490
喷涂流量	1/2~2/3 开度	2/3~3/4 开度	1/2~2/3 开度
喷枪距离/cm	25~30	25~30	25~30
喷枪运行速度	快	快	快
要求	以喷雾感沿车身表面整体薄薄喷涂，既提高涂料与底层或旧涂膜的亲和力，同时确认有无排斥涂料现象。如果出现了排斥现象，就在有排斥现象的部位，提高喷射气压喷涂	第二次喷涂决定涂膜颜色，喷涂时不必在意出现的喷涂斑纹和金属斑纹，单层喷涂，喷枪移动速度稍慢一点为好。丙烯酸聚氨酯涂料遮盖力较强，一般喷两次就行了，但有的色调需按第二次喷涂方法再喷涂一次	取金属闪光磁漆 50%，透明漆 50% 相混合。第三次喷涂是修正第二次喷涂形成的喷涂斑纹和金属斑纹，目的是形成金属感，也有防止喷涂透明层时引起金属斑纹的作用

3) 双层金属闪光漆的喷涂见表9-13。

表 9-13 双层金属闪光漆的喷涂

次数 内容	第一次喷涂	第二次喷涂
目的	金属闪光漆预喷涂	决定涂膜色彩（金属闪光漆）
涂料黏度/Pa·s	14~18(20℃)	14~18(20℃)
空气压力/kPa	392~490	392~490
喷涂流量	1/2~2/3开度	全开或3/4开度
喷枪距离/cm	25~30	25~30
喷枪运行速度	快	稍快
要求	整体平均薄薄地喷涂，以提高涂料与旧涂膜的亲和力。同时，检查有无排斥涂料现象，若有应提高气压喷涂	—

(2) 局部修补涂装喷涂

1) 单一漆的局部修补涂装步骤。

步骤1：对喷涂了中涂漆的表面及边缘部位进行人工湿打磨或用打磨机打磨。

注意：打磨的目的是除去喷二道浆时粘上的涂料和污物，清洁涂装表面。

步骤2：用脱脂剂清除油分和污垢，最后使用带粘性的布，仔细除去细小的粉尘。

步骤3：将颜色调好的涂料，以1∶4的比例加入固化剂，加入30%~40%的稀释剂，将黏度调至14~16Pa·s。分三次喷涂，每一次喷涂不能过厚，且后一次比前一次喷涂要宽，并且第三次喷涂要稍加一些稀释剂，才能获得高质量的表层。

步骤4：以30%聚氨酯磁漆，加入70%稀释剂，薄薄喷涂，喷得过多就会出现垂挂。

注意：修补涂装的气压力一般为245~294kPa(2.5~3.0kgf/cm^2)，喷束开度和流量应根据修补面积大小调整。如果面积小，喷束开度应减窄，流量应减少，气压力以196~245kPa(2.0~2.5kgf/cm^2)为宜。

2) 金属闪光漆的局部涂装步骤。

步骤1：先将调好色的金属闪光涂料，以1∶4的比例加入固化剂调和好，然后加入50%~70%的稀释剂，黏度调整到14~16Pa·s。

步骤2：透明涂料也按同样比例加入固化剂，加入10%~20%的稀释剂，黏度调为12~13Pa·s，完成上述准备工作之后，就可以开始喷涂。喷涂方法如图9-20所示。

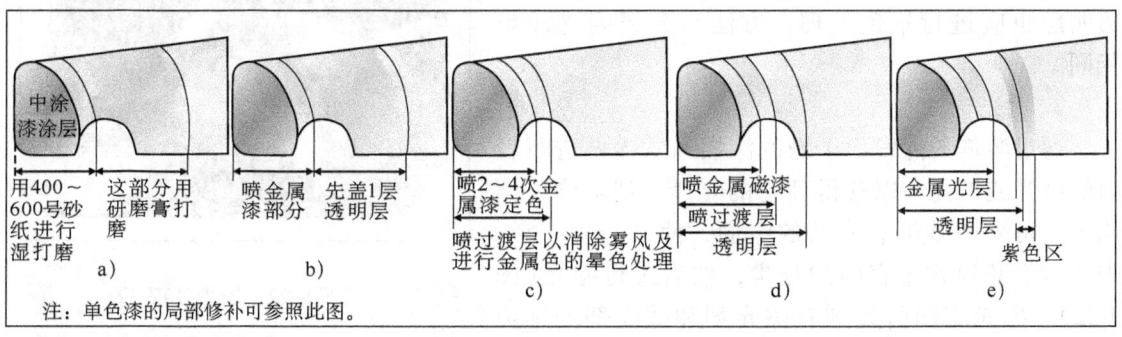

图 9-20 金属闪光漆的局部涂装

步骤 3：中涂漆涂层的附近用 400~600 号的水砂纸进行湿打磨。晕色部位用研磨膏打磨，然后用脱脂剂清洁，再用带粘性的布擦拭，最后用压缩空气吹拂。

步骤 4：将事先调好的透明涂料先在中涂漆涂层四周喷上薄薄一层的透明漆料，这是为了避免喷金属闪光磁漆时弄得不光滑。

步骤 5：分两三次再次喷涂，如果着色不好，需喷三四次。注意，不要喷得过厚，要均匀地薄薄地喷涂。

步骤 6：将 50% 金属闪光涂料与 50% 的透明涂料相混合，黏度调至 11~12Pa·s，比步骤 4 喷得更宽一些，喷射时以喷雾状薄薄地喷涂，消除斑纹。

步骤 7：喷涂完后，需设置 10~15min 间隔时间，再次喷涂透明涂料。第一次薄薄地喷涂一层，间隔大约 5min 再喷第二次，要边观察色调边仔细进行，以形成光泽。

步骤 8：晕色处理，以 20% 的透明涂料与 80% 的稀释剂相混合，以掩盖透明层区域周围由于喷涂雾滴带来的影响，注意要喷得薄。

3）双层金属闪光漆的局部修补涂装步骤。

双层金属闪光涂膜的局部修补涂装方法如图 9-21 所示。

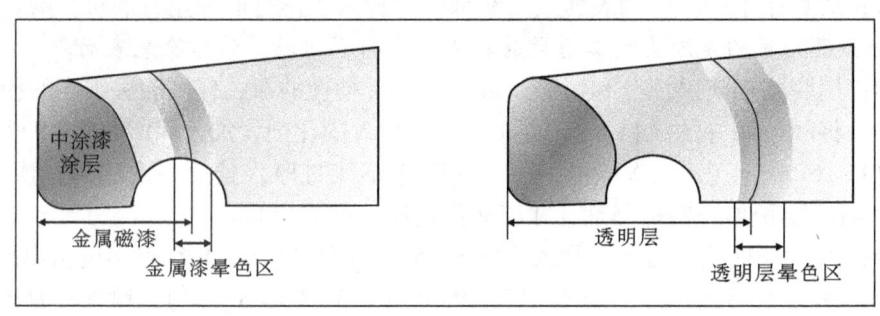

图 9-21　双层金属闪光涂膜的局部修补涂装

步骤 1：第 1 次以能遮盖住中涂漆涂层为度，取较宽的范围薄薄地喷涂一层。

步骤 2：第 2 次喷得稍厚一些，决定涂膜色调。

步骤 3：第 3 次薄薄地喷涂，消除金属斑纹，调整金属感，同时进行与旧涂层的晕色处理。

步骤 4：透明涂料喷涂。第 1 次喷涂以有光泽为度，喷得要薄，第 2 次稍厚一些，以形成光泽。透明层也应进行晕色处理，方法与金属闪光涂料相同。

2. 抛光

通过溶剂的挥发而干燥的涂层通常需要进行轻微的磨光或抛光，以获得理想的光泽。消除涂层不均匀，可采用砂纸磨光新的漆面，使其产生光泽。先用砂纸磨掉磁漆表面的灰尘，然后进行抛光（图 9-22）。抛光用的磨光剂有擦光剂和擦亮剂两种类型，见表 9-14。

图 9-22　抛光处理

表 9-14 擦光磨光剂和擦亮磨光剂

粒度	液体	膏状	用途
很细	机器或手工磨光	—	用于消除面漆层上的各种痕迹。开始磨光前,用弹性磨轮将磨料均匀地散开、磨光
细	机器或手工磨光	手工(加水用于机器磨光)	用于磨平剥皮,也可用来清洁、磨光或清除原有涂层上的划痕
中等	机器或手工磨光	膏状(加水用于机器磨光)	用于快速磨平剥皮,也可用于修理其他微小的漆面故障
粗	机器	机器	用于最终喷涂面漆前的磨光

（1）磨光剂类型　磨光剂是呈膏状或液态的清洁剂,它们都含有浮石一类的磨料,用来磨平涂层表面,使其光滑并显示光泽。

通常将含有较粗颗粒磨料的磨光剂称为擦亮剂,将含有较细颗粒磨料的磨光剂称为擦光剂。一般情况下统称磨光剂,以其粒度粗细划分。

磨光剂的主要用途:

① 消除修理部位周围的轻微打磨划痕。

② 修理剥皮或有砂的表面。

③ 使面漆层光滑并产生光泽。

（2）手工抛光　用一块柔软、不起毛的布包在厚板上(或卷成球状),涂上少量磨光剂,以中等压力直线式往复擦磨需要抛光的表面,直到获得理想的平滑度。

对于混合部位(颜色逐渐变化部位)抛光时,应注意以下几点:

① 按图 9-23 所示单方向抛光,否则会暴露出颜色逐渐变化的痕迹。

② 使用极细的磨光剂。

③ 如果已经露出了颜色逐渐变化的痕迹,不可对它进行修补。

（3）机器抛光　在抛光机的缓冲垫上涂上少量磨光剂进行抛光,一次抛光范围不要太大,因为磨光剂会很快干燥。磨光时,不能加太大的压力,而且要连续均匀缓慢地移动机器。

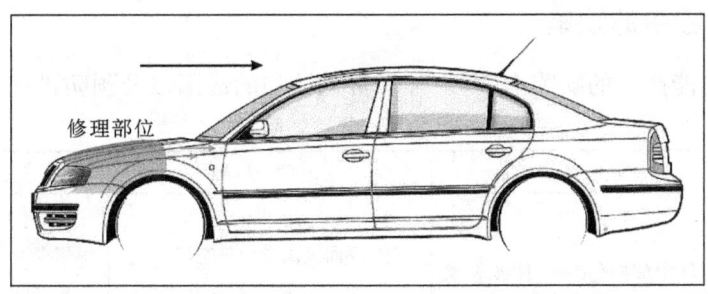

图 9-23　在颜色逐渐变化部位进行磨光的方向

3. 打蜡

打蜡有手工打蜡和打蜡机打蜡两种方式。

手工打蜡便于掌握均匀度，不会出现一圈圈的痕迹，但耗时较长；电动圆盘式打蜡机打蜡时间短、效率高，可快速将车蜡在车身上打匀，但操作技术要求很高，若操作不当，车身表面易出现圈痕。

打蜡的方法如下：

1) 清洗车辆，待车身完全干燥后才能上蜡。

2) 手工打蜡，应将适量车蜡涂在海绵块上，然后在车身表面做直线往复涂抹，不可将蜡液倒在车身上乱涂或做圆圈式涂抹。一次作业要连续完成，不可涂涂停停。车蜡在车身上涂抹5~10min，待蜡渗透于面漆内，再用鹿皮均匀擦拭，将蜡层擦得如镜般光亮为止。

3) 使用上蜡机打蜡时，将车蜡涂在海绵垫上，操作人员不可用力过大，以免将原漆打起。

4) 打蜡作业完成后，应清除车灯、车牌、车门和行李舱等处缝隙中的残留车蜡，这些车蜡如不及时清除，不仅影响车身美观，而且还可能产生锈蚀。因此，应仔细检查，彻底清除干净。

第五节　喷涂过程中的缺陷

一、喷涂过程形成缺陷的原因

喷涂过程形成缺陷的原因大致有以下几方面：

1) 待喷涂表面处理不当，不清洁，有蜡或油脂、灰尘等，影响了油漆粘结性。

2) 油漆调制时或溶剂不合适，或稀释剂不合适、用量不对，或未充分搅拌。

3) 喷漆时的温度、湿度与干燥剂配合不当，各层之间干燥时间不足。

4) 喷枪、气压、喷射方法（距离、半径等）不正确。

某些特殊的缺陷还有特殊原因，如涂层厚度和涂料匹配等。

总之，预防的措施和原则无非是以上几项，但影响却是多方面的。一般说来，想要将缺陷完全消灭在喷涂之前是不现实的，只能在事后予以修理。但是，丰富的操作经验可以预防许多缺陷。熟练的技巧只能通过实际的训练才能养成。

二、喷涂过程中的缺陷

喷涂过程中可能产生的缺陷有30多种。常见缺陷的成因以及预防措施见表9-15。

表9-15　喷涂缺陷

现　象	成　因	预防措施	排除方法
表面不规则褪色	空气中酸雨（或碱）使颜料发生化学反应	① 漆面远离受污染空气 ② 如有污染应立即用冷水冲刷干净	① 用洗涤剂冲洗褪色处，并用醋浸泡 ② 打磨并重新喷涂 ③ 若污染范围已达内涂层，必须打磨出金属再重新喷涂
颜色扩散	重新喷涂前各种可溶性染料污染了原有的漆面	需要喷涂的零部件应彻底清洗，才能打磨	涂敷两层中等厚度的密封剂，再喷涂有色涂层，防止扩散

第九章　面漆的喷涂

(续)

现　象	成　因	预防措施	排除方法
气孔	① 表面清洁处理不当，有水汽 ② 用稀释剂不当，干燥过快 ③ 涂层太厚，溶剂来不及挥发，日后成气孔 ④ 压缩空气管道有污染，带油、水、气	① 彻底清洁喷涂表面，然后再打磨，干燥后再涂内涂层或面层，不可用手触摸清洁过的表面 ② 结合车间条件，选用合适的稀释剂 ③ 每一层必须等空气干燥后再涂下一层 ④ 每天都排空气压调节器，清除水分和灰尘	清除气孔的深度涂层，露出内涂层或金属，然后重新喷涂
漆面上出现一层乳白色的薄雾（混浊）	① 空气中的水分在漆面上冷凝 ② 气压过大 ③ 稀释剂挥发太快	① 在炎热潮湿的季节，早晨的温度和湿度状况最宜喷涂 ② 调整喷枪压力使之正常 ③ 选择合适的稀释剂	在稀释过程中加入缓干溶剂，喷涂在颜色混浊的漆面上
粉化	颜料粉末不再受到粘结剂的作用产生的缺陷： ① 使用的稀释剂或冲淡剂有误，降低了漆面的耐久性 ② 油漆混合不均匀 ③ 涂层失效 ④ 修整金属漆面时进行了过多的喷雾	① 根据车间条件，选择合适的稀释剂 ② 充分搅拌含颜料的油漆 ③ 各涂层厚度应达到最小值 ④ 尽量均匀喷涂金属漆，避免喷雾产生	对漆面上受影响部位打磨、清洁，重新喷涂
剥落	由硬物碰撞引起小漆片和基体之间失去粘结力	驾驶时尽量避免发生车身与硬物碰撞	见"脱皮"处理方法
微裂漆面失去光泽	属于开裂的初始阶段	与"开裂"同	打磨掉漆面的微裂重新喷涂
开裂	① 涂层过厚 ② 干燥时间短 ③ 原材料混合不良 ④ 添加剂有误	① 面漆层不可过厚 ② 每两个面漆层之间留有足够时间快速干燥，不可用喷枪吹风干燥 ③ 充分搅拌原料，混合均匀 ④ 认真遵守厂家提供的添加剂使用规定	将已损坏部位打磨光滑，必要时清除涂层，重新喷涂
细裂纹以一种无规则的图案将某一部分交织在一起	车间温度太低，原有涂层的表面张力小于应力	① 根据车间条件选择合适的稀释剂 ② 避免在温度、湿度条件太差时喷涂 ③ 车辆与车间周围一定全恒温才喷涂	① 继续涂几层面漆以溶合裂纹 ② 使用快干时间短的稀释剂，使后来喷涂的面漆能遮盖住缝隙

(续)

现　　象	成　　因	预 防 措 施	排 除 方 法
涂层中有灰尘	① 没有对表面适当清洁、吹除灰尘和用粘性布擦拭 ② 空气调节器过滤器有故障 ③ 工作部位脏 ④ 进气过滤器变脏 ⑤ 喷枪脏	① 喷涂前吹除所有裂缝及接缝中的灰尘 ② 用溶剂彻底清除表面污垢，用粘性布擦拭 ③ 所有设备使用之前都应清理干净，定期更换各处的滤网 ④ 不用时，将所有容器盖紧，以免污染	① 用擦亮型磨光剂磨光涂层（磁漆不适用） ② 如果灰尘在涂层中很深，应打磨去除，磨光金属漆应重新喷涂
漆面无光泽	① 在稀释剂挥发之前进行了磨光 ② 使用了不平衡的稀释剂 ③ 表面不干净 ④ 内涂层未干就喷涂了面漆 ⑤ 用碱性清洁剂清洗表面 ⑥ 抛光质量差	① 彻底清洁表面 ② 使用规定的稀释剂 ③ 各涂层都应有充足的干燥时间	等涂层干燥之后用擦亮型磨光剂擦拭
薄边开裂	① 在内涂层上喷涂的面漆太厚或太湿，内涂层所含溶剂没有时间向外挥发 ② 原材料混合不均匀 ③ 稀释剂不合适 ④ 表面未经彻底清洁 ⑤ 干燥不适当 ⑥ 用油灰过多	① 使用适当冲淡的腻子喷涂较薄的涂层，每层留有足够时间让溶剂和空气释放出来 ② 选择适合的稀释剂，充分搅拌油漆 ③ 对表面进行彻底清洁，并打磨 ④ 油灰只能用来填充微小缺陷	清除受影响部位，重新喷涂
缩孔，喷涂结束后漆面上出现小孔	① 表面未经清洁准备 ② 原有涂层修理时使用了各种添加剂，硅的含量增加 ③ 压缩空气管道污染	① 使用蜡和油脂清除剂清洁表面 ② 加入缩孔排除剂 ③ 每天排空空气调节器，排除水汽和污物	对受影响部位的涂层修理过后，再喷涂两层加入缩孔排除剂的面漆
隆起	① 使用了互不相容的材料，起化学反应 ② 干燥时间太短 ③ 原有涂层与新涂层不匹配 ④ 表面未彻底清洁 ⑤ 稀释剂不合适	① 避免使用不相容的材料，如稀释剂与磁漆、密封剂与底漆不匹配 ② 每次喷层不太厚，有充分的干燥时间 ③ 彻底清洁表面 ④ 保持喷枪清洁	清除受影响部位，重新喷涂

第九章 面漆的喷涂

(续)

现　象	成　因	预 防 措 施	排 除 方 法
色斑金属漆中铝粉浮在漆面上	① 使用稀释剂不当 ② 未将各种原材料混合均匀 ③ 喷涂涂层太湿 ④ 喷枪与工件距离太近 ⑤ 喷涂直径不均匀 ⑥ 车间温度太低	① 根据车间条件选择稀释剂，混合均匀，低温、潮湿环境中使用干燥速度快的溶剂 ② 充分搅拌加入颜色的面漆原料 ③ 正确调整喷枪和气压 ④ 彻底清洁表面 ⑤ 保持喷枪清洁	修理面漆层，并根据需要喷一层较干的双涂层或两层单涂层
脱皮	① 喷涂之前未进行清洁准备 ② 未对金属表面适当处理 ③ 原料混合不均匀 ④ 漆封剂不合适	① 彻底清洁表面 ② 使用金属调节剂和转换涂层 ③ 充分搅拌 ④ 使用适当漆封剂预防脱皮	将面积稍大于受影响部位涂层清除，重新喷涂
粒状表面油漆结合性能差，形成"桔皮"现象	① 喷枪使用不当，气压低，喷射面太大，油漆未到达表面就开始干燥 ② 温度太高 ③ 不适当的干燥 ④ 每层之间干燥时间太短 ⑤ 稀释不合适 ⑥ 未充分混合	① 调整喷枪气压和距离 ② 在温度和湿度条件合适时喷涂 ③ 留出足够时间干燥 ④ 根据车间条件，选用合适的稀释剂 ⑤ 充分搅拌	采用磨光法磨光粒状表面，严重的打磨光滑，重新喷涂

参 考 文 献

［1］ 焦建民. 汽车车身修复技术［M］. 北京：北京理工大学出版社，2006.
［2］ 宋年秀，曲金玉. 汽车装饰与车身修复技术［M］. 北京：北京理工大学出版社，2007.
［3］ 陈礁. 汽车材料［M］. 北京：高等教育出版社，2005.
［4］ 王锡春. 汽车涂装工艺技术［M］. 北京：化学工业出版社，2004.
［5］ 顾建国. 汽车车身维修［M］. 北京：人民交通出版社，1999.
［6］ 戴耀辉. 轿车车身修理与涂装技术［M］. 北京：机械工业出版社，2003.
［7］ 吴兴敏. 汽车车身维修与美容［M］. 北京：国防工业出版社，2005.
［8］ 张吉国. 汽车车身修复技术［M］. 北京：高等教育出版社，2005.
［9］ 侯建党. 汽车钣金与涂装修补图表解［M］. 沈阳：辽宁科学技术出版社，2003.

读者沟通卡

一、申请课件

本书附赠教学课件供任课教师采用，可在机械工业出版社教育服务网（www.cmpedu.com）注册后免费下载；也可扫描二维码关注"爱车邦"微信订阅号获取课件。

爱车邦

免费下载　教学课件、学习视频、海量学习资料
➢ 扫描二维码，关注"爱车邦"
➢ 点击"粉丝互动"→"视频课件"

二、机工汽车教师服务群

任课教师可加入"机工汽车教师服务群"，与教材主编、编辑直接沟通交流。"机工汽车教师服务群"提供最新教材信息、教材特色介绍、专业教材推荐、样书申请、出版合作等服务。

QQ群号码：633529383，本群实行实名制，请以"院校名称+姓名"的方式申请加入。

三、微信购书

汽修邦

关注微信订阅号"汽修邦"，可直达机工社旗下网络购书平台"汽车书院"，第一时间购买新书，获取新鲜实用的维修资讯。

四、意见反馈和编写合作

联 系 人：谢元
电　　话：010-88379771
电子信箱：22625793@qq.com
地　　址：北京市西城区百万庄大街22号汽车分社
邮　　编：100037